Erich Kuby:
Das Ende des Schreckens
Januar bis Mai 1945

Mit 21 Abbildungen



Deutscher
Taschenbuch
Verlag

dtv

Ungekürzte Ausgabe
April 1986
Deutscher Taschenbuch Verlag GmbH & Co. KG, München

ISBN 3-921909-77-5
Umschlaggestaltung: Celestino Piatti
Umschlagfoto: Bilderdienst Süddeutscher Verlag, München,
bearbeitet von Klaus Bäulke, München
Gesamtherstellung: C. H. Beck'sche Buchdruckerei, Nördlingen
Printed in Germany · ISBN 3-423-10562-3

## Das Buch

Das Ende des Schreckens ist bekannt: »Ihr werdet Deutschland nicht wiedererkennen ...« Doch wie es zu Ende ging, lohnt den genauen Nachvollzug. Noch am 26. Februar 1945 sagte Adolf Hitler: »Vor 25 Jahren verkündete ich den Sieg der Bewegung – heute prophezeie ich den Sieg des Deutschen Reiches.« Zu diesem Zeitpunkt war die Konferenz von Jalta längst abgeschlossen, und Roosevelt, Churchill und Stalin hatten sich bereits über die Grundzüge einer alliierten Besatzungspolitik im besiegten Deutschland geeinigt. Die letzten fünf Monate der Gewaltherrschaft Hitlers gipfelten in den sinnlosen Zerstörungen und Blutopfern ihrer Agonie. Ein Augenzeuge, der Schriftsteller und Journalist Erich Kuby, läßt in diesem Buch Zeitungsartikel, Briefe, Bekanntmachungen, Tagebücher, Propagandatexte und Zitate bewußt kommentarlos aufeinander folgen. Sie bedürfen auch keiner Kommentierung, da sie ihre eigene, unmittelbare Sprache sprechen und ihre Authentizität das Unfaßbare des Geschehens deutlich macht. Das Buch vergegenwärtigt fünf Monate, die bereits vierzig Jahre zurückliegen, doch Kuby möchte sie auch als Warnung verstanden wissen: Bei einem nächsten Krieg »gibt es ein Ende des Schreckens nicht mehr, nur noch das Ende als solches«.

## Der Autor

Erich Kuby, geboren 1910 in Baden-Baden, studierte Volkswirtschaft und erlernte den Beruf eines Verlagsbuchhändlers. Er war als Journalist tätig, zuletzt beim »Stern«. Er lebt heute als freier Schriftsteller in Venedig. Neben zahlreichen Hör- und Fernsehspielen veröffentlichte er u. a.: »Die Russen in Berlin 1945« (1980), »Verrat auf deutsch. Wie das Dritte Reich Italien ruinierte« (1982), »Die Deutschen in Amerika« (1983).

# GANZ WEIT WEG UND AUCH GANZ NAHE

Die Monate, aus denen die in diesem Buch aneinandergereihten Dokumente stammen, Januar bis Mai 1945, waren die ertragreichsten des Bombenkrieges der westlichen Alliierten gegen das Deutsche Reich. War vorher auch schon viel zerschmissen worden, so zerfielen die Städte von Hamburg bis München doch erst richtig in Trümmer, als nicht mehr der geringste Zweifel bestand, daß der Krieg für jene verloren war, die zuvor Europa verwüstet hatten, verwüstet und ausgemordet. Beim Licht der Geschichte betrachtet, war der Bombenkrieg in dieser Endphase – sofern nicht, wie manche heute glauben, von vornherein und überhaupt – eine militärisch überflüssige Unternehmung, wenn auch eine angesichts deutscher Kriegsführung nur zu verständliche. Der immer neu angestimmte Jammer zum Beispiel über die militärisch unzweifelhaft sinn- und zwecklose Zerstörung Dresdens kann nur angestimmt werden, wenn man nicht weiß oder nicht wissen will, daß ein paar tausend Quadratkilometer Zivilisationseinrichtungen der Sowjetunion von den deutschen Armeen in einen Zustand versetzt worden waren – ganz vorwiegend aus purer Zerstörungswut –, denen gegenüber das verbrannte Dresden und seine Toten in der Kriegsrechnung einen minimalen Stellenwert haben. Aber es leckt eben jede Nation nur die eigenen Wunden. Für diesen Zweck ist »Das Ende des Schrekkens« unbrauchbar.

Im Münchner Stadtmuseum ist derzeit (Anfang 1984) die Ausstellung »Trümmerzeit« zu sehen (1945–1948). Ein stattlicher Katalog kann erworben werden, der die gleiche Schwäche des ganzen, über Jahre hinweg vorbereiteten Unternehmens zeigt: Zu viel Kultur, Presse- und Verlagswesen, zu wenig Politik und Ökonomie, womit ich nicht den Schwarzmarkt und die Zigarettenwährung meine, sondern die unerschütterten Positionen des Kapitalismus, des Unternehmertums, von denen ein Kurt Schumacher, der von den Nazis verfolgte, gequälte, vom eigenen Grenz-Milieu Westpreußens zum Nationalisten erzogene Chef der SPD, meinte, sie seien ein für allemal zerbrochen. Das wissen wir nun schon seit etlichen Jahrzehnten besser, Ausstellung wie Katalog hätten alle Ursache gehabt, den Mythos von der »Stunde Null« einmal an der bayerischen Fallstudie derart zu widerlegen, daß darüber das Lügengras nicht mehr hätte wachsen können.

Was sowohl Ausstellung wie Katalog gleichwohl äußerst sehenswert macht, sind die historischen Fotografien von der zertrümmerten Hauptstadt der (NS-)Bewegung. Die Vergrößerungen von jenen Aufnahmen, die den Endzustand der Zerstörung zeigen, versetzen den Beschauer in die Kriegs-, Verbrechens- und Narrenwelt, die auch »Das Ende des Schreckens« vergegenwärtigt. Dabei zeigt sich, daß das Wort, wenn es so authentisch ist wie in dem hier vorliegenden Band, nachdenklicher stimmt, tiefere Wirkung ausübt als es Fotografien vermögen.

Ich bin ein Augenzeuge der »Trümmerzeit«. Früh aus US-Gefangenschaft entlassen, kehrte ich nach mehr als 2000 Tagen Soldatsein in die Heimatstadt München zurück. Ich hatte sie lieben gelernt und hätte demnach Anlaß gehabt, mit Gefühlen der Trauer und des Verlustes auf Trampelpfaden zwischen den kariösen Ruinen herumzulaufen (trotz so langer Vertrautheit mich doch zuweilen nicht mehr zurechtfindend). Aber nichts davon! Ich wußte natürlich, daß viele deutsche Großstädte ebenso aussahen wie München, manche noch schlimmer, aber die eingebrannte Erfahrung aus drei Jahren an der sowjetischen Front machte es mir unmöglich, in dem, was mich umgab, etwas anderes zu sehen als die verdiente Quittung.

Das Bewußtsein, dem Volk der Täter anzugehören, und die Überzeugung, daß es alle Ursache hätte, die eigene Vergangenheit zur Richtschnur zukünftigen Handelns zu machen, verlor sich für mich nicht – aber nichts geschah weniger. Die zwölf Jahre des »Tausendjährigen Reiches« blieben als stinkender Misthaufen in der deutschen Geschichte liegen, und eines jeden Bemühen war, dazu so rasch als möglich so viel als möglich Distanz zu gewinnen. 1955, als der plötzliche wirtschaftliche Aufstieg vermuten ließ, es werde weiterhin aufwärts und aufwärts gehen, zeichnete sich auch schon die gesellschaftspolitische Restauration deutlich ab.

Das war die Situation, in der ich, damals Redakteur der »Süddeutschen Zeitung«, meine Kollegen dafür gewinnen konnte, mir Zeit und Mittel für die Sammlung, Raum für die Veröffentlichung der nachfolgenden Dokumente zu geben. Wie aus dem damaligen, nachfolgend unverändert abgedruckten Vorwort zu ersehen ist, lief die Serie zunächst unter dem Titel »Der Sturz ins Dunkel« – eine hernach fürs Buch korrigierte Formulierung, von der ich nicht mehr begreife, wie sie überhaupt gedacht und benützt werden konnte. Denn wie anders sie auch gemeint gewesen war, nämlich im Sinne eines Sturzes in eine ganz ungewisse Zukunft, so legte sie doch den Schluß allzu nahe, die Weltzerstörung durch die Deutschen sei als die hellere Epoche anzusehen, verglichen mit jener, die begann, als ihnen das kollektive verbrecherische Handwerk durch überlegene militärische Kräfte – einzig durch sie! – gelegt worden war. In der Tat gab es in jenen Nachkriegsjahren schon haufenweise Deutsche, die das »Dritte Reich«, in dem sie sich bis hinter Stalingrad so pudelwohl gefühlt, mit einem positiven emotionalen Ansatz verinnerlicht hatten.

Jetzt, Mitte der achtziger Jahre, hat es den unabweisbaren Anschein, als besinne sich unser Volk, soweit es seine kapitalistischen Gesellschaftsbedingungen fortsetzen durfte – unter dem Diktat der siegreichen Amerikaner auch fortsetzen mußte (?) –, wieder auf seine inzwischen rund 200 Jahre durchgehaltene Rolle der beleidigten, weil angeblich zu kurz gekommenen Nation, und schafft sich mit seinem brüllenden Antikommunismus und mit der neuen Raketenaufrüstung im Weichbild seiner Städte Ersatzbefriedigung, weil der Krieg, auf den es um so triebhafter hinsteuert, je lauter es seine Friedenssehnsucht beteuert, noch nicht fällig ist im Weltherrschaftskalender des Großen Bruders. In dieser politischen und psychologischen Konstellation müßte sich eigentlich eine gewisse Affinität zu den hier neu vorgelegten Dokumenten entwickeln.

Als »Der Sturz ins Dunkel« bzw. »Das Ende des Schreckens« vor nunmehr dreißig Jahren beim lesenden Publikum ungemein lebhaftes Interesse fand, war dieser Erfolg einerseits darauf zurückzuführen, daß die militärische, politische, ökonomische und »rein menschliche« Topographie, die hier punktuell angeleuchtet wurde, nur zehn Jahre zurücklag; andererseits aber und vor allem darauf, daß auf jede pädagogische Belehrung verzichtet wurde, indem die dokumentarischen Texte – übrigens eine Auswahl aus einem etwa zehnmal so großen »Material« – kommentarlos aneinandergereiht wurden.

Nach den Jahren der »Umerziehung«, der »Spruchkammern«, der uferlosen Diskussion über »Kollektivschuld« und was dergleichen schwachsinnige Einfälle von »Demokraten« amerikanischer, deutsch-amerikanischer und original deutscher Observanz gewesen waren, hatten es die Leute endgültig satt, darüber belehrt zu werden, was die Sieger und ihre kooperierenden Besiegten – darunter der Verfasser! – für gut und richtig hielten, und was für verwerflich. Dennoch hatte die eigentliche Verfestigung des reaktionären Untergrundes, auf dem die Bundesrepublik Deutschland heute gußeisern steht, erst begonnen, und die Optimisten – ich muß wiederholen:

unter ihnen mit Vorbehalten auch der Verfasser! – glaubten noch mehr oder weniger an eine offene Situation, an eine Chance, das Volk auf einen mittleren Weg zu führen. Wer mir damals gesagt hätte, daß sich die Mehrheit der Bevölkerung einmal einen Mann zum Regierungschef erküren würde, der mit dem Habitus des immer lächelnden Spießbürgers und dessen Lebensgewohnheiten die bedingungslose Unterwerfung unter einen vom amerikanischen Überlegenheitswahn besessenen, zum Kriege bereiten US-Präsidenten problemlos verbindet (weil er, dieser für die Bevölkerungsmehrheit repräsentative Deutsche, unfähig ist, einen vorwiegend in Europa ausgetragenen Atomkrieg gedanklich vorzuvollziehen) – den hätte ich für einen halbverrückten antidemokratischen Querulanten gehalten.

Mit anderen Worten: Trat in »Das Ende des Schreckens« der aufgehobene Zeigefinger expressis verbis nicht hervor, so war doch dieses journalistische Vorhaben im ganzen von einer pädagogischen Absicht getragen. Ich gab mich irrigerweise der Vermutung hin, daß sich die Leser ihren Vers auf eine zeitlich noch so nahe Wirklichkeit machen würden, unbeschadet ihrer Neigung, sie vor sich selbst zu verleugnen. »Diese Zeit von Januar bis Mai 1945 spricht ihre eigene gellende Sprache, die jeder auf seine Art verstehen soll« – diesen Satz findet der heutige Leser im Vorwort von damals, aus dem er außerdem erfährt, daß der Optimismus des Herausgebers, das Publikum sei fähig, dank dieser drastischen Begegnung mit seiner Vergangenheit etwas Selbsterkenntnis bezüglich seiner eigenen Rolle zu gewinnen, sozusagen Löcher hatte. Nach diesem Krieg, den ich als Soldat im untersten Mannschaftsstande, gewissermaßen im Hautkontakt mit dem eigenen Volk zwangsläufig verbracht hatte, von Ekel geschüttelt statt mich als Kamerad unter Kameraden zu fühlen, war ich, ähnlich jenem vorhin apostrophierten Bundeskanzler, insofern eine gespaltene Persönlichkeit, als ich mich verpflichtet fühlte, im eigenen, allerbescheidensten Maße, schreibend, an einem Prozeß der Selbstbesinnung des eigenen Volkes mitzuwirken, zugleich aber von Zweifeln beherrscht wurde, ob die beabsichtigte Wirkung überhaupt eintreten könne.

Nun sind wir also dreißig Jahre weiter, und die Zweifel sind in einem historisch gesehen doch wohl beispiellosen Lehrgang der Gewißheit gewichen, daß dieses Volk, zu dem ich gehöre, unbelehrbar ist. Es setzt sich wie eh und je aus jenen Kälbern zusammen, die ihre Metzger selber wählen. Bestand das Gift, mit dem es sich zwischen

1918 und 1933 vollgesogen hat, noch aus einer Mischung von Rassenhaß, Antikommunismus und Größenwahn (mit eindeutiger Akzentuierung auf Rassenhaß), so handelt es sich heute zwar immer noch um eine Mischung aus diesen drei Ingredienzien, doch hat sich das Schwergewicht auf Antikommunismus verschoben, dessen Vater und Mutter die Angst ist vor einer Macht, auf deren Territorium es sein Herrenmenschentum ausgetobt hat. Wir haben ein Staatsvolk vor uns, das einerseits eben genau wie sein Regierungschef sich in naiver Beschränktheit dem Lebensgenuß verschrieben hat – so jedenfalls wirkt es auf den oberflächlichen Betrachter –, das aber in Wahrheit ein Millionenheer von angstgeschüttelten Psychopathen ist, das lieber den eigenen Untergang riskiert als sich der Wirklichkeit zu stellen, die für diese Angst keinen Anlaß bietet. Dort, wo allenfalls Anlaß wäre zur Angst, ja, zu realer Furcht: westwärts, ist sie ausgeblendet.

Heutige Leser, von denen anzunehmen ist, daß sie in übergroßer Mehrheit von dieser den allseits propagierten Schwindelthesen über Bedrohung und Freiheitsverteidigung ins Gesicht schlagenden Betrachtungsweise aufs äußerste befremdet sind – um das wenigste zu sagen –, haben alles Recht zu fragen, wie der Verfasser, sofern er sich selbst glaubt – er tut es nur zu sehr! –, sich damit einverstanden erklären konnte, »Das Ende des Schreckens« 1984 unverändert neu herauszugeben. (Ist auch die Idee beim Verlag entstanden, so griff er sie doch gern auf, als er davon erfuhr.)

Daß er mit dem Neudruck jene quasi pädagogische Absicht, den Leser zu veranlassen, sich an des eigenen Volkes NS-Vergangenheit als des erschreckensten Falles deutscher Möglichkeiten zu orientieren – jene Absicht, die ihn 1955 leitete –, nicht mehr verbinden kann, dürfte nach dem Vorstehenden klar sein.

Ein Volk, das leichthin bereit ist, seine Söhne einem Atomkrieg auszuliefern, nur um sich seiner pathologischen Geistesverfassung nicht bewußt werden zu müssen, werden die Schrecken von 1945 ganz gewiß nicht mehr schrecken. Was waren das für Lappalien verglichen mit dem, was jetzt riskiert wird! »Bei über zwanzig Grad Kälte ziehen Tausende von jungen und alten Frauen mit Kinderwagen, Schlitten und kleinen Ziehwagen auf verschneiten Landstraßen in die Winternacht hinaus. Für Hunderte von Kleinkindern war diese Nacht die letzte...« (Vgl. S. 43) Oder: »Wie bekanntgegeben, wird vom 23. Januar (1945) an der öffentliche Schnell- und Eilzugverkehr eingestellt.« (Vgl. S. 46) Oder: »Südlich von Gleiwitz ist eine heftige Panzerschlacht entbrannt.« (Vgl. S. 47) Das sind geradezu idyllische Unbilden verglichen mit jenen vom Tag »danach«. Da bewegen sich wenigstens noch Tausende in langen Elendskolonnen über vereiste Straßen, da kann noch etwas bekanntgegeben werden, da entbrennt noch eine Panzerschlacht (im 6. Kriegsjahr!). Von solchen Kinkerlitzchen werden unsere Söhne und Enkel verschont bleiben, dank euch, ihr Volksgenossen von »demokratischer« Gesinnung, die ihr, um keine Spur anders als die Anbeter Hitlers, aufs neue Wahnideen zur Richtschnur eures politischen Verhaltens macht!

Zugegeben: Wie immer, 1814, 1848, 1870, unter Kaiser Wilhelm II., in der Weimarer Republik und schließlich sogar in der Diktatur, ist in die katastrophensüchtige Mehrheit auch heute wieder eine der Moral und der Vernunft verpflichtete Minderheit eingebunden, nie mehr als 5 Prozent aller ausmachend und dementsprechend einflußlos auf die großen Entscheidungen, die das Unheil heraufbeschwören. Heute gibt es die Grünen und die Friedensbewegung; sie sind, obwohl zeitbedingt in ihrer Motivation, doch nicht neu in ihren Zielen, es gab schon vor 1933 Parallelerscheinungen. Auch unter den Dokumenten, die den Inhalt dieses Buches ausmachen, finden sich großartige und erschütternde Zeugnisse für die Gesinnung einzelner, die sich aus moralischen Gründen von der Volksgemeinschaft lossagten und den Tod auf sich nahmen, der ihnen mit dem Strang im Namen dieser Volksgemeinschaft und mit deren innerster Zustimmung bereitet wurde. Ja, solche Deutsche gab es, ein paar; die Deutschen insgesamt aber haben nicht die geringste Berechtigung, sie als Alibi zu mißbrauchen.

So gesehen sind alle jene hier abgedruckten Dokumente, die, wie die zitierten, für Not und Elend stehen, weit weg. Weit weg desgleichen andere, die von den staatlich legalisierten Verbrechen berichten. Dazu gehören in erster Linie die Informationen über Konzentrationslager. Z. B.: »Tatsächlich kam nach einigen Minuten der erste Zug von Lemberg aus an. 45 Waggons mit 6700 Menschen, von denen 1450 schon tot waren bei der Ankunft.« (Vgl. S. 69) Das ist der Schnee von gestern, das weiß man alles, und wer es nicht weiß, will es nicht wissen. Jedenfalls sieht kein deutscher Zeitgenosse, wie alt er auch sei, noch einen Anlaß, deshalb im Büßerhemd herumzulaufen. Könnten die Leser im Abstand von Jahrzehnten endlich die seit 1945 fälligen Rückschlüsse auf sich selbst ziehen, erkennen, daß sie nur aus einem pervertierten Sicherheitsbedürfnis heraus den

zweiten Weltkrieg bis zur Reichszerstörung auskämpften, dann wären sie auch fähig, die Risiken abzuschätzen, die sie aus gleichem Grunde jetzt eingehen mit ihrer Macht- und Kriegspolitik als amerikanische Hilfswillige.
Indes, nicht alle Dokumente in dieser Sammlung haben historische Patina angesetzt. Es finden sich darin Informationen ganz anderer Art – sie haben nichts mit Verbrechen, nichts mit Existenzbedrohung, Existenzverlust zu tun. Hier einige Beispiele dafür: »Für die Geflügelverteilung, die der Münchner Bevölkerung aus Anlaß der Angriffe im Juli 1944 in Aussicht gestellt wurde, kann nunmehr vorbestellt werden.« (Nunmehr – das ist im Januar 1945. Vgl. S. 40)

»Ärztliche Untersuchungen haben bewiesen, daß mehr als man annimmt, die Willenskraft zur Überwindung mancher Essensschwierigkeiten eine erhebliche Rolle spielt...« (Vgl. S. 61, NS-Parteikorrespondenz, 21. Februar 1945)

»Vor allen Dingen ist die Anfertigung einheitlicher Mützen vorwärtszutreiben.« (Vgl. S. 64, Volkssturm-Mitteilungen)

»SS-Wirtschafts-Verwaltungshauptamt, Amtsgruppe D Konzentrationslager.
Betreff: Vereinheitlichung im Tof.-Meldewesen
Die Überprüfung der hier in Vorlage gebrachten Vorgänge über die Bearbeitung von Todesfällen in den Konzentrationslagern hat gezeigt, daß in einigen Lagern noch eine erhebliche Anzahl veralteter und unnötiger Vordrucke im Gebrauch ist. Zur Vereinfachung der Bearbeitung von Todesfällen...« (Vgl. S. 84, aus einem Rundschreiben an 15 Konzentrationslager)

»Die Versorgungsberechtigten... die im Besitz eines Einkaufnachweises sind, erhalten ein Pfund Sauerkraut.« (10. 3. 1945, vgl. S. 96)

Und so weiter und so fort.

Wer dergleichen komisch findet, weiß nicht, daß es sich um Offenbarungen jener Züge im sogenannten Volkscharakter handelt, aufgrund deren die fabelhafte Ordnung der Menschenvernichtungsanlagen möglich wurde und die sich in hervorragenden NS-Personen wie Himmler und Hoeß (dem Lagerleiter von Auschwitz) wie fürs Schulbuch beispielhaft manifestierte.

Davon ist nichts weit weg, nichts überholt, nichts wurde von vierzig Friedensjahren und vom erreichten Wohlstand ausgelöscht. In dieser Welt der Vergötzung von »Ordnung« zum Schaden mitmenschlichen Zusammenlebens leben wir nach wie vor, es ist die unsere. Der ideale Leser dieses Neudruckes, sollte es ihn geben, wird angesichts der behördlichen Erlaubnis, ein Pfund Sauerkraut zu erwerben, spontan an gewisse Erscheinungen in der fortschrittlichen Entwicklung des Ordnungsgefüges in unserem Staat denken, für das der derzeitige höchste und bekannteste Exponent Innenminister Zimmermann ist. Er will durch neue Gesetze einen Ordnungsbegriff institutionalisieren, bei dem man nicht von ungefähr an Orwells Buch denkt. Der ideale Leser, sollte es ihn geben, wird, wenn er auf den Ausdruck »Essensschwierigkeiten« stößt und bemerkt, daß es sich um eine Umschreibung von Hungersnot handelt, an Tarnbegriffe wie »Nachrüstung« oder »Entsorgung« denken und sich bewußt werden, daß er auf ganz die gleiche Weise verbal betrogen und belogen wird, mit der der deutsche Diktator die Bevölkerung mit seinen Friedensreden einlullte.

Daß sich der grandiose Aufmarsch seiner Panzerarmeen schließlich auf die pfundweise Verteilung von Sauerkraut reduzierte, wird sogar von der Zeitgeschichte oft genug als deutsches »Schicksal« hingestellt, als habe die Vorsehung – um dieses Lieblingswort Hitlers zu gebrauchen, ein sozialpolitischer Tarnbegriff par excellence – die Deutschen den Krieg verlieren lassen.

Am Tag »danach« wird nicht einmal mehr Sauerkraut auf Marken aufgerufen werden – soweit auf Lager, wäre es, weil vergiftet, ungenießbar, und überdies fehlte die Kundschaft dafür. In diese Perspektive gestellt, könnte »Das Ende des Schreckens« mindestens mit Teilen auch jetzt noch so etwas wie ein Lehrbuch, ein Belehrbuch sein – aber wer will belehrt sein?

Das deutsche Achterbahnfahren war, wie die Geschichte unseres Jahrhunderts beweist, die allgemein beliebte Sportart der Nation. Immer, wenn sie oben angekommen war, erwartete sie wohlig die sausende Fahrt in die Tiefe. Hat sich das geändert? Merke: Von der nächsten Tiefe aus führen keine Schienen mehr nach oben, gibt es ein Ende des Schreckens nicht mehr, nur das Ende als solches.

Stehen Dokumente dieser Art für eine ganz bestimmte Schwäche echt deutschen Wesens, so finden sich unter ihnen noch wiederum andere, aus denen die nicht minder echt deutsche Neigung hervorgeht, sich vor der Verantwortung für eigenes Handeln zu drücken, wenn es unangenehme Folgen gezeitigt hat. Der hierfür eindringlichste Beleg ist in Sätzen aus einer Predigt festgehalten, die der so eminent christliche Politiker Dr. Eugen Gerstenmaier am 29. April 1945 im Zuchthaus St. Georgen (Bayreuth), noch in Häftlingskleidung, gehalten hat. An diesem Tage war die Stadt bereits von den Amerikanern besetzt, die politischen Häftlinge waren frei. Vielleicht ist es heute notwendig, zu sagen, daß Gerstenmaier einmal Präsident des Deutschen Bundestages gewesen war, also immerhin ein Politiker, wenn auch vorwiegend mit dekorativen Aufgaben bedacht. Er sagte vor den Befreiten u. a.:

»Es hat keinen Sinn, in einer Zeit, in der Gottes Griffel Geschichte schreibt, über die Wirklichkeit Gottes zu diskutieren... Wichtig ist allein, ob es Gott gefällt, uns von Zeit zu Zeit wieder einmal so die Augen zu öffnen, ... daß wir seiner Wirklichkeit inne werden...

Wir wissen nicht, was das neue Blatt der Weltgeschichte, was die Zukunft bringen wird. Aber Gott will, daß wir furchtlos und dankbar hineingehen...« (Vgl. S. 154)

So spricht einer, der zwar imstande gewesen war, das Verbrecherische des »Dritten Reiches« immerhin soweit zu erkennen, daß er, sich davon distanzierend, vor Gericht kam; der aber im buchstäblich ersten Augenblick, in dem er ungehindert über die Motive hätte vor sich und der Öffentlichkeit Rechenschaft ablegen können (und müssen!), warum das Volk der »Dichter und Denker« sich so leicht aller humanen Bindungen entledigt hatte, statt dessen darüber schwätzt, was Gott will. Wollte Gott auch Hitler, oder wollten ihn die deutschen Kleinbürger Arm in Arm mit den deutschen Wirtschaftseliten? Eben das ist gute deutsche Art, gestern, heute und morgen: Wird die Lage schwierig oder wenigstens unübersichtlich, hat die Produktion von Phrasennebel Konjunktur. Ein Kohl konnte deshalb Kanzler werden, weil seine Fähigkeit, Phrasen zu produzieren, unerschöpflich ist. Ihm wie den Millionen dient der inhaltslos gebrauchte Begriff »Freiheit« zur Rechtfertigung einer den Krieg vorbereitenden Politik. Es handelt sich um Wirklichkeitsflucht, die fast alle mitmachen.

Man kann »Das Ende des Schreckens« lesen als eine Sammlung von Illustrationen zu einer vergangenen Epoche deutscher Geschichte: es war einmal...! Man sollte es aber lesen als eine Aneinanderreihung von politischen und menschlichen Chiffren, die sich zu einer Fallstudie kombinieren lassen: unseres Falles – das Wort in seinem Doppelsinn verwendet. *E. K.*

hat die Süddeutsche Zeitung unter dem Titel »Der Sturz ins Dunkel« mehrere Wochen hindurch eine Zusammenstellung von Berichten und Akten aus den Monaten Januar bis Mai 1945 erscheinen lassen. Die Veröffentlichung begegnete dem lebhaften Interesse überraschend vieler Leser.

Das seinerzeit gesammelte Material, das mit Rücksicht auf den zur Verfügung stehenden Platz in der Zeitung nur zum Teil abgedruckt werden konnte, wird hier nun in geschlossener Form vorgelegt. Der Titel wurde geändert, weil er dem Mißverständnis Vorschub leisten konnte, der Herausgeber datiere den Sturz Deutschlands in das Jahr 1945, nicht aber in das Jahr 1933, in dem er tatsächlich beginnt. Würde nun umgekehrt eingewendet werden, daß für viele Deutsche der Schrecken mit dem Ende des Krieges nicht zu Ende war, und der Titel somit wiederum als nicht zutreffend empfunden, so darf wohl entgegnet werden, daß jene Zeit zwischen Nacht und Dämmerung, von der dieses Buch berichtet, mit drei oder vier Worten überhaupt nicht genau charakterisiert werden kann. Immerhin war das Ende des Krieges mit der Hoffnung auf eine bessere Zukunft verbunden. Diese Hoffnung hat nicht getrogen.

Am Ende jedes der hier abgedruckten Stücke ist angegeben, aus welcher Quelle sie stammen. Soweit sie Büchern entnommen worden sind, verweist ein Sternchen hinter der Quellenangabe auf ein Literaturverzeichnis am Schluß des Bandes. Den dort genannten Verlagen danken wir herzlich für die Erlaubnis, ihre Werke zu zitieren. Im großen und ganzen sind die Stücke chronologisch geordnet und zwischen Januar und Mai 1945 entstanden. Der Leser wird jedoch feststellen, daß weder dieses Ordnungs- noch dieses Auswahlprinzip strikt eingehalten wurden. Sie sind durchbrochen worden zugunsten einer größeren Übersichtlichkeit des Bildes jener Epoche, das hier aus Mosaiksteinchen zusammengesetzt wird.

Die Ereignisse, Zustände und Stimmungen, mit denen die Hitlerherrschaft im Jahre 1945 untergegangen ist, sind bis jetzt noch nicht zum Gegenstand einer diese ganze erschütternde Zeit umfassenden Aussage gemacht worden. Obwohl inzwischen zehn Jahre vergangen sind, haben wir noch nicht den nötigen Abstand, dessen sowohl der Historiker wie der Dichter zu gültiger Darstellung der Vergangenheit bedarf.

Es bietet sich jedoch ein anderer Weg an, diese Zeit zu rekonstru-

ieren: Man kann sie selbst sprechen lassen. Es gibt eine große Anzahl veröffentlichter Erlebnisberichte und Erinnerungen; in Archiven sind die politischen Akten gesammelt worden (die meisten davon befinden sich allerdings, uns schwer zugänglich, im Ausland); es gibt in vielen Schreibtischen private Niederschriften, Briefe, Tagebücher, von denen oft nur die Verfasser und ihre Familien wissen. Aus alledem ließe sich, läge es gesammelt vor, die Wirklichkeit von 1945 Stück um Stück zusammenfügen, jene Monate, in denen unser Volk unter unglaublichen Begleiterscheinungen beinahe an den Rand der Vernichtung geführt worden ist. Wissen wir noch etwas davon? Nach einer ebenso unglaublichen, raschen und dem Anschein nach vollständigen Wiederherstellung normaler Zustände im westlichen Teil Deutschlands haben wir bereits vergessen, daß unsere physische und politische Existenz buchstäblich ein halbes Jahr lang in Frage gestellt, und daß unsere eigene damalige Regierung unser geschichtliches Ende herbeizuführen entschlossen gewesen war. Wenn ihre Pläne vereitelt wurden, so nur, weil die siegreichen fremden Armeen dem Regime Hitlers nicht mehr die Zeit gaben, die es gebraucht hätte, um psychologisch und materiell die Selbstauslöschung des Volkes durchzuführen. Vorbereitet war sie.
Mit der vorliegenden Zusammenstellung dokumentarischen Materials aus der ersten Hälfte des Jahres 1945 wird versucht, Vergangenes, das wir selbst erlebt haben, zu vergegenwärtigen. Obwohl nicht mehr als Andeutungen des wirklichen Geschehens gegeben werden können, wird der Leser staunend gewahr werden, daß er nicht nur vieles vergessen, sondern daß er noch mehr nie gewußt hat. Damit soll nicht angedeutet werden, etwa als Entschuldigung, daß wir nicht Kenntnis gehabt hätten von Geschehnissen, die sich fast vor unseren Augen abgespielt haben. Nein, es ist uns deshalb vieles von dem nie bewußt geworden, was sich damals zugetragen hat, weil wir selbst zu tief darin verstrickt waren. Wir waren selbst nicht mehr normal genug, um den Wahnsinn zu begreifen. Die Bestürzung und das Erstaunen, in die der Leser durch dieses kleine Buch versetzt werden wird, gelten vielleicht nicht so sehr den mitgeteilten Tatsachen, wie vielmehr der Erinnerung an den Zustand, in dem wir uns fast alle damals selbst befunden haben müssen.

Zu den Ereignissen, Zuständen und Stimmungen, von denen das Ende der Hitlerherrschaft begleitet wurde, gibt es bis heute in unserem Volk keine einheitliche Reaktion. Und zwar deshalb nicht, weil

das Ende Hitlers die Verheißung einer neuen Freiheit, den Anfang eines Weges aus Not und Elend bedeutet hat, zugleich aber die staatliche Auflösung und die Spaltung des Volkes. Darauf ist Rücksicht zu nehmen, wenn wir versuchen, die Vergangenheit vor uns hinzustellen. Nichts soll uns ferner liegen, als nachträglich politische Belehrungen hineinzutragen; diese Zeit von Januar bis Mai 1945 spricht ihre eigene gellende Sprache, die jeder auf seine Art verstehen soll. Beabsichtigt ist nur, die Wirklichkeit von damals zur Kenntnis zu bringen. Vielleicht hilft uns dieser Rückblick, mit unserer Vergangenheit fertig zu werden. Daß wir wieder so vernünftig geworden sind, zu erkennen, was war, bedeutet nämlich nicht, daß wir uns schon innerlich davon befreit hätten. Nichts von dem, was wir vor 10 Jahren erlebt und erlitten haben, bestimmt zur Stunde *direkt* unser Verhalten im Alltag, aber auch nichts davon ist wirklich geistig überwunden. Es ist von unserem Alltagsleben und -denken nur durch eine hauchdünne Isolierschicht getrennt.
Die Begegnung mit unserer Vergangenheit mag zu unserer Selbsterkenntnis beitragen. Sie bewirkt aber vielleicht noch mehr – und zu eben diesem Zwecke führen wir sie herbei: Sie wird unsere Wachsamkeit erhöhen. Wir leben auch heute nicht in einem idyllischen Frieden. Die verschiedensten politischen und geistigen Mächte versuchen, uns in neue Wahnideen zu verstricken. Können wir uns ihnen gegenüber auf unseren gesunden Menschenverstand verlassen, und tun wir das Richtige – jetzt? Auch 1945 und zuvor glaubte jeder auf seine Weise vernünftig zu sein und das Richtige zu tun. Wie weit waren wir von beidem entfernt! Es kann nicht schaden, aus diesem Buch zu erfahren, wie leicht und wie weit verführbar der Mensch ist.
Allerdings stellt es uns auch Beispiele vor Augen dafür, daß es eine innere Gewißheit gibt, der gegenüber jeder Verführungsversuch des Bösen versagt. Die Zeit, die hier wiederaufersteht, war nicht nur voller Schrecken und Verbrechen. Zwischen uns lebten Menschen, die gerade vor diesem Hintergrund, ihr Leben bewußt opfernd, als Vorbilder für eine bessere Zukunft in Erscheinung treten. Für diese bessere Zukunft, die jetzt unsere Gegenwart ist? Stehen diese Gestalten – die meisten sind nicht mehr am Leben – wirklich als Vorbilder unter uns? Lassen wir die Frage offen, und überlassen wir jedem Leser es wiederum, selbst seine Antwort zu geben.
Eines werden wir durch dieses Buch auf jeden Fall gewinnen: Indem wir zurückschauen, werden wir das Gegenwärtige weniger selbstverständlich finden und kritischer zu schätzen wissen. *E. K.*

## NEUJAHRSBOTSCHAFT 1945

*»Meine Zuversicht ist heute stärker als je zuvor«*

»Meine Soldaten! Ich kenne Eure Leiden und Eure Opfer und weiß, was ich von Euch fordern mußte und was von Euch gefordert wird. Das Schicksal hat mir, der ich einst Deutschland als sozialen und kulturellen Staat ersten Ranges aufbauen wollte, die schwerste Aufgabe gestellt, die für einen Menschen denkbar ist. Ich trage dieses mein Los mit dem schuldigen Dank einer Vorsehung gegenüber, die mich für würdig genug gehalten hat, eine ebenso harte wie für die Zukunft entscheidende Arbeit in der Geschichte unseres Volkes übernehmen zu müssen ...«
»So wie der Phönix aus der Asche, so hat sich aus den Trümmern unserer Städte der deutsche Wille erst recht aufs neue erhoben.«
»Millionen Deutscher haben zum Spaten und zur Schaufel gegriffen. Tausende von Volkssturmbataillonen sind entstanden und im Entstehen begriffen. Divisionen über Divisionen sind neu aufgestellt. Volksartilleriekorps, Werfer- und Sturmgeschützbrigaden sowie Panzerverbände werden aus dem Boden gestampft, Jagdgeschwader wieder aufgerichtet und mit neuen Maschinen versehen.«

*(Adolf Hitler, 1. Januar 1945)*

## TAGEBUCH EINER MÜNCHNERIN

*Endorf am Chiemsee, 1. Januar 1945*

*Ein neues Jahr hat angefangen. Ein schweres entscheidungbringendes Jahr ... Unwillkürlich mache ich einen kleinen Rückblick. Am 19. November waren es zehn Jahre, daß ich verheiratet bin. Davon sind nun sechs Jahre Krieg. Die Schwere des Krieges hat mich wohl noch nicht so sehr berührt wie viele andere. Seit 20. August 1943 sind wir nun schon auseinandergerissen. Unser Vati ist in München in seinem Geschäft, wir waren in N.... Der Alltag war beschwerlich auf dem ungewohnten Lande, aber die Freude auf den Samstagnachmittag, wenn unser Vati den langen Weg dahergegangen kam, oft mit sehr müden Schritten, den unentbehrlichen Rucksack auf dem Rücken, diese Freude kannte keine Grenzen. Mit dieser Freude wird unser Helmuth groß: Der Vati kommt heute ...*
*Glitzernder Schnee bedeckt das Land, es ist Mond, und geheimnisvoll wie vor ewiger Zeit rauscht der Wald. Doch die Zeit ist eine*

*andere, unruhevoll, gehetzt und vertrieben sind die Menschen. Und jeder hat heute zum neuen Jahr nur den einen Wunsch: Frieden, Frieden.* *(Aus dem Tagebuchfragment einer aus München evakuierten Geschäftsfrau)*

## DIE ANDERE SEITE

*»Wir zweifeln nicht einen Augenblick an unserem Endsiege«*

»Die bedingungslose Kapitulation der feindlichen Armeen ist der erste und bedeutendste Schritt zum Frieden, aber nicht mehr. In den Ländern, die wir von der Tyrannei der Nazis und der Faschisten befreiten, haben wir bereits gesehen, welche Probleme der Frieden für uns bringen wird. Und wir täuschen uns selbst, wenn wir uns in der Illusion wiegen wollen, daß alle diese Probleme über Nacht gelöst werden könnten.« *(Präsident Roosevelt am 6. Januar 1945)*

## AUFRUF ZU EINEM VOLKSOPFER

Berlin, den 5. Januar 1945

In der Zeit vom 7. bis 28. Januar wird eine Sammlung von Kleidung und Ausrüstungsgegenständen für die Wehrmacht und den Deutschen Volkssturm durchgeführt. Zu diesem »Volksopfer« erlassen der Leiter der Parteikanzlei, M. Bormann, Reichswirtschaftsminister W. Funk, Reichsminister für Volksaufklärung und Propaganda, Reichspropagandaleiter der NSDAP, Dr. Goebbels, und Reichsführer SS und Befehlshaber des Ersatzheeres H. Himmler den nachstehenden Aufruf:

Deutsches Volk!

Das Jahr 1944 hat uns schwere Prüfungen auferlegt. Mit der geballten Kraft dreier Weltreiche hat es der Feind in einem Massenansturm ohnegleichen nicht vermocht, uns in die Knie zu zwingen. In einem heroischen Kampf, wie ihn die Weltgeschichte selten kennt, hat der deutsche Soldat die Angriffe unserer Feinde an allen Fronten abgewehrt.

Die Heimat hat sich des Heldentums ihrer Soldaten würdig erwiesen. Trotz des feindlichen Bombenterrors ist sie unerschüttert, kampfentschlossen und siegesbewußt wie nie zuvor.

Dem Rufe zur kompromißlosen und totalen Führung des Krieges ist das ganze deutsche Volk einmütig und entschlossen gefolgt. Frauen und Mädchen haben in Fabriken und Kontoren zu Hunderttausenden die Männer abgelöst und damit die Aufstellung zahlreicher neuer Volksgrenadier-Divisionen ermöglicht. Die deutschen Rüstungsarbeiter und -arbeiterinnen geben diesen Soldaten die besten Waffen in die Hand. Nunmehr beginnen die ersten Früchte der totalen Kriegführung zu reifen. Es müssen jedoch immer neue Volksgrenadier-Divisionen und Marscheinheiten zur Aufstellung kommen und der Front zugeführt werden. Auch die Männer des Deutschen Volkssturms befinden sich in Tausenden von Bataillonen in der Ausbildung und teilweise schon im Einsatz. Für die Aufstellung dieser neuen Verbände werden dringend Bekleidungs- und Ausrüstungsstücke benötigt. Im Auftrage des Führers rufen wir deshalb alle Deutschen, Männer, Frauen und unsere Jugend, zu einem

»Volksopfer«

auf. Die Nationalsozialistische Deutsche Arbeiterpartei wird mit ihrer bewährten Tatkraft die Trägerin dieser Aktion sein. Vom 7. bis 28. Januar werden für die Wehrmacht und den Volkssturm gesammelt: Uniformen und Uniformteile der Partei, ihrer Gliederungen und Verbände, der Wehrmacht, Polizei, Feuerschutzpolizei, Reichsbahn, Reichspost usw., tragfähiges Schuhwerk und Ausrüstungsgegenstände für die kämpfende Truppe, wie Zeltbahnen und Zeltzubehör, Woll- und Felldecken, Brotbeutel, Rucksäcke, Kochgeschirre, Koppel, Schulterriemen, Spaten, Stahlhelme und alles andere, was der Soldat braucht. Ferner werden Kleidung, Wäsche und Spinnstoffe jeder Art gesammelt, um hieraus neue Bekleidung und Ausrüstungsstücke herzustellen.

Jeder Volksgenosse muß von diesen Dingen alles das abgeben, was er nicht unbedingt benötigt. Gebt alles Entbehrliche der kämpfenden Front! Unsere Soldaten sollen sich auch diesmal wieder auf die Heimat verlassen können.

M. Bormann, Leiter der Parteikanzlei
W. Funk, Reichswirtschaftsminister
Dr. Goebbels, Reichspropagandaleiter der NSDAP und Reichsminister für Volksaufklärung und Propaganda
H. Himmler, Reichsführer SS und Befehlshaber des Ersatzheeres

*(Völkischer Beobachter vom 6. Januar 1945)*

## WIR MÜSSEN HASSEN LERNEN!

...Es heißt also für uns: Eisern in unserer deutschen Gesinnung stehenbleiben. Darüber hinaus aber muß sich in unserer Einstellung unseren Feinden gegenüber eine Fanatisierung unserer Gesinnung vollziehen. Wir müssen jede empfindsame Art aus unserem deutschen Herzen vertreiben, denn mit der uns Deutsche leider belastenden Sentimentalität sowie mit den Methoden und den Kavalierspielregeln des bürgerlichen Lebens fallen wir alle in die Massengräber der Bolschewisten hinein. Es muß sich in unserem Herzen ein Haß festsetzen, wie wir Deutsche ihn eigentlich bisher nicht kannten. Der Haß muß freie Bahn haben. Unsere haßerfüllte Gesinnung muß dem Gegner wie eine versengende Glut entgegenschlagen. Wer angesichts des grauenhaften Verhaltens, das besonders die wilden bolschewistischen Tiere aus dem Osten in unserem Lande zeigen, nicht hassen kann, der ist kein Deutscher. Unter den Schilderungen der Greuel, die deutsche Menschen erdulden mußten, geht dieser grimmige Haß in uns auf, er entfaltet sich in uns, und wir entbrennen an ihm.
Wir müssen brennend hassen, um fanatisch kämpfen zu können...
Heil unserem Führer! Euer Paul Giesler, Gauleiter.

*(Aufruf des bayerischen Gauleiters in der Soldatenzeitung: Münchner Feldpost, Anfang 1945)*

## PANIKARTIGE FLUCHT

Die ostdeutsche Bevölkerung machte sich auf die Flucht, obwohl von Januar bis März 1945 in allen ostdeutschen Provinzen ein äußerst strenger Winter herrschte, der unterwegs Erfrierungen, auf den eisglatten Straßen und schneeverwehten Wegen härteste Strapazen befürchten ließ. Hinzu kam, daß die Plötzlichkeit des russischen Vormarsches und der Mangel an ausreichenden Transportmitteln dazu zwangen, nur die nötigsten Gebrauchsgegenstände und Lebensmittel mitzunehmen. Der größte Teil des Besitzes, die Habe in Haus und Hof, mußte zurückgelassen werden, vor allem auch zahlreiches Vieh, was gleichbedeutend war mit seinem Verlust. Außerdem war vielerorts die Chance des Entkommens schon äußerst gering, da die russischen Panzer schneller waren als die Flüchtlingstrecks und überdies ständig die Gefahr bestand, eingeschlossen zu

werden oder auf offener Straße in die Kampfhandlungen hineinzugeraten. Auch das Fehlen der zum Kriegsdienst eingezogenen Männer machte sich in dieser Notzeit für die Zivilbevölkerung sehr erschwerend bemerkbar.
Die hohe Zahl von Verzweiflungstaten und Selbstmorden in jener Zeit und bereits vor dem Eintreffen der russischen Truppen verdeutlicht die verzweifelte Notlage der ostdeutschen Bevölkerung in ihrer Furcht vor den Gefahren der Flucht und den unermeßlichen Leiden, die von der Roten Armee drohten. – In dieser entsetzlichen Not entschied sich dennoch die überwiegende Mehrzahl in allen deutschbewohnten Gebieten jenseits der Oder-Neiße für den Aufbruch zur Flucht, da alle Bedenken, die davon abhalten konnten, von der Furcht vor den Kampfhandlungen und vor den zu erwartenden Übergriffen der sowjetischen Truppen übertroffen wurden. Bei der panikartigen Flucht, die überall allein das Erscheinen der Roten Armee auslöste, waren die amtlichen Anordnungen zur Räumung oft nahezu ohne Bedeutung. Eine geregelte Evakuierung im großen war meistens nicht mehr möglich oder zu spät begonnen worden.

*(Aus: Dokumentation der Vertreibung der Deutschen aus Ost-Mitteleuropa)* *

## AUFRUF GEGEN DRÜCKEBERGER

Ich bitte die deutschen Volksgenossen, insbesondere die Frauen, Drückebergern, die sich Evakuierungstrecks anhängen oder sonst von Osten nach Westen ziehen, kein Mitleid am unrechten Platz entgegenzubringen. Männer, die sich von der Front entfernen, verdienen von der Heimat kein Stück Brot.
Gerade die deutschen Frauen und Mädchen sind berufen, diese Männer an ihrer Ehre zu packen, zur Pflicht zu rufen, ihnen statt Mitleid Verachtung entgegenzubringen und hartnäckige Feiglinge mit dem Scheuerlappen zur Front zu hauen.
Jeder tue seine Pflicht. Nach schweren Wochen der Prüfungen wird der Tag kommen, an dem wir aus den Ausgangsstellungen, die wir uns jetzt sichern, wieder antreten und die Eindringlinge vernichten und die deutschen Gaue wieder befreien. Wir haben die heilige Überzeugung und das Wissen, daß der Herrgott, der uns soviel Schweres auferlegt und zugleich aber Deutschland in derselben Zeit, in der der Bolschewismus zum Sturm auf Europa antrat, den einzigen Mann, der diese Gefahr bannen konnte und kann, unseren

Führer Adolf Hitler, gegeben hat, am Ende unserem tapferen Heldenvolk und damit dem wahren Europa den Sieg schenken wird.

H. Himmler, Reichsführer SS und
Oberbefehlshaber des Ersatzheeres

*(In der Tagespresse, Mitte Januar 1945)*

## DIE RUSSISCHE OFFENSIVE BEGINNT

*(Aus Berichten des Oberkommandos der Wehrmacht)*

Im ostpreußischen Grenzgebiet begann der Feind im Raum Ebenrode-Schloßberg den erwarteten Großangriff nach zweistündiger stärkster Artillerievorbereitung. *(13. Januar 1945)*

Im Weichsel-Bug-Dreieck und in den Narew-Brückenköpfen beiderseits Ostenburg konnten die mit überlegenen Kräften angreifenden Bolschewisten tiefe Einbrüche erzielen. Süd- und Südostdeutschland waren am gestrigen Tage das Angriffsziel nordamerikanischer Terrorverbände. Außerdem flogen die Briten nach Westdeutschland ein. *(17. Januar 1945)*

Es gibt an der Ostfront keinen ruhigen Abschnitt mehr. Überall stürmen die Sowjets an, und überall tun sie es mit starken Kräften.

*(Völkischer Beobachter, 18. Januar 1945)*

## ADOLF HITLER, ZUR PERSON

*Hitler entstammte einem kleinbürgerlichen österreichischen Milieu. Er hat es Zeit seines Lebens auch auf den höchsten Stufen seines politischen Aufstieges nicht verlassen. Daß sich der Deutsch-Österreicher als Militarist zeigte und der sonst so betont Süddeutsche sich der preußischen Militärtradition bemächtigte, um seine politischen Pläne und Ziele zu verwirklichen, kennzeichnet die Disharmonie seiner Persönlichkeit, die am Ende überhaupt keine Linie mehr – weder die österreichisch-diplomatische noch die preußisch-soldatische – besaß, von der aus sie das ungeheuerliche Abenteuer hätte liquidieren können.*

*In zwei Eigenschaften trat Hitlers Österreichertum ganz unver-*

*kennbar zutage: Erstens in der unverbindlich-liebenswürdigen, jovialen Art, die seine im Grundsätzlichen unerbittliche politische Härte im privaten Leben fast bis zur Unkenntlichkeit übertünchte und mit der er sich insbesondere Künstlern und Frauen gegenüber in fast übertriebener Höflichkeit zu geben wußte. Und zweitens in dem geradezu phänomenalen Mangel an Zeiteinteilung, durch den sich seine Lebens- und Arbeitsweise auszeichnete.*
*Zu seinen Lebzeiten ist oft in der Öffentlichkeit, vor allem von journalistischer Seite, der Wunsch laut geworden, etwas über Hitlers persönliches Leben, seine Gewohnheiten, den Ablauf seiner Tagesarbeit und überhaupt sein individuelles Dasein zu publizieren. Diese Wünsche sind an Hitler des öfteren herangetragen worden. Er hat die Erlaubnis dazu niemals erteilt, sondern alle derartigen Veröffentlichungen abgelehnt.*
*Ich glaube, er führte das seltsamste und kurioseste Privatleben, das je ein Mann in höchster politischer und staatlicher Stellung geführt hat. Er besaß kein Unterscheidungsvermögen zwischen dienstlichem und privatem Leben. Er vermochte Arbeit und privates Dasein nicht auseinanderzuhalten. Er führte seine Dienstgeschäfte inmitten seines Privatlebens und lebte ein Privatleben inmitten seiner Amtsgeschäfte und seiner Amtsführung. Dieser Zustand war zum Teil darauf zurückzuführen, daß Hitler sich nahezu alle Entscheidungen, ob sie nun politischer, militärischer, kultureller oder sonstiger Art waren, selbst vorbehielt und als unausbleibliche Folge dieses Absolutismus ihm diese Entscheidungen unaufhörlich im Laufe des ganzen Tages unterbreitet und abverlangt wurden. Die Arbeitslast, die er sich dadurch aufbürdete, veranlaßte ihn, sich den täglichen Dienst ohne Trennung von seinem privaten Leben nach seiner eigenen, persönlichen Ordnung einzurichten und nach seiner eigenen Façon zu regieren. So ist es zu verstehen – was er selbst wiederholt von sich erklärt hat –, daß er kein Privatleben besaß und sein Leben im Dienste der Nation aufging.*
*Hitler war eine Bohemien-Natur. Ein ausgesprochener Stimmungsmensch, der sich fast ausschließlich von gefühlsmäßigen Erwägungen leiten ließ. Er kannte kein regelmäßiges Arbeiten und keine Bürostunden. Er sagte: Eine einzige geniale Idee sei wertvoller als ein ganzes Leben gewissenhafter Büroarbeit. Pünktlich wurden nur diplomatische Empfänge, veranlaßt durch den Chef des Protokolls, durchgeführt. Die meisten anderen Besucher, ob sie nun bestellt oder gekommen waren, um Hitler in Durchführung der ihnen ge-*

*stellten Aufgaben zu sprechen, mußten stundenlang in den Vorzimmern, Adjutantenräumen oder sonstigen Quartieren warten, bis sie vorgelassen oder wieder fortgeschickt und auf später vertröstet wurden. Minister und höchste Amtsträger wurden trotz aller erdenklichen Versuche oft wochen- und monatelang nicht empfangen. Seine Adjutanten hatten strikten Befehl, ohne seine ausdrückliche Genehmigung niemand vorzulassen. Wen Hitler nicht sehen wollte, dem gelang es in Jahren nicht, auch wenn er seinen Besuch für noch so dringlich und notwendig hielt.*

*Im übrigen war Hitler weit davon entfernt, menschenscheu zu sein. Hitler konnte nicht allein sein. Es war auffallend, wie sehr er davor zurückscheute. Es war mir oft, als fürchtete er sich vor sich selbst und seiner eigenen inneren Zwiesprache. Deshalb zog er sich regelmäßig erst in den frühen Morgenstunden zurück, um drei oder vier Uhr, oder noch später, und erwartete von seiner Umgebung, daß sie um ihn blieb, bis er sich verabschiedete. Er sagte, daß es ihm nicht möglich sei, vor dem Morgengrauen zu schlafen.*

*Da Hitler buchstäblich die Nacht zum Tage machte, konnte er auch vor Mittag nicht aufstehen. Er verließ im allgemeinen sein Schlafzimmer nicht vor zwölf Uhr mittags, vielfach auch später. Das Frühstück, meist nur ein Schluck Milch oder Tee und etwas Zwieback, pflegte er eilig im Stehen zwischen Tür und Angel zu nehmen, denn er wußte, daß um diese Zeit vieles auf ihn wartete. Durch diese Zeiteinteilung des »Chefs« stand die autoritäre Regierungsmaschinerie regelmäßig am Vormittag still. Wer eine Vorstellung hat gerade von der besonderen Bedeutung der späten Vormittagsstunden für die Arbeit in den Regierungszentralen und in den Hauptquartieren, weiß, welche Stockungen und Versäumnisse damit verbunden sein können. Ich erwähne nur als Beispiel für viele die stets notwendig werdende Stellungnahme zu den großen politischen Ereignissen des Vortages, die gerade morgens bekannt zu werden pflegen, oder die Veröffentlichungen, Erwiderungen, Dementis usw., die aus der nationalen und internationalen Diskussion praktisch ausgeschaltet sind, wenn sie nicht rechtzeitig zu den Pressekonferenzen und zum Redaktionsschluß der Nachmittagszeitungen vorliegen. Daß beispielsweise der tägliche OKW-Bericht oft mit so viel Verspätung ausgegeben wurde, daß er nicht mehr in den Zwei-Uhr-Nachrichtendienst des Rundfunks kam und so häufig für die Nachmittagspresse ausfiel, ist ausschließlich darauf zurückzuführen, daß Hitler diesen Bericht, der beim Chef OKW bereits um ein Uhr vorlag,*

*regelmäßig vor seiner Ausgabe zu sehen und zu korrigieren verlangte, aber seine Freigabe für die Öffentlichkeit dadurch verzögerte, daß er nicht rechtzeitig aus seinen Räumen erschien.*
*Als erste sprach Hitler seine Adjutanten, die ihn meist auf dem Gang vor seiner Tür oder im Vorzimmer mit den dringlichsten Anfragen erwarteten, ihn auf das Wichtigste aufmerksam machten und seine Empfangsdispositionen für den Verlauf des Tages entgegennahmen. Hitler selbst bestimmte, wen er zu sehen wünschte und wessen Anmeldung abgewiesen, abgesetzt oder verschoben werden mußte. Eine spezielle Besuchszeit oder Empfangsstunde am Tage war bei Hitler nicht vorgesehen. Er machte alles von seinem persönlichen Befinden, seinen Stimmungen und seiner jeweiligen persönlichen Einstellung abhängig, für die er keine nähere Erklärung abgab. Regelmäßig, wenn auch nicht pünktlich, fanden anschließend im Frieden in Berlin der Vortrag des Chefs der Reichskanzlei und während des Krieges im Hauptquartier die militärische Lagebesprechung mit dem Oberkommando der Wehrmacht statt. Diese Lagebesprechungen dehnten sich, da er in seinen auf alle möglichen Themen überspringenden Ausführungen meist kein Ende finden konnte, viele Stunden lang aus, so daß der Beginn des Mittagessens lange Jahre zwischen 14 und 16 Uhr schwankte. Das Mittagsmahl nahm Hitler in Berlin in seiner Wohnung gemeinschaftlich mit seiner nächsten Umgebung und zwanglos dazu gebetenen Gästen, im Hauptquartier im Kasino im Kreise des Oberkommandos der Wehrmacht ein. Da Hitler auch bei Tisch oft lange sprach, war die Dauer des Mittagessens, das an sich wegen der Einfachheit der Gerichte in einer halben Stunde hätte beendet sein können, verschieden. Es kam häufiger vor, daß Hitler sich erst nach zwei Stunden erhob, was, da sich auch beim Abendessen das gleiche wiederholte, für die Teilnehmer, auf die ihre laufende Arbeit wartete, fast unerträglich war. In den letzten Jahren des Krieges führte Hitler im Hauptquartier eine zweite tägliche Lagebesprechung ein, die am Abend stattfinden sollte. Infolge der mit seiner Lebensweise verbundenen Zeitverschiebung begann sie aber meistens erst in der Nacht.*

*(O. Dietrich, 12 Jahre mit Hitler)**

*Zu nebenstehendem Bild:*
*So hatte es 1939 angefangen – in Danzig. Uniformierte Organisationen der NSDAP demonstrierten auf Befehl von oben. Der Krieg wurde vom (Grenz-)Zaun gebrochen.*

Wir wollen heim ins Reich

## DIE FOLTERUNG IN VIER STUFEN

Eines Nachts wurde ich aus meiner Zelle zur Vernehmung geholt. Im Vernehmungszimmer befanden sich folgende Personen: der Kriminalkommissar Habecker, seine Sekretärin, ein uniformierter Wachtmeister des Sicherheitsdienstes und ein nicht uniformierter Kriminalassistent. Man machte mich darauf aufmerksam, es sei jetzt die letzte Gelegenheit zu einem Geständnis. Als ich an meinem bisherigen Leugnen festhielt, griff man zum Mittel der Folterung. Diese Folterung wurde in vier Stufen vollzogen.

Die erste Stufe bestand darin, daß meine Hände auf dem Rücken gefesselt wurden. Dann wurde über beide Hände eine Vorrichtung geschoben, die alle zehn Finger einzeln umfaßte. An der Innenseite dieser Vorrichtung waren eiserne Dornen angebracht, die auf die Fingerwurzeln einwirkten. Mittels einer Schraube wurde die ganze Maschinerie zusammengepreßt, so daß sich die Dornen in die Finger einbohrten.

Die zweite Stufe war folgende: Ich wurde auf eine Vorrichtung gebunden, die einem Bettgestell glich, und zwar mit dem Gesicht nach unten. Eine Decke wurde mir über den Kopf gelegt. Dann wurde über jedes der bloßen Beine eine Art Ofenrohr gestülpt. Auf der Innenseite dieser beiden Röhren waren Nägel befestigt. Wiederum war es durch eine Schraubvorrichtung möglich, die Wände der Röhren zusammenzupressen, so daß sich die Nägel in Ober- und Unterschenkel einbohrten.

Für die dritte Stufe diente als Hauptvorrichtung das »Bettgestell«. Ich war, wie vorher, auf dieses gefesselt, während der Kopf mit einer Decke zugedeckt war. Dann wurde das Gestell mittels einer Vorrichtung entweder ruckartig oder langsam auseinandergezogen, so daß der gefesselte Körper gezwungen war, die Bewegung dieses Prokrustesbettes mitzumachen.

In der vierten Stufe wurde ich mittels einer besonderen Fesselung krumm gebunden, und zwar so, daß der Körper sich weder rückwärts noch seitwärts bewegen konnte. Dann schlugen der Kriminalassistent und der Wachtmeister mit dicken Knüppeln von rückwärts auf mich ein, so daß ich bei jedem Schlag nach vorne überfiel und infolge der auf dem Rücken gefesselten Hände mit aller Gewalt auf Gesicht und Kopf schlug. Während dieser Prozedur gefielen sich alle Beteiligten in höhnenden Zurufen. Die erste Folterung endete mit einer Ohnmacht. Ich habe mich durch keine der geschilderten

Gewaltmaßnahmen dazu verleiten lassen, ein Wort des Geständnisses oder den Namen eines meiner Gesinnungsfreunde zu nennen. Nachdem ich die Besinnung wieder erlangt hatte, wurde ich in meine Zelle zurückgeführt. Die Wachbeamten empfingen mich mit unverhohlenen Ausdrücken des Mitleids und des Schauderns. Am folgenden Tage war ich nicht imstande, mich zu erheben, so daß ich nicht einmal die Wäsche wechseln konnte, die voller Blut war. Obwohl ich immer kerngesund gewesen war, bekam ich im Laufe dieses Tages eine schwere Herzattacke. Der Gefängnisarzt wurde herbeigeholt. Voll Argwohn ließ ich seine Behandlung über mich ergehen. So lag ich mehrere Tage, bis ich wieder in der Lage war, das Bett zu verlassen und mich zu bewegen. Die Folge meiner Wiederherstellung war eine Wiederholung der Folterung in den gleichen vier Stufen wie beim erstenmal. Der sachliche Erfolg aber blieb wiederum gleich Null. *(F. v. Schlabrendorff, Offiziere gegen Hitler)* *

## GEDANKEN IN DIE ZUKUNFT

*Am 11. Januar 1945* fällte der I. Senat des Volksgerichtshofes das Todesurteil gegen den evangelischen Christen Helmuth Graf von Moltke und den Jesuitenpater Alfred Delp. In der Urteilsbegründung heißt es:

»Graf Moltke interessierte sich von jeher für religiöse und Kirchenfragen, hier besonders für das Verhältnis von Staat und Kirche zueinander und vor allem auch für Fragen der ›Re-Christianisierung‹, ferner für Agrarpolitik und Selbstverwaltung.

Etwa seit 1941 drängte sich ihm die Frage auf, was geschehe, wenn der Krieg verlorengehe. Mit dem Fortschreiten der Kriegsereignisse trat für ihn die Möglichkeit des Kriegsverlustes immer mehr in den Vordergrund: so auch die Frage, was dann geschehen solle. Graf Moltke sagt, ihm sei es darauf angekommen, sich für den Fall des Zusammenbruchs Gedanken darüber zu machen und auch Personen zu finden, die dann den Rest der Volkskraft erhalten müßten: und zwar in einem ›Regime ohne Nebenorganisationen‹, wie Parteien, Gewerkschaften und ähnlichen.

Mit einer ganzen Reihe von Freunden und Bekannten, darunter den gerichteten Verrätern Graf Yorck zu Wartenburg, Graf von der Schulenburg, Trott zu Solz, den in diesem Verfahren Mitverurteilten, Jesuitenpater Alfred Delp und Konsistorialrat Eugen Gersten-

maier, sowie anderen, behandelte er in seiner oder Yorck von Wartenburgs Wohnung das Grundsätzliche und auch Teilausschnitte aus diesem Fragenkomplex. Keiner der Teilnehmer an diesen Besprechungen war Nationalsozialist.
1942 lud Graf Moltke den Kreis, der sich so um ihn gebildet hatte, und zu dem auch der inzwischen verstorbene Mierendorf, Professor Reichwein und der Verräter Theodor Haubach gehörten, zu einer Wochenendtagung zu sich nach Kreisau. Hier besprach er Fragen der ›Re-Christianisierung‹, des Verhältnisses von Staat und Kirche, der sozialen Einstellung der katholischen Kirche, worüber der Jesuitenpater Alfred Delp an Hand der Enzyklika ›Quadragesimo anno‹ einen Vortrag hielt, und ähnliches; alles im Hinblick auf einen als möglich erachteten Zusammenbruch und um festzustellen, ob und wieweit dann Kräfte da seien, die in das ›Vakuum‹ eintreten könnten, das durch den Zusammenbruch entstehen müßte...
Sehr kam es Graf Moltke darauf an, festzustellen, wieweit ein Zusammengehen früherer Gewerkschaftskreise mit der katholischen Kirche möglich sei, insbesondere wie der Sozialgedanke der katholischen Kirche möglich sei, und ob er eine Möglichkeit biete, beide Gruppen zusammengehen zu lassen. Darüber hatte ihm der Jesuitenpater Alfred Delp schon vor seinem Kreisauer Referat in Berlin Mitteilungen gemacht, die auf der ›justitia socialis‹ der schon erwähnten Enzyklika ›Quadragesimo anno‹ beruhten. Graf Moltke und Mierendorf sprechen dem Jesuitenpater Delp gegenüber den Wunsch aus, feststellen zu können, ob die ›justitia socialis‹ amtliches Ideengut der katholischen Kirche oder nur seine persönliche Meinung sei. Deshalb ließ Graf Moltke sich und Mierendorf durch Delp bei Dr. Dietz, dem Bischof von Fulda, einführen, der im Gespräch zu vieren bestätigte, daß die Enzyklika ›Quadragesimo anno‹ mit ihrer ›justitia socialis‹ den amtlichen katholischen Sozialstandpunkt darstellte. Dieser schien Graf Moltke eine Grundlage für ein Zusammengehen abzugeben. Alles, was Graf Moltke damit getan hat, ist Hochverrat...
Einer der aktivsten Verratsgehilfen Helmuth Graf von Moltkes ist der Jesuitenpater Alfred Delp...
...Trott zu Solz vermittelte, weil ihm das Gespräch interessant erschien, Delps Bekanntschaft mit dem Grafen Yorck zu Wartenburg noch an demselben Tage. Hier ging die Unterhaltung über die soziale Frage. Delp trug die bekannte Stellungnahme der Enzyklika ›Quadragesimo anno‹ über die ›justitia socialis‹ vor und erläuterte

sie als Bekenntnis zur ›Gemeinschaftsvorbelastung des Besitzes‹. Graf Yorck zu Wartenburg fragte ihn nun, ob er dem Grafen Moltke seine Gedanken einmal vortragen wolle. Der Jesuitenpater Delp war damit einverstanden. Man ging zu Graf von Moltke; dort fanden sich auch Dr. Friedrich (Deckname für Mierendorf), Maaß und Gerstenmaier ein. Mierendorf nahm Delps Ausführungen über die ›justitia socialis‹ mit Mißtrauen auf. Delp versprach, die Enzyklika ›Quadragesimo anno‹ zu beschaffen. Und Moltke lud ihn ein, nach Kreisau zu kommen, wo solche Fragen von verschiedenen Gesichtspunkten aus besprochen würden.
Der Jesuiten-Provinzial für Süddeutschland, Pater Rösch, bat im August 1942 Delp, noch einmal zu Graf Moltke zu fahren und über die staatsrechtliche Kirchenanschauung zu sprechen. Auf Röschs Wunsch fuhr Delp wieder nach Berlin und redete dort entweder in Graf Yorck zu Wartenburgs oder in Graf von Moltkes Wohnung im Beisein beider, Gerstenmaiers, Maaß' und Mierendorfs über die Prinzipien der katholischen Staatslehre etwa dahingehend, daß die katholische Staatslehre von der Staatsform unabhängig sei und unter Umständen in jeder Staatsform verwirklicht werden könne...
...Delp bekennt sich dazu, daß auf dieser Tagung Graf Moltke ihn bat, ihm die Möglichkeit zu geben, sich über die amtliche Stellungnahme der katholischen Kirche zur sozialen Frage zu unterrichten, und daß er ihm und Mierendorf ein Gespräch mit dem Bischof von Fulda vermittelte, in dem dieser die amtliche Stellungnahme der katholischen Kirche bestätigte. Übrigens habe, sagt Delp, Graf Moltke die Absicht gehabt, sich über die Stellungnahme der evangelischen Kirche bei dem Landesbischof Wurm in Stuttgart zu erkundigen. Ob er das getan habe, wisse er nicht...«

*(W. Adolph, Im Schatten des Galgens)**

## AUS DEN NOTIZEN NACH DER VERURTEILUNG

*Und so will ich zum Schluß tun, was ich so oft tat mit meinen gefesselten Händen und was ich tun werde, solange ich noch atmen darf: segnen. Segnen Land und Volk, segnen dieses liebe, deutsche Reich in seiner Not und inneren Qual; segnen die Kirche, daß die Quellen in ihr wieder reiner und heller fließen; segnen den Orden, daß er echt und geprägt und frei sich selbst treu bleibt durch die selbstlose Treue an alles Echte und an alle Sendung: segnen die*

*Menschen, die mir geglaubt und vertraut haben; segnen die Menschen, denen ich Unrecht tat; segnen alle, die mir gut waren, oft zu gut. Ich aber will hier ehrlich warten auf des Herrgotts Fügung und Führung. Ich werde auf Ihn vertrauen, bis ich abgeholt werde. Und ich werde mich mühen, daß mich auch diese Lösung und Losung nicht klein und verzagt findet.*

*(Alfred Delp S. J., Priester; wurde zusammen mit Graf Helmuth Moltke zum Tode verurteilt und erlitt am 2. Februar 1945 den Tod durch den Strang)*

## H. J. GRAF VON MOLTKE AUS DEM LETZTEN BRIEF VOR DER HINRICHTUNG AN SEINE FRAU

11. Januar 1945

…, ich habe nur Lust, mich ein wenig mit Dir zu unterhalten. Zu sagen habe ich eigentlich nichts. Die materiellen Konsequenzen haben wir eingehend erörtert. Du wirst Dich da schon irgendwie durchwinden, und setzt sich ein anderer nach Kreisau, so wirst Du das auch meistern. Laß Dich nur von nichts anfechten. Das lohnt sich wahrhaftig nicht. Ich bin unbedingt dafür, daß Ihr sorgt, daß die Russen meinen Tod erfahren. Vielleicht ermöglicht Dir das, in Kreisau zu bleiben. Das Rumziehen in dem Rest-Deutschland ist auf alle Fälle gräßlich. Bleibt das Dritte Reich über Erwarten doch, was ich mir in meinen kühnsten Phantasien nicht vorstellen kann, so mußt Du sehen, wie Du die Söhnchen dem Gift entziehst. Ich habe natürlich nichts dagegen, wenn Du dann auch Deutschland verläßt. Tu, was Du für richtig hältst und meine nicht, Du seiest so oder so durch irgendeinen Wunsch von mir gebunden. Ich habe Dir immer wieder gesagt: die tote Hand kann nicht regieren …

Ich denke mit ungetrübter Freude an Dich und die Söhnchen, an Kreisau und all die Menschen da; der Abschied fällt mir im Augenblick gar nicht schwer. Vielleicht kommt das noch. Aber im Augenblick ist es mir keine Mühe. Mir ist ganz und gar nicht nach Abschied zumute. Woher das kommt, weiß ich nicht. Aber es ist nicht ein Anflug von dem, was mich nach Deinem ersten Besuch im Oktober, nein November war es wohl, so stark überfiel. Jetzt sagt mein Inneres: a) Gott kann mich heute genauso dahin zurückführen, wie gestern, und b) und wenn er mich zu sich ruft, so nehme ich es mit. Ich habe gar nicht das Gefühl, was mich manchmal überkam: ach, nur noch einmal möchte ich das alles sehen. Dabei fühle ich mich gar nicht »jenseitig«. Du siehst ja, daß ich mich lieb mit Dir unterhalte, statt mich dem lieben Gott zuzuwenden. In einem Liede – 208,4 – heißt es: »Denn der ist zum Sterben fertig, der sich lebend zu Dir hält.« Genauso fühle ich mich. Ich muß, da ich heute lebe, mich eben lebend zu ihm halten; mehr will er gar nicht. Ist das pharisäisch? Ich weiß es nicht. Ich glaube aber zu wissen, daß ich nun in seiner Gnade und Vergebung lebe und nichts von mir habe oder von mir vermag.

Ich schwätze, mein Herz, wie es mir in den Sinn kommt; darum kommt jetzt etwas ganz anderes. Das Dramatische an der Verhandlung war letzten Endes folgendes: in der Verhandlung erwiesen sich alle konkreten Vorwürfe als unhaltbar, und sie wurden auch fallengelassen. Nichts davon blieb. Sondern das, wovor das Dritte Reich solche Angst hat, daß es fünf, nachher werden es sieben Leute werden, zu Tode bringen muß, ist letzten Endes nur folgendes: ein Privatmann, nämlich Dein Mann, von dem feststeht, daß er mit zwei Geistlichen beider Konfessionen, mit einem Jesuitenprovinzial und mit einigen Bischöfen, ohne die Absicht, irgend etwas Konkretes zu tun, und das ist festgestellt, Dinge besprochen hat, »die zur ausschließlichen Zuständigkeit des Führers gehören«. Besprochen war: nicht etwa Organisationsfragen, nicht etwa Reichsaufbau – das alles ist im Laufe der Verhandlung weggefallen, und Schulze hat es in seinem Plädoyer auch ausdrücklich gesagt (»unterscheidet sich völlig von allen sonstigen Fällen, da in der Erörterung von keiner Gewalt und keiner Organisation die Rede war«), sondern besprochen wurden Fragen der praktisch-ethischen Forderungen des Christentums. Nichts weiter; dafür allein werden wir verurteilt. Freisler sagte zu mir in einer seiner Tiraden: »Nur in einem sind das Christentum und wir gleich: wir fordern den ganzen Menschen!« Ich weiß nicht, ob die Umsitzenden das alles mitbekommen haben, denn es war eine Art Dialog – ein geistiger zwischen F. und mir, denn Worte konnte ich nicht viele machen –, bei dem wir uns durch und durch erkannten. Von der ganzen Bande hat nur Freisler mich erkannt, und von der ganzen Bande ist er auch der einzige, der weiß, weswegen er mich umbringen muß. Da war nichts von »komplizierter Mensch« oder »komplizierte Gedanken« oder »Ideologie«, sondern: »Das Feigenblatt ist ab.« Aber nur für Herrn Freisler. Wir haben sozusagen im luftleeren Raum miteinander gesprochen. Er hat bei mir keinen einzigen Witz auf meine Kosten gemacht, wie noch bei Delp und bei Eugen. Nein, hier war es blutiger Ernst: »Von

wem nehmen Sie Ihre Befehle? Vom Jenseits oder von Adolf Hitler?« »Wem gilt Ihre Treue und Ihr Glaube?« Alles rhetorische Fragen natürlich. – Freisler ist jedenfalls der erste Nationalsozialist, der begriffen hat, wer ich bin, und der gute Müller ist demgegenüber ein Simpl.
Mein Herz, darum bekommst Du auch Deinen Brief trotz Deiner Bitte zurück. Ich trage Dich mit hinüber und brauche dafür kein Zeichen, kein Symbol, nichts. Es ist nicht einmal so, daß mir verheißen wäre, ich würde Dich nicht verlieren; nein, es ist viel mehr: ich weiß es.
Eine große Pause, während der Buchholz da war und ich rasiert wurde, außerdem habe ich Kaffee getrunken, Kuchen und Brötchen gegessen. Nun schwätze ich weiter. Der entscheidende Satz jener Verhandlung war: »Herr Graf, eines haben das Christentum und wir Nationalsozialisten gemeinsam, und nur dies eine: wir verlangen den ganzen Menschen.« Ob er sich klar war, was er damit gesagt hat? Denk mal, wie wunderbar Gott dies sein unwürdiges Gefäß bereitet hat: in dem Augenblick, in dem die Gefahr bestand, daß ich in aktive Putschvorbereitung hineingezogen wurde – Stauffenberg kam am Abend des 19. zu Peter –, wurde ich rausgenommen, damit ich frei von jedem Zusammenhang mit der Gewaltanwendung bin und bleibe. – Dann hat er in mich jenen sozialistischen Zug gepflanzt, der mich als Großgrundbesitzer von allem Verdacht einer Interessenvertretung befreit. – Dann hat er mich so gedemütigt, wie ich noch nie gedemütigt worden bin, so daß ich allen Stolz verlieren muß, so daß ich meine Sündhaftigkeit endlich nach 38 Jahren verstehe, so daß ich um seine Vergebung bitten, mich seiner Gnade anvertrauen lerne. – Dann läßt er mich hierhin kommen, damit ich Dich gefestigt sehe und frei von Gedanken an Dich und die Söhnchen werde, d. h. von sorgenden Gedanken; er gibt mir die Zeit und Gelegenheit, alles zu ordnen, was geordnet werden kann, so daß alle irdischen Gedanken abfallen können. – Dann läßt er mich in unerhörter Tiefe den Abschiedsschmerz und die Todesfurcht und die Höllenangst erleben, damit auch das vorüber ist. – Dann stattet er mich mit Glaube, Hoffnung und Liebe aus, mit einem Reichtum an diesen Dingen, der wahrlich überschwenglich ist. – Dann läßt er mich mit Eugen und Delp sprechen und klären. – Dann läßt er Rösch und König entlaufen, so daß es zu einem Jesuitenprozeß nicht reicht und im letzten Augenblick Delp an uns angehängt wird. – Dann läßt er Haubach und Steltzer, deren Fälle frem-

de Materie hereingebracht hätten, abtrennen und stellt schließlich praktisch Eugen, Delp und mich allein zusammen, und dann gibt er Eugen und Delp durch die Hoffnung, die menschliche Hoffnung, die sie haben, jene Schwäche, die dazu führt, daß ihre Fälle nur sekundär sind, und daß dadurch das Konfessionelle weggenommen wird, und dann wird Dein Mann ausersehen, als Protestant vor allem wegen seiner Freundschaft mit Katholiken attackiert und verurteilt zu werden, und dadurch steht er vor Freisler nicht als Protestant, nicht als Großgrundbesitzer, nicht als Adeliger, nicht als Preuße, nicht als Deutscher – das alles ist ausdrücklich in der Hauptverhandlung ausgeschlossen, so z. B. Sperr: »Ich dachte, was für ein erstaunlicher Preuße« –, sondern als Christ und als gar nichts anderes. »Das Feigenblatt ist ab«, sagt Herr Freisler. Ja, jede andere Kategorie ist abgestrichen – »ein Mann, der von seinen Standesgenossen natürlich abgelehnt werden muß«, sagt Schulze. Zu welch einer gewaltigen Aufgabe ist Dein Mann ausersehen gewesen: all die viele Arbeit, die der Herrgott mit ihm gehabt hat, die unendlichen Umwege, die verschrobenen Zickzackkurven, die finden plötzlich in einer Stunde am 10. Januar 1945 ihre Erklärung. Alles bekommt nachträglich einen Sinn, der verborgen war. Mami und Papi, die Geschwister, die Söhnchen, Kreisau und seine Nöte, die Arbeitslager und das Nichtflaggen und nicht der Partei oder ihren Gliederungen angehören, Curtis und die englischen Reisen, Adam und Peter und Carlo, das alles ist endlich verständlich geworden durch eine einzige Stunde. Für diese eine Stunde hat der Herr sich all diese Mühe gegeben.

Und nun, mein Herz, komme ich zu Dir. Ich habe Dich nirgends aufgezählt, weil Du, mein Herz, an einer ganz anderen Stelle stehst als alle die anderen. Du bist nämlich nicht ein Mittel Gottes, um mich zu dem zu machen, der ich bin, Du bist vielmehr ich selbst. Du bist mein 13. Kapitel des ersten Korintherbriefes. Ohne dieses Kapitel ist kein Mensch ein Mensch. Ohne Dich hätte ich mir Liebe schenken lassen, ich habe sie z. B. von Mami angenommen, dankbar, glücklich, dankbar wie man ist für die Sonne, die einen wärmt. Aber ohne Dich, mein Herz, hätte ich »der Liebe nicht«. Ich sage gar nicht, daß ich Dich liebe; das ist gar nicht richtig. Du bist vielmehr jener Teil von mir, der mir alleine eben fehlen würde. Es ist gut, daß mir das fehlt; denn hätte ich das, so wie Du es hast, diese größte aller Gaben, so hätte ich dem Leiden, das ich ja sehen mußte, nicht so zuschauen können und vieles andere. Nur wir zusammen sind ein

Mensch. Wir sind, was ich vor einigen Tagen symbolisch schrieb, ein Schöpfungsgedanke. Das ist wahr, buchstäblich wahr. Darum, mein Herz, bin ich auch gewiß, daß Du mich auf dieser Erde nicht verlieren wirst, keinen Augenblick. Und diese Tatsache, die haben wir schließlich auch noch durch unser gemeinsames Abendmahl, das nun mein letztes war, symbolisieren dürfen.
Ich habe ein wenig geweint, eben, nicht traurig, nicht wehmütig, nicht weil ich zurück möchte, nein, sondern vor Dankbarkeit und Erschütterung über diese Dokumentation Gottes. Uns ist es nicht gegeben, ihn von Angesicht zu Angesicht zu sehen, aber wir müssen sehr erschüttert sein, wenn wir plötzlich erkennen, daß er ein ganzes Leben hindurch am Tage als Wolke und bei Nacht als Feuersäule vor uns hergezogen ist, und daß er uns erlaubt, das plötzlich, in einem Augenblick zu sehen. Nun kann nichts mehr geschehen.
Jetzt noch eines. Dieser Brief ist in vielem auch eine Ergänzung zu meinem gestern geschriebenen Bericht, der viel nüchterner ist. Aus beiden zusammen müßt Ihr eine Legende machen, die aber so abgefaßt sein muß, als habe sie Delp von mir erzählt. Ich muß darin die Hauptperson bleiben, nicht weil ich es bin, nicht weil ich es sein will, sondern weil der Geschichte sonst das Zentrum fehlt. Ich bin nun einmal das Gefäß gewesen, für das der Herr diese unendliche Mühe aufgewandt hat.
Mein Herz, mein Leben ist vollendet, und ich kann von mir sagen: er starb alt und lebenssatt. Das ändert nichts daran, daß ich gerne noch etwas leben möchte, daß ich Dich gerne noch ein Stück auf dieser Erde begleitete. Aber dann bedürfte es eines neuen Auftrages Gottes. Der Auftrag, für den Gott mich gemacht hat, ist erfüllt. Will er mir noch einen neuen Auftrag geben, so werden wir es erfahren. Darum strenge Dich ruhig an, mein Leben zu retten, falls ich den heutigen Tag überleben sollte. Vielleicht gibt es noch einen Auftrag.
Ich höre auf, denn es ist nichts weiter zu sagen. Ich habe auch niemanden genannt, den Du grüßen und umarmen sollst. Du weißt selbst, wem meine Aufträge für Dich gelten. Alle unsere lieben Sprüche sind in meinem Herzen und in Deinem Herzen. Ich aber sage Dir zum Schluß, kraft des Schatzes, der aus mir gesprochen hat, und der dieses bescheidene irdene Gefäß erfüllt:
Die Gnade unseres Herren Jesu Christi und die Liebe Gottes und die Gemeinschaft des Heiligen Geistes sei mit Euch allen. Amen.

*(H. J. v. Moltke, Die letzten Briefe)**

## OBERST i. G. FREIHERR VON ROENNE
## LETZTER BRIEF AN SEINE FRAU

Berlin-Plötzensee, 12. Oktober 1944
Königsdamm 7

Mein Allerliebstes!

Gleich gehe ich nun heim zu Unserem Herrn in voller Ruhe und Heilsgewißheit. Meine Gedanken sind in allergrößter Liebe und voll Dank bei Dir, bei Euch.

Ich bitte Dich als letztes: Klammere Dich nur an Ihn und habe in Ihm volle Zuversicht: Er liebt Dich.

Jeder Entschluß, den Du nach Gebet im Leben für Euch faßt, hat meine volle Billigung und meinen Segen. Wenn Du wüßtest, wie unvorstellbar treu Er mir in diesem Augenblick zur Seite steht, wärst auch Du für Dein ganzes schweres Leben gewappnet und ruhig. Er wird Dir Kraft zu allem geben.

Ich segne die beiden geliebten Kleinen und schließe in mein letztes Gebet innig ein: Der Herr lasse Sein Angesicht leuchten über ihnen und führe sie heim.

Innige Grüße und Dank meiner geliebten Mama, den Eltern und Geschwistern. Mögen sie von Ihm behütet, im heißgeliebten Vaterland auch schwere Zeiten überdauern.

Dir, mein Allerliebstes, gehört meine heiße Liebe und Dank bis zum letzten Augenblick und seliges Wiedersehn.

Gott behüte Dich.

*(Oberst i. G. Alexius Freiherr von Roenne [letzter Brief an seine Frau] am Tag der Hinrichtung [12. Oktober 1944] in Berlin-Plötzensee. Dieser Brief wird hier eingefügt – obwohl er chronologisch nicht hierher gehört –, weil er, wie der berühmte Brief des Grafen Moltke, zeigt, wie die Männer des 20. Juli den Tod auf sich genommen haben.)*

## DER FÜHRER

Von Reichsminister Dr. Goebbels

Wenn ich auch weiß, daß er das gar nicht mag und nur höchst ungern, zumal in diesem Kriege, in dem Millionen Menschen so Unendliches zu leiden haben, seine äußere Reserve verläßt, um die Öffentlichkeit über das rein Sachliche des Krieges hinaus, das sein ganzes Sein und Wesen bei Tag und Nacht vollkommen erfüllt, mit seiner Person zu beschäftigen, so habe ich doch das Bedürfnis, am

Ende dieses Jahres zum deutschen Volk über den Führer zu sprechen. Wenn die Welt wirklich wüßte, was er ihr zu sagen und zu geben hat und wie tief seine Liebe über sein eigenes Volk hinaus der ganzen Menschheit gehört, dann würde sie in dieser Stunde noch Abschied nehmen von ihren falschen Göttern und ihm ihre Huldigungen darbringen. Er ist die größte unter den Persönlichkeiten, die heute Geschichte machen; ihnen allen steht er weit voran in der Voraussicht der Dinge, die kommen. Er überragt sie nicht nur an Genie und politischem Instinkt, sondern auch an Wissen, Charakter und Willenskraft. Der Mann, der sich zum Ziel gesetzt hat, sein Volk zu erlösen und darüber hinaus das Gesicht eines Kontinents neu zu prägen, ist den Alltagsfreuden und bürgerlichen Bequemlichkeiten des Lebens gänzlich abgewandt, ja mehr noch, sie sind für ihn überhaupt nicht vorhanden. Er verbringt seine Tage und einen großen Teil seiner schlaflosen Nächte im Kreise seiner engeren und engsten Mitarbeiter und steht doch auch unter ihnen in der eisigen Einsamkeit des Genies, das sich über alle und alles triumphierend erhebt. Nie kommt ein Wort der Falschheit oder einer niedrigen Gesinnung über seine Lippen. Er ist die Wahrheit selbst. Man braucht nur in seiner Nähe zu weilen, um körperlich zu fühlen, wieviel Kraft er ausstrahlt, wie stark er ist und wieviel Stärke er anderen Menschen mitzuteilen weiß. Von ihm geht ein ununterbrochener Strom von Gläubigkeit und festem Willen nach dem Großen aus. Es gibt niemanden in seinem weiteren Umkreis, der davon nicht erfaßt würde. *(Das Reich, 31. Dezember 1944)*

## DIE TÄGLICHE MITTAGSMELDUNG

Lager Buchenwald, Januar 1945

An Toten bis mittags 12 Uhr

| | |
|---|---|
| Eingeäschert: | 187 Leichen |
| Im Leichenkeller: | 16 Leichen |
| Insgesamt: | 203 Leichen |

*(Unterschrift unleserlich)*

SS-Oberscharführer, Leiter des Krematoriums

*(KZ-Archiv Arolsen)*

## ES GEHT NICHT AN, ZU BEMITLEIDEN

Geheimes Schreiben von SS-Obergruppenführer und General der Waffen-SS, Pohl, an den Chef der Amtsgruppe D, SS-Gruppenführer Glücks, in Oranienburg
betr. Belieferung der KL mit Häftlingsbekleidung

*(auszugsweise)*

... Ohne die Notlage bei der Häftlingsbekleidung zu verkennen, habe ich dennoch den Eindruck, daß

1. zum Teil übertrieben wird, wenn von einem »katastrophalen« Zustand der Bekleidung gesprochen wird, daß
2. offenbar eine völlige Unkenntnis über unsere Versorgungslage im sechsten Kriegsjahr den Anlaß zu solchen Übertreibungen gibt, und daß
3. die Sorge um die in unseren Konzentrationslagern eingesperrten Strolche entschieden zu weit geht angesichts der Tatsache, daß Millionen deutscher Arbeiter im Bergbau, in der Industrie und in der Landwirtschaft seit Jahren keine neue Bekleidung mehr erhalten konnten ...

Ich habe den Kommandanten zunächst mal ein ganz nüchternes Bild über unsere wirklich ernste Versorgungslage gegeben. Ich hoffe dadurch zu erreichen, daß sie sich künftighin nicht mehr so gebärden, als seien sie auf dem Mond ...
Es geht nicht an, daß nur über die schlechte Qualität der Bekleidung geschimpft und der einzelne Häftling gar noch bemitleidet wird, weil der arme Kerl z. B. keine Schuhe mehr hat, anstatt ihn regelmäßig und, wenn es sein muß, durch eine anständige Tracht Prügel zu belehren, wie man mit seinen Sachen umgeht ... gez.: Pohl

*(KZ-Archiv Arolsen)*

## KINDER, MADE IN GERMANY

*Dieser Junge – made in Germany – unterscheidet sich nicht sehr von anderen Buben in Milwaukee, Chicago und New York. Sein Sinn ist ganz auf Spielsachen, Spielereien und Dinge konzentriert, die er in seine fette kleine Hand nehmen kann.*

*Bis jetzt beschäftigen sich seine Gedanken noch nicht mit »Lebensraum«, im Originaldeutsch. Er hält sich wahrscheinlich auch nicht für besser als andere Kinder, weil er blonde Haare hat und Hans heißt. Vielleicht zankt er sich oft mit seinen Spielkameraden, doch mit der Zeit wird er ganz vernünftig werden. Und wenn nicht, werden ihn ein paar Klapse dazu bringen.*

*Sollten wir diesen deutschen Jungen hassen? Kaum. Wir glauben, er kann zu einem guten Menschen und anständigen Mitglied der menschlichen Gesellschaft erzogen werden. Wir glauben, daß von Kindern wie ihm der Frieden Europas und der Welt abhängt. Deshalb soll bei unserer Sorge, was wir mit dem, was von Deutschland noch übrig ist, tun sollen, unsere erste Aufgabe die Erziehung der Kinder sein.*
*Beobachten wir Krupp – aber beobachten wir auch die Kindergärten. Überwachen wir Siemens – aber vergessen wir die Schulen nicht. Wir wollen einen Blick in die Reagenzgläser werfen – aber auch in die Schulbücher. Wir wollen uns um Potsdam kümmern – aber Heidelberg und Bonn dabei nicht übersehen.*

*Noch etwas: Wir glauben, daß die Erziehung der Deutschen Sache der Fachleute ist. Jene Sergeanten, die die Fräuleins umschwärmen, fragen nach mehr als ihrem Anteil am Leben. Und jener Joe, der sich mit den kleinen deutschen Kindern einläßt, wird nur dazu beitragen, Mutter und Vater davon zu überzeugen, daß die dummen (im Original: dumb) Amerikaner mit ihrer verrückten Kultur wieder da sind. Ihr kennt ihn alle – diesen Dummkopf (im Original: dumkopf) von Yankee, dessen Leben aus Ignoranz, schwacher Disziplin und Kaugummi (im Original: spearmint gum) besteht.*

*(Leitartikel aus der amerikanischen Soldatenzeitung Stars and Stripes vom 4. Januar 1945, auf der ersten Seite mit dem Bild eines netten deutschen Jungen erschienen)*

## IN AUSSICHT GESTELLT …

Für die Geflügelverteilung, die der Münchner Bevölkerung aus Anlaß der Angriffe im Juli 1944 in Aussicht gestellt wurde, kann nunmehr vorbestellt werden. *(Lokalnotiz, Münchner Neueste Nachrichten, Januar 1945)*

## IN DER GEFANGENSCHAFT

*Ich habe das schwierige Amt des Verpflegungsverteilers übernommen für 50 Mann. Ich bemühe mich, nicht durch Organisation, sondern durch Erziehung das Tierische zu überwinden. Nach dreimaliger Ausgabe habe ich alle so weit, daß sie sich selber gegenseitig zur Ordnung rufen. Gibt es Brot, und zehn Minuten später Fisch, oder, wie heute, Eipulver, so war es bisher üblich, daß sie, während sie warteten, das Brot allein aufgegessen haben. Heute haben fast alle mit dem Essen gewartet, bis es das Eipulver gab. Ich mußte eine Dose unter 50 verteilen, zuerst bekam jeder einen Löffel, dann nochmals ein paar Krümel. (Das Ei war in Form eines ganz trockenen Rühreies.) Es war unmöglich, es genau auszumessen. Die letzten acht bekamen keine Krümel mehr. Sie nahmen es ohne Widerspruch hin. Was das bedeutet, kann nur der beurteilen, der weiß, daß sie sich 20 Meter weiter in einer anderen Gruppe des dritten Zuges um einen Becher Kaffee geschlagen haben.*

*(Aus dem Tagebuch eines deutschen Gefangenen aus einem amerikanisch verwalteten Lager in der Bretagne, Anfang 1945)*

## FAHR- UND GEHBAHNEN RÄUMEN

*Man muß leider die Beobachtung machen, daß stellenweise Tage nach dem Angriff noch Glassplitter und Bautrümmer auf den Fahr- und Gehbahnen liegen.*
*Die Fahr- und Gehbahnen müssen sofort gesäubert werden. Jeder Volksgenosse kann zu einem bescheidenen Teil hierzu beitragen, indem er auf seinem Wege kleinere Gesteinsbrocken, Bretter usw. auf die Seite schiebt.*

*(Völkischer Beobachter, Mittwoch, 10. Januar 1945, erschienen drei Tage nach dem großen Bombardement, das München zerstörte.)*

## GESCHÄFTSANZEIGE EINER BAUSPARKASSE

*Eine Wohnung oder ein Eigenheim können wir Ihnen jetzt im Kriege nicht bieten, aber Sie können sich durch einen Bausparvertrag darauf vorbereiten, durch Bau oder Kauf eines Hauses später Ihre Wohnungsfrage für immer zu lösen. Schon bei 25 Prozent Eigenkapital, das Sie jetzt im Kriege viel leichter als im Frieden in bequemen*

*Monatsraten ansparen können, finanzieren wir für Sie durch Zwischenkredit 100 Prozent ohne Wartezeit. Fordern Sie daher noch heute unsere günstigen Bedingungen.*

*(Münchner Neueste Nachrichten, 30. Januar 1945)*

## DER BÜRGER, BEREIT, ALLES ZU TUN

Heinrich Himmler, der sich rühmen kann, das organisatorische Genie des Mordes zu sein, ist weder ein Bohemien wie Goebbels noch ein Sexualverbrecher wie Streicher noch ein pervertierter Fanatiker wie Hitler noch ein Abenteurer wie Göring. Er ist ein Spießer mit allem Anschein der respectability, mit allen Gewohnheiten des guten Familienvaters. Und er hat seine das gesamte Land umfassende Terrororganisation bewußt auf der Annahme aufgebaut, daß die meisten Menschen nicht Bohemiens, nicht Fanatiker, nicht Abenteurer, nicht Sexualverbrecher und nicht Sadisten sind, sondern in erster Linie Geschäftemacher und gute Familienväter... Wir sind so gewohnt gewesen, in dem Familienvater die gutmütige Besorgtheit, die ernste Konzentriertheit auf das Wohl der Familie zu bewundern oder zu belächeln, daß wir kaum gewahr wurden, wie der treusorgende Hausvater unter dem Druck der chaotischen ökonomischen Bedingungen unserer Zeit sich in einen Abenteurer wider Willen verwandelte, der mit aller Sorge des nächsten Tages nie sicher sein konnte. Seine Dozilität war in den Gleichschaltungen zu Beginn des Regimes bereits bewiesen worden. Es hatte sich herausgestellt, daß er durchaus bereit war, um der Pension, der Lebensversicherung, der gesicherten Existenz von Frau und Kindern willen Gesinnung, Ehre und menschliche Würde preiszugeben. Es bedurfte nur noch der teuflischen Genialität Himmlers, um zu entdecken, daß er nach solcher Degradierung aufs beste präpariert war, wortwörtlich alles zu tun, wenn man den Einsatz erhöhte und die nackte Existenz der Familie bedrohte. Die einzige Bedingung, die er von sich aus stellte, ist, daß man ihn von der Verantwortung für seine Taten radikal freisprach... Wenn sein Beruf ihn zwingt, Menschen zu morden, so hält er sich nicht für einen Mörder, gerade weil er es nicht aus Neigung, sondern beruflich getan hat. Aus Leidenschaft würde er nicht einer Fliege etwas zuleide tun.

*(Hannah Arendt, Januar 1945, in: Jewish Frontier, Zeitschrift in New York)*

## PK-BERICHT AUS »FESTUNG« BRESLAU

»Wenn indessen einer glaubt, in Breslau herrsche Katastrophenstimmung, dann möge er sich in dieser Stunde dort einmal umsehen. Innerhalb von drei Tagen hat Breslau viele Tausende von Frauen und Kindern evakuiert, eine Leistung, auf die ebensogut die Partei, die Behörden wie auch der Reichsverteidigungskommissar und der Bevollmächtigte für den Nahverkehr beim Oberpräsidenten stolz sein können. Dabei geschieht die ganze Auflockerung, wie die Amtssprache die Evakuierung nennt, nur vorsorglich. Vorsorglich bringt man Frauen und Kinder in entlegenere Gebiete, damit den Männern der Rücken gestärkt wird und sie nicht in Sorge um ihre Angehörigen zu sein brauchen.« *(Aus der Tagespresse, 23. Januar 1945)*

## WIE BRESLAU FIEL...

Es ist schwerer Winter, die Oder völlig zugefroren. Bei über zwanzig Grad Kälte ziehen Tausende von jungen und alten Frauen mit Kinderwagen, Schlitten und kleinen Ziehwagen auf verschneiten Landstraßen in die Winternacht hinaus. Zurückkehrende geben grausige Berichte über diesen Todesmarsch. Für Hunderte von Kleinkindern war diese Nacht die letzte. In den Straßengräben nach Liegnitz zu liegen in den nächsten Tagen massenhaft Säuglingsleichen, erfroren, zurückgelassen von den in panischer Angst Flüchtenden – in Neumarkt wurden allein über vierzig Kleinkinderleichen, säuberlich auf Stroh auf dem Marktplatz niedergelegt, gezählt. Koffer, Bettenbündel und Kleidungsstücke garnieren die Gräben der Chausseen. Viele Frauen haben sich, um in dem oft über einen halben Meter hohen Schnee vorwärtszukommen, sogar ihrer Mäntel und Pelze entledigen müssen. Eine Katastrophe war die Ernährung der Kleinkinder. Eigensinnig bleiben die Bauernhäuser vor den verzweifelt nach Lebensmitteln und Milch suchenden Frauen verschlossen. Aber immer wieder dröhnen in den nächsten Tagen die Lautsprecher: »Frauen und Kinder verlassen sofort die Stadt!«, und wie unfaßbarer Hohn klang es, wenn die unglücklichen Mütter in diesen Aufrufen jetzt auch noch ermahnt wurden, Spirituskocher zum Abkochen der Milch auf ihren Passionsweg mitzunehmen.

*(Friedrich Grieger, Verfasser eines Tagebuchs über den Fall Breslaus)*

## RÄUMUNG DURCH ERSCHIESSEN

Sonnenburg selber ist eine Kleinstadt, in der das Zuchthaus eine große Rolle spielt. Meiner Schätzung nach lagen im Zuchthaus mehrere Tausend Gefangene. Ich wußte, daß es eine Anzahl politischer Gefangener in Sonnenburg gab ...

In der Nacht vom 29. zum 30. Januar 1945 hörte ich gegen 12 Uhr plötzlich starkes Schießen, so daß ich glaubte, die Russen wären schon da. Maschinengewehrfeuer hörte ich nicht. Es waren vielmehr einzelne Schüsse, die rasch hintereinander abgefeuert wurden. Dieses Schießen kann im ganzen zwei bis drei Stunden gedauert haben. Um zu erfahren, was los war, ging ich aus dem Haus bis an das Zuchthaus. Schreie konnte ich nicht hören, es war aber zu erkennen, daß die Schüsse im Zuchthaus selbst fielen. Darauf ging ich ins Nebenhaus zu dem mir bekannten Gefangenenaufseher Schenkwitz und fragte ihn, was los wäre. Herr Sch. war gerade beim Packen seiner Sachen. Er sagte mir, die politischen Gefangenen würden gerade im Zuchthaus erschossen. Die Zuchthausbeamten sollten die politischen Gefangenen erschießen, sie hätten sich aber alle geweigert, die politischen Gefangenen zu erschießen und müßten alle weg. Herr Sch. war bei dieser Erzählung sehr aufgeregt und wollte schnell weg ...

Am 2. Februar 1945 wurde Sonnenburg von russischen Truppen besetzt.

*(Erklärung unter Eid von Frau Gertrud Leppin, KZ-Archiv Arolsen)*

## BRIEF EINES UNGENANNTEN VERFASSERS AUS DER ZEIT DER NATIONALSOZIALISTISCHEN VERFOLGUNGEN

*... Aber daß in dem allen, was wir erleben und erleiden, Gott etwas Großes mit uns vorhat, ist mir ganz gewiß und wird mir immer deutlicher. Mit uns persönlich, Dir und mir, mit unserer Bekennenden Kirche, mit unserer ganzen Evangelischen Christenheit, ja, unserem ganzen Volk, den Feinden und den Gleichgültigen, den Zaghaften und den »Radikalen«, den Spöttern und den Frommen. Mit allen hat Gott etwas vor, mit den einzelnen sicherlich etwas Ver-*

*Zu nebenstehendem Bild:*
*In offenen Güterwagen transportierten die Parteifunktionäre die Zivilbevölkerung von einer Provinz in die andere, von einer Stadt in die andere, als die Reichsbahn nicht mehr genug Personenzüge für die »Evakuierung« der Massen zur Verfügung stellen konnte.*

*schiedenes und doch mit allen nur das eine, Gemeinsame, daß Sein Name geheiligt und geehrt und Sein Evangelium verkündigt und geglaubt werde. Darum wird die Prüfungszeit, in der wir jetzt stehen, auch genau so lange dauern, bis dieses Gottes eigentliches Ziel erreicht ist, und das heißt auf uns persönlich angewandt: wenn wir die Lektion wirklich gelernt haben, die Gott uns zu lernen jetzt aufgibt. Dem natürlichen Menschen fällt das nicht leicht, und doch hängt alles daran, daß wir uns jetzt der Schule Gottes nicht entziehen, sondern willig ja sagen zu dem, was Gott uns schickt. Es kommt aus Seinen Händen und gar nicht aus denen der Menschen, und Gott hat auch alle Tage aufs neue Seine Hilfe, Seine äußere und innere Hilfe bereit für die, die Ihm tatsächlich vertrauen.*

## DIE LETZTEN SCHLAFWAGEN

*Wie bekanntgegeben, wird vom 23. Januar an der öffentliche Schnell- und Eilzugverkehr eingestellt. Schlafwagen verkehren zum letztenmal in der Nacht vom 22. auf 23. Januar. Zur Bedienung des dringendsten kriegswichtigen Dienstverkehrs werden wenige Dienst-D-Züge eingesetzt, die nur gegen die Bescheinigung einer Reichsbahndirektion benützt werden können.*

*(Deutsches Nachrichtenbüro, 22. Januar 1945)*

## ANORDNUNG DES REICHSPOSTMINISTERS

*Für den Ortsverkehr und im Verkehr mit verhältnismäßig günstig gelegenen Nachbarorten bleibt der Briefverkehr wie bisher bestehen; darüber hinaus ist aber für den allgemeinen Verkehr bis auf weiteres nur die gewöhnliche Postkarte zugelassen.* *(23. Januar 1945)*

Dazu der Kommentar:

*»Wir werden uns an die Zweckmäßigkeit der Postkarte mit der gleichen Vernunft gewöhnen, die uns einsehen heißt, daß in unserem Garten statt der Rosen jetzt Weißkraut und Bohnen wachsen müssen. Ihr sind die greifbaren Wirklichkeiten des täglichen Lebens vorbehalten, die Sorgen, an denen alle gemeinsam tragen, und die*

*darum keiner zu verbergen braucht. Die Postkarte ist somit zum Lebenszeichen schlechthin geworden. In dieser Eigenschaft wird sie uns immer willkommen sein.«* *(Münchner Neueste Nachrichten, 26. Januar 1945)*

## AUS DEM OKW-BERICHT

Südwestlich Gleiwitz ist eine heftige Panzerschlacht entbrannt. Zwischen Cosel und Breslau vereitelten unsere Verbände zahlreiche Übersetzversuche der Sowjets über die Oder. Östlich und nordöstlich Breslau kämpfte sich der Gegner weiter an den Verteidigungsgürtel der Stadt heran. *(27. Januar 1945)*

## DIE FEINDE SOLLTEN SICH SCHÄMEN

»Es ist schade, daß seine Feinde nicht wissen, wie tief er sie und ihre hysterischen Methoden in der Politik und Kriegführung verachtet. Wenn sie überhaupt noch ein Gefühl der menschlichen Größe besitzen, dann würden sie sich bei solcher Kenntnis vor ihm in Grund und Boden schämen. Er steht turmhoch über ihnen. Er ist der Fels, an dem sich die Sturzwellen des von ihnen aufgepeitschten Ozeans der Leidenschaften brechen. Er kann es sich leisten, monatelang zu schweigen, wenn sie ihn zum Reden zwingen wollen, um aus seinen Worten auf seine Absichten zu schließen.«

*(Aus einem Aufsatz: Der Führer, von Joseph Goebbels, Neujahr 1945)*

## RATTENZUG

Ein Heer von grauen Ratten frißt im Land.
Sie nähern sich dem Strom in wildem Drängen.
Voraus ein Pfeifer, der mit irren Klängen
zu wunderlichen Zuckungen sie band.

So ließen sie die Speicher voll Getreide –
was zögern wollte, wurde mitgerissen,
was widerstrebte, blindlings totgebissen –
so zogen sie zum Strom, der Flur zuleide . . .

Sie wittern in dem Brausen Blut und Fleisch,
verlockender und wilder wird der Klang –
sie stürzen schon hinab den Uferhang –
ein schriller Pfiff – ein gellendes Gekreisch:
Der irre Laut ersäuft im Stromgebraus ...
die Ratten treiben tot ins Meer hinaus ...

*Albrecht Haushofer, Moabiter Sonette.*
*(Im Gestapo-Gefängnis in Berlin geschrieben)* *

## UNIFORM NACH MASS

*Für Offiziere der Wehrmacht und sämtliche Uniformträger außerhalb der Wehrmacht ist die Maßanfertigung lediglich beim Vorliegen folgender Voraussetzungen gestattet: Für alle Kriegsbeschädigten der 2., 3. und 4. Versehrtenstufe; für Offiziere und Beamte im Offiziersrang und Uniformträger außerhalb der Wehrmacht, die einen größeren Brust- oder Bauchumfang als 112 Zentimeter bzw. eine Körperlänge von unter 158 oder über 185 Zentimeter haben.*

*(Völkischer Beobachter, 31. Januar 1945)*

## EIN BAUERNSOHN SCHREIBT AN SEINE ELTERN

*3. Februar 1944*

*Liebe Eltern!*

*Ich muß Euch eine traurige Nachricht mitteilen, daß ich zum Tode verurteilt wurde, ich und Gustav G. Wir haben es nicht unterschrieben zur SS, da haben sie uns zum Tode verurteilt. Ihr habt mir doch geschrieben, ich soll nicht zur SS gehen, mein Kamerad Gustav G. hat es auch nicht unterschrieben. Wir beiden wollen lieber sterben als unser Gewissen mit so Greueltaten beflecken. Ich weiß, was die SS ausführen muß. Ach, liebe Eltern, so schwer es für mich ist und für Euch ist, verzeiht mir alles, wenn ich Euch beleidigt habe, bitte, verzeiht mir und betet für mich. Wenn ich im Kriege fallen würde und hätte ein böses Gewissen, das wäre auch traurig für Euch. Es werden noch viele Eltern ihre Kinder verlieren. Es fallen SS-Männer auch viel. Ich danke Euch für alles, was Ihr mir seit meiner Kindheit Gutes getan habt, verzeiht mir, betet für mich ...*

*(Der Verfasser stammt aus dem Sudetenland)*

## DER TOTENVOGEL SCHÖRNER

Oberbefehlshaber der Heeresgruppe A, die in Schlesien und der Niederlausitz steht, ist seit Mitte Januar der Generaloberst Schörner. Wie kommt Schörner zu der Ehre, neben Himmler zu stehen, der die nördlich anschließende Heeresgruppe befehligt? Er ist dieser Ehre durchaus würdig, denn wo es schiefgeht, taucht er auf, und wo er auftaucht, geht es schief...

Er ist ein rücksichtsloser Karrieremacher, ein egoistischer Streber, ein »Radfahrer«, wie die Soldaten sagen, der den Blick nach oben richtet und nach unten tritt. Seine Brutalität ist der Charakterzug, den seine Untergebenen vor allem kennen. Mit Todesurteilen ist er schnell bei der Hand. Er nimmt den Ruhm in Anspruch, mehr Soldaten und Offiziere ins Gefängnis gebracht zu haben als jeder andere. Dabei verfährt er als getreuer Gefolgsmann Hitlers nach nationalsozialistischen »Rechts«grundsätzen. Er hat es selbst ausgesprochen: »Gesetz und Recht kenne ich nicht, meine Gesetze mache ich mir selber.«

Deutsche Soldaten, das sind euere »Führer«, jagt sie zum Teufel, dreht die Gewehre um und macht dem Krieg ein Ende! Beseitigt sie, die sich euch entgegenstellen, die Hitlerkreaturen, die SS-Leute, die Feldgendarmen. Dann werdet ihr leben und Deutschland wird leben! *(Gefr. Leopold Achilles in: Freies Deutschland, Moskau, am 25. Februar 1945)*

## ENDPHASE DES TERRORS

Einsatz von Standgerichten im Wehrkreis III Berlin HA.
SS-Gericht, I a vom 13. Februar 1945

Der Befehlshaber des Wehrkreises III hat mit Genehmigung des Reichsführers SS nachfolgende Anordnung über den Einsatz von Standgerichten in seinem Befehlsbereich herausgegeben:

1. Zur sofortigen Aburteilung von Straftaten von Angehörigen aller Wehrmachtteile und der Waffen-SS werden an mir geeignet erscheinenden Orten des Streifendienstes Standgerichte errichtet.
2. Die Urteile der Standgerichte können nur auf Todesstrafe oder auf Freispruch lauten. Sachen, in denen die Todesstrafe nicht gerechtfertigt erscheint oder in denen noch Ermittlungen erforderlich sind, werden an das ordentliche Kriegsgericht überwiesen.
3. Die Standgerichte setzen sich zusammen aus einem Wehrmacht-

richter als Verhandlungsleiter und zwei Soldaten als beisitzenden Richtern.
4. Auf Grund der mir vom Reichsführer SS und Oberbefehlshaber des Ersatzheeres übertragenen Ermächtigungen unterliegen die Urteile der Standgerichte meiner Bestätigung.
5. Die Bestätigung ist unverzüglich, unter Umständen fernmündlich, einzuholen, damit gewährleistet ist, daß sofortige Vollstrekkung stattfinden kann.
6. Die Vollstreckung der Todesstrafe findet in der Nähe des Gerichtsortes durch Erschießen, wenn es sich um besonders ehrlose Lumpen handelt, durch Erhängen statt.
Der Wehrkreisbefehlshaber III ist in diesem besonderen Ausnahmefall auch zur Bestätigung von Standgerichtsurteilen gegen SS-Führer zuständig.

*(Gedruckt nach dem – hektographierten – Original des Befehls)*

## AUF DEM LANDE

*»Die Hambergerin ist, seit es die Markenkürzungen gibt, d. h. seitdem davon gesprochen wird, unausstehlich, die hat furchtbar Angst aufs Verhungern. Wie sie vom Zucker gehört hat, gab's von da ab nur mehr Kaffee ohne Zucker. Dann wurde eine alte Kuh geschlachtet, ein Zehntel Marken, da gab sie nur ganz wenig ab, alles wurde gekocht, eingesurt und geräuchert, dann wurden zweimal ein Kalb geschlachtet und dann das Schwein. Alles zum eigenen Gebrauch, damit was da ist wenn die von den Bauern so sehr gefürchteten Zeiten kommen und nichts mehr zu essen gibt. Marken bekommt man jetzt ja auch immer und kann sich nichts kaufen dafür. Und da sagt sich die Hambergerin, was ich hab, hab ich.*
*Mit dem Essen wird es uns noch schlecht gehen, aber je schlechter es wird, desto eher wird der Krieg aus.*

*Sei herzlich gegrüßt von uns allen*
*Mamma«*

*(Aus einem Brief einer evakuierten Münchnerin, Anfang Februar 1945)*

## LIEGNITZ, EIN HISTORISCHES SCHLACHTFELD

Der überraschende Vorstoß der Bolschewisten über Liegnitz hinauf bis an den Bober läßt die Erinnerung an den Kampf gegen die Mongolen Dschingis-Khans aufleben, die von Südosten her ebenfalls über Liegnitz einbrachen und das Reich der Hohenstaufen mit dem Untergang bedrohten. Es ist beschämend, wie wenig Aufmerksamkeit das damals in den Wirren der Gegensätze Kaiser–Papst und Reichsfürsten–Kaiser befangene Reich dieser Existenzfrage schenkte. *(Münchner Neueste Nachrichten, 14. Februar 1945)*

## EINE FRAU IN MAGDEBURG

*Eine Frau in Magdeburg hatte während eines Fliegeralarms ein Fenster ihrer Wohnung nicht abgedunkelt, so daß die umliegenden Häuser durch Anstrahlung gefährdet wurden. Die Frau war bereits in einem ähnlichen Fall von der Luftschutzpolizei verwarnt worden. Sie ist daher jetzt vom Amtsgericht Magdeburg mit einem Monat Haft bestraft worden.* *(Meldung in verschiedenen Zeitungen am 5. Februar 1945)*

## EINSPARUNGSMASSNAHMEN AN NAHRUNG

*Die militärischen Operationen in den landwirtschaftlichen Überschußgebieten des Ostens und die starke Anspannung auf allen Gebieten des Transportwesens erfordern in der Ernährungswirtschaft eine Anpassung an die Lage. Es werden Einsparungsmaßnahmen notwendig, deren endgültige Regelung sich naturgemäß im Augenblick noch nicht durchführen läßt. Der Reichsernährungsminister hat daher als Übergangsmaßnahme bis zur Festsetzung neuer Rationen angeordnet, daß die 72. und 73. Zuteilungsperiode um insgesamt eine Woche verlängert werden.*

*(In der gesamten Presse am 3. Februar 1945)*

## GOEBBELS UND DIE ZAUBERFLÖTE

*Aus dem Reichsprogramm des Rundfunks*

*19.30 bis 19.45 Uhr Frontberichte; 19.45 bis 20 Uhr Dr.-Goebbels-Aufsatz; 20 bis 22 Uhr »Die Zauberflöte« von Mozart.*

*(2. Februar 1945)*

## DÄMONISCH – ABER BLIND?

Illusionslos und verbissen entnehmen wir der harten Sprache des OKW-Berichtes den Stand der Schlacht, die über das deutsche Schicksal entscheidet. Es ist eine Gier nach dem Westen, die Stalins Panzerkolonnen nach vorn peitscht und die geboren wurde aus seit Jahrhunderten genährtem Gefühl der Unterwertigkeit gegenüber der selbstverständlichen Sicherheit abendländischen Geschichtsanspruchs. Diese Gier ist letztlich dämonischen Ursprungs. Doch eben deshalb verleitet sie zum Hasardspiel, das blind macht für das Risiko, wie es allein eine ständige sprunghafte Entfernung von den Ausgangsbasen mit sich bringt. *(Münchner Neueste Nachrichten, 3. Februar 1945)*

## FINGERZEIGE VON HAND ZU HAND

*Reinigungsmittel aus eigener Hand*

Um die käuflichen Wasch- und Reinigungsmittel zu ersetzen, tut man gut, sich wieder der wirtschaftseigenen Reinigungsmittel zu erinnern; auch dann können wir unsere wertvollen Güter an Einrichtung und Kleidung in richtigem Stand erhalten. Hierzu einige Anregungen: Sand gesiebt, ist ein Reibemittel für Weißblech, Zink und Holz; gesiebte Holzasche reinigt und poliert Stahl; Ruß, trokken oder mit Salmiak, reinigt und poliert Silber. Schachtelhalm (Katzenwedel – Zinnkraut), frisch oder getrocknet, reinigt Zinn, Aluminium und Glas. Angebrühte Brennessel reinigen Fensterscheiben. Heublumen, angebrüht, reinigen Porzellan gründlich. Eierschalen, getrocknet, zerstampft, im Wasser stehengelassen, lösen Wasserstein in Glas und Kristall. Kalkmilch reinigt Holzgeschirr (hineingelegt), Efeublätter, 15 Gramm in 1 Liter Wasser fünf Minuten gekocht, waschen dunkle Wollsachen. Roßkastanien, 50 Gramm zerkleinert, in 1 Liter Wasser fünf Minuten gekocht, waschen dunkle Wollsachen. Waldmeister und Walnußblätter, zur Blütezeit geholt, in Büscheln aufgehängt oder zwischen die Kleidungsstücke gepackt, halten die Motten ab. *(Völkischer Beobachter, 17. Februar 1945)*

## DER SCHÖNE GROSSE TRECK...

Wer hätte je so schöne Pferde gesehen? Da reiten sie vorweg, ein alter graubärtiger Herr mit etwas müden Augen, aber straff, aufrecht, mit kurzem Pelz und Nerzmütze gekleidet, die Beine in gut gearbeiteten Reitstiefeln, neben ihm die Frau, eine weißhaarige aber wohl nicht gar so alte Dame im Reitsitz der Frauen, schließlich der Junge, der Enkel wohl, munter vor sich hin plaudernd. Sie reiten Hengste, untrüglich arabischer Abstammung alle drei, herrliche Pferde, Schimmel und Apfelschimmel. Ihnen folgen Wagen auf Wagen, bespannt mit Stuten, feingliedrigen, trockenen und edlen Tieren, ebenfalls vorwiegend Schimmeln. Die Wagen sind mit Menschen, Futtersäcken, Heubündeln, mit Töpfen, Betten und Kisten beladen, wohl acht oder neun Fahrzeuge, denen an Strickhalftern einige Fohlen folgen, und diesen wieder schließen sich Bauerngefährte mit den kräftigen zähen kleinen Pferden des Ostens an. Der Gutsherr aus dem Warthegau reitet aus der Spitze heraus und läßt den ganzen Treck passieren. Für jeden hat er ein aufmunterndes Wort: »Wir sind bald in Doberschütz, dort rasten wir ein paar Tage!« Oder: »Meinst du Wilhelm, daß die Stute durchhält?«, und während der Fahrer nickt, ist er schon bei den Bauern, mit seinem Ruf und Zuspruch für alle, besonders für die vielen Kinder, die neugierig über die Wagenflachten in die Dübener Heide schauen. Nun traben sie wieder dahin, ein wundervolles Bild edler Pferde, das die Linien der herben Landschaft für das Auge zu ästhetischer Vollendung führt, dennoch in jedem Menschenschicksal, in jedem Gefährt, in jedem Gepäckstück die ergreifende Darstellung dieses unbarmherzigen Krieges, der alles in seinen Strudel reißt: Kultur und Schicksal, Mensch, Landschaft und Tier. So trecken sie denn der neuen Heimat entgegen, Thüringen, und können doch die schöne Heimat an der Warthe nicht aus ihren Herzen reißen.

*(Curt Strohmeyer, Zwischen Elbe und Oder, Bilder vom großen Treck, abgedruckt in: Das Reich, am 18. Februar)*

## ...DAHINTER DIE GROSSE OFFENSIVE...

Die russische Mittelgruppe ließ sich ebenfalls nicht in ihrem Vormarsch zur Oder und in das Innere Pommerns hinein aufhalten. Sie überwand nicht nur die letzten deutschen Verteidigungsstellungen östlich der Oder im Raum Frankfurt und Küstrin und brachte südlich davon den ganzen restlichen Raum des großen Oderbogens in ihren Besitz. Nordwärts Küstrin drang sie ebenfalls um weitere Dutzende von Kilometern vor und erreichte das Oderknie gegenüber Freienwalde, womit sie nur noch 50 Kilometer vom Außenrand Berlins entfernt ist. Noch näher kam sie schon an Stettin heran, denn in Pommern werden bereits Pyritz und Stargard als Kampfräume genannt. Auf eine Entfernung von über 600 Kilometer oder Dreiviertel seiner Gesamtlänge brachte die Rote Armee also schon das Ostufer der Oder in ihren Besitz. *(Freies Deutschland, Moskau, 11. Februar)*

## ... UND DIE STADT ALS SCHLACHTFELD

Dem Angreifer wird es nur selten gelingen, in einem Schwung das Häusergewirr zu durchstürmen. Er wird sich vielmehr in planmäßigen Einzelangriffen von Abschnitt zu Abschnitt vorarbeiten müssen. Er wird auch dann noch Gefahr laufen, daß die Wucht seines Stoßes sich im Straßengewirr zersplittert, daß er durch hunderterlei Listen und Hinterhalte, durch Keller- und Dachschützen aufgehalten und vor der Zeit geschwächt wird, daß seine Infanterie auf die Unterstützung der Kampfwagen und Sturmgeschütze verzichten muß, die im Häusermeer den Panzerfaustgeschossen fast wehrlos ausgesetzt sind. So stellt der Kampf um das Widerstandszentrum »Stadt« an Führung, Besatzung und Bevölkerung die höchsten Anforderungen. Wenn um jeden Trümmerhaufen im Kampf von Mann und Mann gerungen wird, werden die Nerven auf das stärkste angespannt, wird der Opfermut des einzelnen auf die härteste Probe gestellt. *(Aus einem »militärwissenschaftlichen« Aufsatz, Mitte Februar in mehreren Zeitungen erschienen, um die Verteidigung deutscher Städte zu erklären)*

## DER KOPF WACKELTE

*Krebs hat mit seinem Vortrag geendet. Hitler blickt mich auffordernd und fragend von unten herauf an. Ich zögere, weil erst Krebs vortragen wollte; aber der winkt ab. Ich muß also selbst Hitler Meldung erstatten. Dabei stört mich das starke Wackeln seines Kopfes außerordentlich. Ich muß mich zusammenreißen, um nicht ganz aus der Fassung zu kommen, wenn er mit seiner zuckenden Hand nach der Karte greift und darauf herumfährt. Als ich geendet habe, sinnt er einen Augenblick nach, dann wendet er sich mit polternder Stimme an Krebs. Sein Körper ist weit vornüber geneigt, seine Hände umspannen krampfhaft die hölzernen Armlehnen des Stuhls. Er spricht stockend in abgerissenen Sätzen. »Der ganze russische Erfolg ist angesichts des breiten Naturhindernisses der Oder nur auf die Unfähigkeit der dortigen deutschen militärischen Führung zurückzuführen.« Krebs versucht vorsichtig einzuwenden, daß in diesem ganzen Bereich nur mangelhaft ausgerüstete Alarmeinheiten und Volkssturmverbände stünden, während der Russe hervorragende Elitedivisionen zum Einsatz gebracht habe. Auch seien die deutschen Reserven der dritten Armee unter General Manteuffel bereits auf den schwer bedrängten rechten Flügel der Armee geworfen oder auf Berlin zurückgeworfen worden. Aber Hitler weist diese Einwände ärgerlich mit einer Handbewegung zurück. »Der Angriff aus dem Raum nördlich Oranienburg muß spätestens morgen eingeleitet werden. Die dritte Armee setzt alle verfügbaren Kräfte unter rücksichtsloser Schwächung der nicht angegriffenen Frontabschnitte zu diesem Angriff ein.«*

*(Gerhard Boldt, Die letzten Tage der Reichskanzlei. Die geschilderte Szene fand am 26. Februar 1945 statt)**

## DER WERT EINES VOLKES

*Der Wert eines Volkes wird allein dadurch bestimmt, wie weit es auf Gott gerichtet ist. Es kann ein nichtchristliches Volk Gott viel näher stehen als ein christliches. Die heutigen christlichen Völker stehen Gott sehr fern. Aber es kommt in der Welt eine andere, bessere Zeit. Ich glaube, daß in dem, was ich geschrieben habe, doch vieles ist, was in den Händen von Menschen, die es mit dem Herzen verstehen und von demselben Glauben ergriffen und beherrscht sind, sich weiter gestalten ließe zum Segen. Einmal wird dieser Glaube in der Welt siegreich das Haupt erheben.*

*(Aus einem Brief an seine Frau von Ewald von Kleist-Schmenzin, Gutsbesitzer; er warnte Hindenburg vor Ernennung Hitlers zum Reichskanzler; im Zusammenhang mit dem Attentat vom 20. Juli 1944 verhaftet und hingerichtet.)*

## SCHLIESSLICH EINMAL PREISGEBEN...

Berlin steht in seiner härtesten Nervenprobe. Die Berliner sehen einige der Gegenmaßnahmen, die getroffen werden; wenn ihnen auch nicht der ganze Umfang unserer Abwehrmaßnahmen öffentlich dargelegt werden kann, so wissen sie doch, daß das Entscheidende geschieht. Gerade sie sind auch seit Generationen militärisch genügend geschult, um zu begreifen, daß schließlich einmal Gelände an der Weichsel oder an der Oder kämpfend preisgegeben werden muß, um Zeit und Raum zur Entfaltung der Abwehrstrategie im großen Maßstab zu gewinnen, und daß eine solche Führungstaktik die Notwendigkeit einschließt und zur Voraussetzung hat, daß heute die Reichshauptstadt die Nerven und den Willen zum Sieg genau so behält, wie in den Tagen, in denen sie aus Anlaß unserer Siege flaggen durfte. Berlin wird sich in diesem Kampfe nicht von Breslau oder Königsberg beschämen lassen, noch weniger von Warschau, wo ja unsere Panzerspitzen im Sommer 1939 schon einmal eingedrungen waren, sich aber nicht halten konnten, auch nicht von Leningrad und Moskau. *(Deutsche Allgemeine Zeitung, 7. Februar 1945)*

## DER UNTERGANG DRESDENS AM 13. FEBRUAR 1945

Schon kurze Zeit nach dem ersten Angriff hatte sich der Feuerring geschlossen. Damit war das Todesurteil über die Bevölkerung ausgesprochen und vollzog sich mit minutiöser Präzision.

Wer in den Kellern blieb, erstickte oder verbrannte. Wer sich herausgewagt hatte, sah sich von Flammen umgeben.

Den Altmarkt füllte eine tobende Menschenmenge. Umgehängte nasse Decken und angefeuchtete Kleider trockneten rasch in der steigenden Siedehitze. Sie begannen zu brennen. Dazu erstickender Qualm. Ein Feuersturm, der Staub, Ruß, Dreck, Mörtel als glühende Funken in die Gesichter der Menschen peitschte, in kürzester Zeit die Augen verschloß und kaum noch ein Atmen ermöglichte, machte die Unglücklichen wahnsinnig. Das Einatmen der glühenden Luft erzeugte einen würgenden Hustenreiz. Das große Sterben begann.

Wer zusammenstürzte, brannte beim Berühren des Asphalts im nächsten Augenblick lichterloh. Das Ende kam dann rasch. Aber die Menschen verbrannten nicht zu Asche. Sie wurden kleiner und

schrumpften immer mehr zusammen. Arme und Beine brannten ab. Und zum Schluß blieb nichts weiter übrig als ein dreiviertel Meter langer schwarzer Torso, der einem verkohlten Baumstamm glich.
In ihrer Todesangst erklommen die verzweifelten Menschen die Böschungen der Wasserbecken. Sie tauchten Tücher, die sie über den Gesichtern trugen, Decken und was sie sonst als Schutz gegen die Flammen benutzten, hinein. Andere, deren Kleidung Feuer gefangen hatte, sprangen in die Becken.
Panik ergriff die Menschen. Wasser – nur Wasser! Alles andere war gleichgültig! Wasser, das kühle nasse Wasser, sollte sie aus dieser Gluthitze erlösen. Die Gaumen ausgetrocknet, vom Hauch der Flammen bedroht, zog sie das Wasser in seinen Bann.
Und sie sprangen hinein. Immer mehr folgten. Die wenigsten konnten schwimmen. Sie bedachten nicht, daß die Becken zweieinhalb Meter tief waren. Nur ein Gedanke beherrschte sie: Wasser, den Durst löschen können, Schutz vor Verbrennung!
Und sie ertranken alle. Einer wie der andere. Wer schwimmen konnte, wurde von Ertrinkenden fest umklammert und mit hinuntergerissen in die Tiefe der Wasserbecken. Wer an den Rändern der Bekken hochklettern wollte, kam nicht heraus. Die schrägen Betonwände, mit Algen und Moos bewachsen, gaben den krallenden Fingern keinen Halt. Die Hände rutschten ab. Die Menschen standen vor den Bassins. Sie sahen, was sich dort unten abspielte. Auch das Wasser brachte den Tod. Sie wollten zurück. Sie konnten nicht! Von den Nachdrängenden wurden sie in die Becken hinuntergestoßen.
... in den sicheren Tod!
Zum Schluß brodelte das Wasser, als ob es kochte, als ob ein Wasserbehälter mit unzähligen Fischen gefüllt sei. Gellende Schreie, ein Johlen, ein Schrillen. Unvorstellbar die Laute Todgeweihter, Ertrinkender.

Aber mit der fortschreitenden Verwesung stieg auch die Seuchengefahr.
Verbrennung der Leichen auf Scheiterhaufen schien der einzige Ausweg zu sein. Wer diesen Gedanken zuerst aussprach, blieb unbekannt; es war eine Idee, die nur die Not gebären konnte. Man war sich anscheinend darüber klargeworden, daß die Leichen nur durch ein radikales Mittel beseitigt werden konnten.
Seit undenkbaren Zeiten hatte die ärztliche Wissenschaft durch hy-

gienische Maßnahmen die Seuchen, wie Cholera, Pest und wie sie alle heißen, gebannt. Man kannte die Ursachen dieser Seuchen, die ganze Städte und Landstriche entvölkerten. Dresden mußte zur Brutstätte einer fürchterlichen Gefahr werden. Deshalb wurde der Gedanke, die Leichen auf Scheiterhaufen zu verbrennen, Wirklichkeit.
Was seit dem dunkelsten Mittelalter nur noch aus Geschichtsbüchern, bestenfalls aus Erzählungen bekannt war, wurde in Dresden zur Wirklichkeit, wenn auch unter anderen Voraussetzungen.
Aber wo gibt es eine Parallele? Wo sah sich in den letzten Jahrhunderten ein Volk gezwungen, die unzähligen Opfer weniger Stunden verbrennen zu müssen, weil eine Bestattung einfach unmöglich war? Es gibt kein Beispiel.

Gegenüber dem Kaufhaus Renner wurden riesige Roste aus Eisenträgern errichtet. Sie erhoben sich einen halben Meter über dem Erdboden. Krematorium unter freiem Himmel.
Man legte die Toten übereinander. Eine Schicht nach der anderen. So, wie man sie eben angefahren brachte.
Wie wenig Platz ein toter Mensch doch beansprucht! Hunderte wurden zu Haufen getürmt. Ein Scheiterhaufen enthielt 450 bis 500 Menschen. Es schienen viel weniger zu sein.
Jede Schicht wurde mit Benzin getränkt. Brennmaterial lag unter den Rosten. Ein Streichholz, ein winziges kleines Streichholz entfachte das Feuer. Und dann loderten die Flammen empor.

Die Scheiterhaufen loderten Tag und Nacht. Kilometerweit roch es nach verbranntem Fleisch, nach brennender Kleidung. Hügel von Knochenresten und Asche türmten sich auf.
Man konnte die Stadt nur mit einer Gasmaske oder mit einem nassen Tuch vor Mund und Nase betreten. Der süßliche Geruch erzeugte Übelkeit.
Die Flammen loderten ohne Unterbrechung Tag und Nacht und Nacht und Tag. Und immer fanden sie neue Nahrung. Die Zufuhren wollten kein Ende nehmen. *(A. Rodenberger, Der Tod in Dresden)**

## DES DICHTERS KLAGE UM DRESDEN

*Wer das Weinen verlernt hat, der lernt es wieder beim Untergang Dresdens. Dieser heitere Morgenstern der Jugend hat bisher der Welt geleuchtet. Und ich habe den Untergang Dresdens unter den Sodom- und Gomorrha-Höllen der englischen und amerikanischen Flugzeuge persönlich erlebt.*
*Wenn ich das Wort erlebt hier einfüge, so ist mir das jetzt noch wie ein Wunder. Ich nehme mich nicht wichtig genug, um zu glauben, Saturn habe mir dieses Entsetzen gerade an dieser Stelle in dem fast liebsten Teil meiner Welt ausdrücklich vorbehalten.*
*Ich stehe am Ausgangstor des Lebens und beneide alle meine hohen Geisteskameraden, denen dieses Erlebnis erspart geblieben ist. Ich weine. Man stoße sich nicht an dem Wort Weinen. Die größten Helden des Altertums, darunter Perikles und andere, haben sich seiner nicht geschämt.*
*Von Dresden aus, von seiner köstlichen gleichmäßigen Kunstpflege in Musik und Wort, sind herrliche Ströme durch die Welt geflossen, und auch England und Amerika haben durstig davon getrunken. Haben sie das vergessen? Ich bin nahezu 83 Jahre alt und stehe mit meinem Vermächtnis vor Gott, das leider machtlos ist, und nur aus dem Herzen kommt: Es ist die Bitte, Gott möge die Menschen mehr lieben, läutern und klären zu ihrem Heil als bisher.*

*(Klage um Dresden, von Gerhart Hauptmann. Der Dichter hatte mit 82 Jahren den Untergang Dresdens miterlebt. Abgedruckt mit Erlaubnis von Frau Margarete Hauptmann, der Witwe des Dichters)*

## DIE EISERNE RUHE DES FÜHRERS

Warten können, ist wohl die größte Kunst. Der Ungeduldige, der Nervöse, kann es nicht. Dem Führer brennt das Herz weit stärker als uns. Aber er muß ruhig warten. Die letzte Schlacht eines Krieges ist in der Tat entscheidend. Das ist eine von den Engländern schon immer erkannte Tatsache. Alle die glorreichen Siege hängen vom Ausgang der letzten Schlacht ab. Diese letzte Schlacht erfordert den höchsten Einsatz. Der Führer könnte diese eiserne Ruhe nicht haben, wenn er nicht wüßte, was er in die Waagschale der Entscheidung zu werfen hat. *(Völkischer Beobachter am 25. Februar 1945)*

## MEIN TESTAMENT IST KURZ

*Innig geliebte Eltern,*
*ich werde sogleich erschossen werden – um die Mittagsstunde, und jetzt ist es 9¼. Das ist eine Mischung von Freude und Erregung.*
*Verzeiht mir allen Schmerz, den ich Euch bereitet habe, jetzt bereite und noch bereiten werde.*
*Verzeiht mir alle wegen des Bösen, das ich getan, wegen des Guten, das ich nicht getan habe.*
*Mein Testament ist kurz: ich beschwöre Euch, Euren Glauben zu bewahren.*
*Vor allem: keinen Haß gegen die, die mich erschießen. »Liebet Euch untereinander!« hat Jesus gesagt; und die Religion, zu der ich zurückgekehrt bin und von der Ihr nicht lassen sollt, ist eine Religion der Liebe.*
*Ich umarme Euch alle mit allen Fasern meines Herzens. Ich nenne keine Namen, denn es gibt deren zu viele, die in mein Herz eingeprägt sind.*
*Euer Euch innig liebender Sohn, Enkel und Bruder Roger.*

*(Roger Péronneau, französischer Student, 22 Jahre alt, wurde in Mont-Valérien nach 11 Monaten Einzelhaft erschossen)*

## KOCHE AN DER FRONT!

*Köchinnen und Hilfsköchinnen für Truppenküchen im Wehrkreis VII für sofort oder später gesucht. Auch Frauen mit Kochkenntnissen, die einen Sonderkurs für Truppenköchinnen mitmachen wollen, können sich melden. Bewerbungen unter Angabe der Standorte an stellv. General-Kdo. VII, München.*

*(Anzeige in den Münchner Neuesten Nachrichten am 23. Februar 1945)*

## SCHWIMMFLOSSEN A LA HANS HASS

*Zum Erfolg der Kampfschwimmer ist ihre Ausrüstung unerläßlich: der dreifache Schutzanzug, die Wollkappe mit dem Tarnnetz, das Atemgerät und vor allem die Schwimmflossen aus Gummi. Die Idee zu den letzteren gab der als Taucher bekannte Unterwasserphotograph Dr. Hans Hass, dessen wissenschaftliche Arbeiten damit auf militärischem Gebiet Verwendung fanden.*

*(Münchner Neueste Nachrichten, 7. Februar 1945)*

## SIPPENHAFTUNG

Nachfolgende Anordnungen des Chefs OKW vom 5. Februar 1945 werden bekanntgegeben:

A. Betr.: Maßnahmen gegen Wehrmachtangehörige, die in der Kriegsgefangenschaft Landesverrat begehen.

Während die überwältigende Mehrzahl aller kriegsgefangenen deutschen Soldaten es für ihre selbstverständliche Pflicht hält, lieber den Tod oder schwerste Mißhandlungen zu erleiden, als Führer, Volk und Vaterland zu verraten, haben einzelne ehrvergessene Elemente in der Kriegsgefangenschaft Angaben über Stärke, Bewaffnung und Einsatzort ihrer Truppe gemacht oder sind sonst zum Landesverräter geworden. Die Gefahr, die dadurch für die kämpfende Front und die Kriegsanstrengungen der Heimat beschworen wird, muß rücksichtslos und mit allen Mitteln bekämpft werden. Die Sicherheit des Reiches und die Erhaltung der Nation verlangen das.

Auf Grund der Weisungen des Führers wird daher befohlen:

1. Für Wehrmachtangehörige, die in der Kriegsgefangenschaft Landesverrat begehen und deswegen rechtskräftig zum Tode verurteilt werden, haftet die Sippe mit Vermögen, Freiheit oder Leben. Den Umfang der Sippenhaftung im Einzelfalle bestimmt der Reichsführer SS und Chef der Deutschen Polizei.

2. Dieser Befehl ist der Truppe unverzüglich mündlich bekanntzugeben und bei jeder gebotenen Gelegenheit mit dem Bezugserlaß zum Gegenstand eingehender Belehrung zu machen. Schriftliche Weitergabe vorwärts der Divisions- usw. Stäbe hat zu unterbleiben.

gez.: Keitel

*(Nach der Photokopie des Befehls in Form eines Fernschreibens)*

## ESSENSSCHWIERIGKEITEN

*Ärztliche Untersuchungen haben bewiesen, daß mehr als man annimmt, die Willenskraft auch zur Überwindung mancher Essensschwierigkeiten eine erhebliche Rolle spielt... Nur charakterschwache Menschen haben eine panische Angst vor dem Hunger und werden ihm daher gegebenenfalls eher erliegen... Wir befinden uns mit unseren derzeitigen Rationen noch lange nicht an der untersten Grenze... Es ist eine feststehende Tatsache, daß viele Stoffwechselleiden nur im Zusammenhang mit zu reichhaltigem Essen standen.* *(N. S. Parteikorrespondenz, 21. Februar 1945)*

## O OLGA, SCHIPPE, SCHANZE, GRABE...

*Leg weg das Strickzeug, liebe Olga,*
*und hör auch du her, Klaus, mein Sohn;*
*wir kämpfen nicht mehr an der Wolga,*
*wir fechten an der Neiße schon.*

*Vom Nil zum Rhein, vom Don zur Planke*
*mit Sack und Pack und Flak und Pferd,*
*welch niederschmetternder Gedanke:*
*der Krieg ist heim ins Reich gekehrt.*

*Wie anders kam es, als ich dachte,*
*Schatz, reich mir deine weiße Hand,*
*wir fahren in den Abgrund sachte*
*und nicht mehr gegen Engeland.*

*Nach Rache und Vergeltung lechz' ich,*
*drum auf zum Volkssturm, lieber Klaus!*
*Du bist erst zwölf, ich sechsundsechzig,*
*doch seh'n wir fast wie Männer aus.*

*Und du, mein Weib – als Ehrengabe*
*sei dir der Spaten anvertraut.*
*O Olga, schippe, schanze, grabe,*
*ganz Deutschland ist auf Sand gebaut.*

*Gebiete, Teure, deinen Tränen,*
*wenn du auf deinen Gatten schaust.*
*Ich knirsch' mit meinen letzten Zähnen*
*und ball' vor Wut die Panzerfaust.*

*Laßt uns die Gartentür verriegeln,*
*dann werfe ich mich in den Schmutz.*
*Ich bin bereit, mich einzuigeln,*
*Gemeinnutz geht vor Eigennutz.*

*So wollen wir den Feind erwarten,*
*Des Führers letztes Aufgebot,*
*durch Panzerschreck im Schrebergarten*
*zum Reichsfamilienheldentod.*

*Wir hissen die zerfetzten Segel*
*und wandern froh an Hitlers Stab*
*Mit Mann und Maus und Kind und Kegel*
*ins Massengrab, ins Massengrab.*

*(Dieses Gedicht von Horst Lommer ist im Februar 1945 entstanden)**

## PROKLAMATION DES GAULEITERS

Es soll niemand glauben, daß die Partei arglos und in Selbstzufriedenheit dahinlebe, und daß sie gewissen Erscheinungen gegenüber unempfindlich sei, die sich mit der ungünstigen Kriegslage da und dort bei uns breitzumachen versuchen. Inmitten des stürmischen Kriegslebens mit Anspannung aller ihrer Kräfte führend, ordnend und gestaltend – Tag und Nacht in Tätigkeit –, beobachtet die Partei dennoch wachen Auges und mit geschärften Sinnen alle Vorgänge.

......

Uns Nationalsozialisten stürmt diese Zeit zwar durch unsere Seele, aber wir erschrecken nicht vor den Bedrohungen, die sie in sich birgt, sondern wissen, daß wir mit einem Widerstand und einer Schlagkraft von furchtbarem Ausmaß die Lage wenden können und wenden werden. *(Abgedruckt im: Volkssturm, Heft 4/5, Januar/Februar 1945, München)*

## VOLKSSTURM-ORGANISATION

### *Anrede im Deutschen Volkssturm*

Die Anrede der Vorgesetzten im Deutschen Volkssturm hat entsprechend den Volkssturm-Dienstrangen zu erfolgen, und zwar unter Weglassung der Bezeichnung »Herr«. Die Verwendung militärischer Dienstrangbezeichnungen wie Herr Hauptmann, Herr Major usw. hat ab sofort zu unterbleiben.

*Uniformierung*

Die Einheitsführer müssen ständig auf ihre Männer hinsichtlich einer Verbesserung der Uniformierung einwirken. Vor allen Dingen ist die Anfertigung einheitlicher Mützen vorwärtszutreiben.

*(Volkssturm-Mitteilungen für Bataillonsführer usw., Februar 1945)*

## SIPPENHAFTUNG VERLIERT AN ZUGKRAFT

Geheim NOKW 535 — 10. 2. 1945, 03.15 Uhr

An OB. West

Die Zusammenlegung angeschlagener Verbände, die Auffüllung mit jungem und mangelhaftem Ersatz hat sich auf den inneren Zusammenhalt der Truppe ungünstig ausgewirkt. Ferner ist infolge der Breite der Verteidigungsabschnitte die Einwirkung des Truppenführers und NSFO oft nicht in dem erforderlichen Maße möglich. Die Gefahr des Überlaufens ist daher gewachsen, vorbeugende Maßnahmen sind erforderlich und angeordnet.

Eine Armee hat daher angeregt, die bereits durchgeführte Maßnahme in bezug auf Sippenhaftung jeweils der Truppe bekanntzugeben. Hierbei ist zu beachten, daß die Androhung der Sippenhaftung besonders bei den Soldaten, deren Familien sich in den feindbesetzten Teilen Deutschlands befinden, an Zugkraft verloren hat. Es wird um Prüfung und Entscheidung dieser Frage gebeten.

Der Oberbefehlshaber der H. Gr. G
gez. Hausser
SS-Obergruppenführer

*Hierzu: Ausführungsbestimmungen*

4) Ein harter kriegerischer Korpsgeist muß unter Ablehnung falsch verstandener Kameradschaft jeden Soldaten treffen, der sich seiner harten Pflicht in verräterischer Weise zu entziehen trachtet. Auf Überläufer ist von jedem sofort das Feuer zu eröffnen. Jeder, der

*Zu nebenstehendem Bild:*
*Zwei Hitlerkarikaturen des berühmten Zeichners Low. Die obere, erschienen 1943, zeigt Hitler, über Horoskope gebeugt, wie er die ersten Alarmzeichen des Schicksals vernimmt (im Süden und Osten = Italien und Rußland); die untere zeigt ihn als Weihnachtsmann, der 1944 dem Volk die »Rundstedt-Offensive« schenkt.*

NORTH
SOUTH
WEST
EAST
Horoscope
Horoscope
LOW

" THE WESTERN OFFENSIVE IS HITLER'S CHRISTMAS PRESENT TO THE GERMAN PEOPLE" NAZI COMMENT
RUNDSTEDT'S INTUITION
LOW

nicht schießt, ist zu bestrafen. Jede Gruppe, jeder Zug, jede Kompanie trägt eine moralische Kollektivhaftung für die Haltung jedes einzelnen ihrer Angehörigen.

*(Photokopie des Originals liegt im Institut für Zeitgeschichte, München)*

## STIMMUNG FÜR DIE BESETZUNG DES REICHES

Washington, 3. Februar (ANS) – Die Vorschläge für eine lange Besetzung Deutschlands durch alliierte Truppen, einschließlich einer bestimmten Zahl amerikanischer Streitkräfte, werden nach einer AP-Meldung von Beamten des Kriegs- und Außenministeriums mehr und mehr unterstützt.

Die Meinungen darüber, wie man verhüten soll, daß Deutschland noch einmal einen Krieg beginnt, gehen noch auseinander. Die einen sind dafür, die deutsche Industrie während einer bestimmten Besatzungszeit zu verringern und das Land dann einheimischen Männern zu übergeben, von denen man erwarten kann, daß sie das Land in friedlichem Sinne wiederaufbauen. Eine andere Meinung ist, die Alliierten könnten ihre eigene Sicherheit für die Zukunft nur durch eine »permanente« Besetzung Deutschlands erhalten, was praktisch nicht abzusehender Besetzung gleichkommt, die 20 oder 50 Jahre oder so lange, wie es erforderlich erscheint, dauern kann.

Die Fürsprecher der zweiten Meinung sagen, die größte Opposition dazu werde von denen kommen, die gegen eine Stationierung amerikanischer Truppen in Übersee sind. Sie antworten darauf, die amerikanischen Truppen könnten nach den ersten zwei Jahren gründlicher militärischer Kontrolle bis auf wenige Tausend verringert und häufig ausgewechselt werden.

*(Amerikanische Soldatenzeitung Stars and Stripes vom 4. Februar 1945)*

## IN DIE GASKAMMER

Schnell leerten sich unter den Gummiknüppelhieben der SS-Männer die Waggons. Alles Gepäck, auch Decken und Mäntel, mußte auf dem Bahnsteig gelassen werden. Dann hatten die Männer auf der einen, die Frauen und Kinder auf der anderen Seite anzutreten.

Wenige Minuten später wurden die Frauen und Kinder fortgeführt. Wohin? Ich habe nie eines dieser Wesen wiedergesehen. Als wir uns einige Zeit später vorsichtig erkundigten, erfuhren wir: Die etwa 300 Frauen und Kinder unseres Transportes, wie der meisten anderen, waren direkt vom Bahnhof ins Vergasungsgebäude gebracht, dort getötet und verbrannt worden.

Wir Männer mußten inzwischen vor einem SS-Arzt vorbeidefilieren, der einige nach rechts, andere nach links wies. Keiner von uns ahnte, was das zu bedeuten hatte. Am nächsten Tag teilten uns ältere Häftlinge in Birkenau mit: Der SS-Arzt hatte eine »Schnell-Selektion« vorgenommen; er hatte die Alten, Halbwüchsigen, die Mageren und Schwächlichen abgesondert, insgesamt etwa 400 Menschen. Wie die Frauen und Kinder wurden sie ebenfalls sofort von SS-Wachen weggeführt. Auch von ihnen hat man nie mehr etwas gehört – sie wurden vom Bahnhof direkt in die Gaskammer gebracht und danach verbrannt.

*(Freies Deutschland, Moskau, Bericht des Häftlings 58846, Bernhard Förster-Stefan, veröffentlicht am 2. April 1945)*

## ERSTE DEUTSCHE ZEITUNG IM BESETZTEN REICH ERSCHIENEN

Aachen, 31. Januar (UP) – Die erste deutschsprachige Zeitung im besetzten Deutschland ist heute mit ihrer ersten Ausgabe erschienen. Die breite Balkenüberschrift dieser ersten Ausgabe lautete: »Russischer Siegeszug geht weiter.« Auf der ersten Seite standen Nachrichten über das Vorrücken der Alliierten in diesem Gebiet und in den Ardennen sowie über die Auflösung im Rückzug befindlicher deutscher Verbände. Das Hauptbild zeigte General Eisenhower im Gespräch mit Feldmarschall Montgomery. Im Innern des Blattes standen Nachrichten über die Kämpfe auf den Philippinen und die Angriffe der RAF auf deutsches Gebiet.

Die Zeitung heißt »Aachener Nachrichten« und wird wöchentlich einmal erscheinen. Sie wird in einer von den früheren Aachener Zeitungen beschlagnahmten Druckerei hergestellt und von deutschen Redakteuren und deutschem technischen Personal herausgegeben. Ihr Erscheinen erfolgt auf Grund zahlreicher Anfragen bei den Alliierten durch die Aachener Bevölkerung, die immer wieder ihren Wunsch nach Nachrichten ausdrückte. In dem Leitartikel der ersten Ausgabe wird die Ausweisung der Nationalsozialisten aus Aachen stürmisch gefeiert.

*(Amerikanische Soldatenzeitung Stars and Stripes vom 1. Februar 1945)*

## AACHENER NACHRICHTEN NR. 1

### An unsere Leserschaft

Endlich, endlich! wird es in den Kreisen der verehrten Leserschaft heißen, ja endlich sind die Fesseln der Nazidiktatur für den hiesigen Bezirk von uns genommen, und ein neues Leben aufzubauen wird jetzt unsere Aufgabe sein. Was die 12 Jahre der Nazi für die Presse bedeutet haben, kann nur derjenige ermessen, welcher unter dieser Knechtung gezwungen gewesen ist, in oder an der Presse tätig zu sein oder die Geschehnisse von außen hin beobachtet hat.
So wird die vorliegende Nr. 1 der Aachener Nachrichten den Anfang bilden für den Wiederaufbau der deutschen Presse.
Wenn es heute noch nicht möglich ist, die Erscheinungsweise in der alten Form vor sich gehen zu lassen, so ist dies leicht erklärlich, da wir ja noch mitten im Kriege stehen und hierdurch seitens der Militärbehörden besondere Maßnahmen obwalten müssen, denen wir unter allen Umständen Verständnis entgegenzubringen haben.
Eine stolze Genugtuung erfüllt uns im Hinblick darauf, die erste deutsche Zeitung für das besetzte Deutschland aus der Taufe heben zu dürfen. Mag sie sich vorerst auch nur als Informations- und Nachrichtenorgan betätigen, so ist doch hiermit der Anfang geschehen und der erste Spatenstich für eine neue Zukunft getan.

*(Vom 24. Januar 1945 datiert ist die erste Nummer einer nicht von den Nazis kontrollierten Zeitung auf deutschem Boden, herausgegeben von der amerikanischen 12. Armeegruppe)*

## BEGINN DER SÄUBERUNG

Der Oberbürgermeister von Aachen teilte der Militärregierung letzte Woche mit, daß 27 Angestellte der deutschen Zivilverwaltung am 31. Januar entlassen wurden, weil sie alle in mehr oder minderem Grade aktive Mitglieder der Nazipartei waren.

*(Aachener Nachrichten am 7. Februar 1945)*

## DIE METHODE DES MORDENS

Am anderen Tage fuhren wir nach Belzec. Ein kleiner Spezialbahnhof war zu diesem Zweck an einem Hügel nördlich der Chaussee Lublin–Lemberg im linken Winkel der Demarkationslinie geschaffen worden. Südlich der Chaussee einige Häuser mit der Inschrift »Sonderkommando Belzec der Waffen-SS«. Da der eigentliche Chef der gesamten Tötungsanlagen, der Polizeihauptmann Wirth, noch nicht da war, stellte Globocnek mich dem SS-Hauptsturmführer Obermeyer (aus Pirmasens) vor. Dieser ließ mich an jenem Nachmittag nur das sehen, was er mir eben zeigen mußte. Ich sah an diesem Tage keine Toten, nur der Geruch der ganzen Gegend im heißen August war pestilenzartig, und Millionen von Fliegen waren überall zugegen. Dicht bei dem kleinen zweigleisigen Bahnhof war eine große Baracke, die sogenannte Garderobe, mit einem großen Wertsachenschalter. Dann folgte ein Zimmer mit etwa 100 Stühlen, der Friseurraum. Dann eine kleine Allee im Freien unter Birken, rechts und links von doppeltem Stacheldraht umsäumt, mit Inschriften: Zu den Inhalier- und Baderäumen! – Vor uns eine Art Badehaus mit Geranien, dann ein Treppchen, und dann rechts und links je drei Räume 5 × 5 Meter, 1,90 Meter hoch, mit Holztüren wie Garagen. An der Rückwand, in der Dunkelheit nicht recht sichtbar, große hölzerne Rampentüren. Auf dem Dach als »sinniger kleiner Scherz« der Davidstern! – Vor dem Bauwerk eine Inschrift: Heckenholt-Stiftung! – Mehr habe ich an jenem Nachmittag nicht sehen können.

Am anderen Morgen um kurz vor sieben Uhr kündigt man mir an: In zehn Minuten kommt der erste Transport! – Tatsächlich kam nach einigen Minuten der erste Zug von Lemberg aus an. 45 Waggons mit 6700 Menschen, von denen 1450 schon tot waren bei ihrer Ankunft. Hinter den vergitterten Luken schauten, entsetzlich bleich

und ängstlich, Kinder durch, die Augen voll Todesangst, ferner Männer und Frauen. Der Zug fährt ein: 200 Ukrainer reißen die Türen auf und peitschen die Leute mit ihren Lederpeitschen aus den Waggons heraus. Ein großer Lautsprecher gibt die weiteren Anweisungen: Sich ganz ausziehen, auch Prothesen, Brillen usw. Die Wertsachen am Schalter abgeben, ohne Bons oder Quittung. Die Schuhe sorgfältig zusammenbinden (wegen der Spinnstoffsammlung), denn in dem Haufen von reichlich 25 Meter Höhe hätte sonst niemand die zusammengehörigen Schuhe wiederfinden können. Dann die Frauen und Mädchen zum Friseur, der mit zwei, drei Scherenschlägen die ganzen Haare abschneidet und sie in Kartoffelsäcken verschwinden läßt. »Das ist für irgendwelche Spezialzwecke für die U-Boote bestimmt, für Dichtungen oder dergleichen!« sagt mir der SS-Unterscharführer, der dort Dienst tut. –
Dann setzt sich der Zug in Bewegung. Voran ein bildhübsches junges Mädchen, so gehen sie die Allee entlang, alle nackt, Männer, Frauen, ohne Prothesen. Ich selbst stehe mit dem Hauptmann Wirth oben auf der Rampe zwischen den Kammern. Mütter mit ihren Säuglingen an der Brust, sie kommen herauf, zögern, treten ein in die Todeskammern! – An der Ecke steht ein starker SS-Mann, der mit pastoraler Stimme zu den Armen sagt: Es passiert euch nicht das geringste! Ihr müßt nur in den Kammern tief Atem holen, das weitet die Lungen, diese Inhalation ist notwendig wegen der Krankheiten und Seuchen. Auf die Frage, was mit ihnen geschehen würde, antwortet er: Ja natürlich, die Männer müssen arbeiten, Häuser und Chausseen bauen, aber die Frauen brauchen nicht zu arbeiten. Nur wenn sie wollen, können sie im Haushalt oder in der Küche mithelfen. – Für einige von diesen Armen ein kleiner Hoffnungsschimmer, der ausreicht, daß sie ohne Widerstand die paar Schritte zu den Kammern gehen – die Mehrzahl weiß Bescheid, der Geruch kündet ihnen ihr Los! – So steigen sie die kleine Treppe herauf, und dann sehen sie alles. Mütter mit Kindern an der Brust, kleine nackte Kinder, Erwachsene, Männer und Frauen, alle nackt – sie zögern, aber sie treten in die Todeskammern, von den anderen hinter ihnen vorgetrieben oder von Lederpeitschen der SS getrieben. Die Mehrzahl, ohne ein Wort zu sagen. Eine Jüdin von etwa 40 Jahren mit flammenden Augen ruft das Blut, das hier vergossen wird, über die Mörder. Sie erhält fünf oder sechs Schläge mit der Reitpeitsche ins Gesicht, vom Hauptmann Wirth persönlich, dann verschwindet auch sie in der Kammer. – Viele Menschen beten. Ich bete mit ihnen,

ich drücke mich in eine Ecke und schreie laut zu meinem und ihrem Gott. Wie gern wäre ich mit ihnen in die Kammern gegangen, wie gern wäre ich ihren Tod mitgestorben. Sie hätten dann einen uniformierten SS-Offizier in ihren Kammern gefunden – die Sache wäre als Unglücksfall aufgefaßt und behandelt worden und sang- und klanglos verschollen. Noch also darf ich nicht, ich muß noch zuvor künden, was ich hier erlebe! – Die Kammern füllen sich. Gut vollpacken – so hat es der Hauptmann Wirth befohlen. Die Menschen stehen einander auf den Füßen. 700–800 auf etwa 25 Quadratmetern! Die SS zwängt sie physisch zusammen, so weit es überhaupt geht. – Die Türen schließen sich. Währenddessen warten die anderen draußen im Freien, nackt. Man sagt mir: Auch im Winter genauso! Ja, aber sie können sich ja den Tod holen! sage ich. – Ja, grad for das sinn se ja doh! – sagt mir ein SS-Mann darauf in seinem Platt. – Jetzt endlich verstehe ich auch, warum die ganze Einrichtung Hekkenholt-Stiftung heißt. Heckenholt ist der Chauffeur des Dieselmotors, ein kleiner Techniker, gleichzeitig der Erbauer der Anlage. Mit den Dieselauspuffgasen sollen die Menschen zu Tode gebracht werden. Aber der Diesel funktioniert nicht! Der Hauptmann Wirth kommt. Man sieht, es ist ihm peinlich, daß das gerade heute passieren muß, wo ich hier bin. Jawohl, ich sehe alles! Und ich warte. Meine Stoppuhr hat alles brav registriert. 50 Minuten, 70 Minuten – der Diesel springt nicht an! Die Menschen warten in ihren Gaskammern. Vergeblich. Man hört sie weinen, schluchzen ... Der Hauptmann Wirth schlägt mit seiner Reitpeitsche dem Ukrainer, der dem Unterscharführer Heckenholt beim Diesel helfen soll, 12-, 13mal ins Gesicht. Nach 2 Stunden 49 Minuten – die Stoppuhr hat alles wohl registriert – springt der Diesel an. Bis zu diesem Augenblick leben die Menschen in diesen vier Kammern, viermal 750 Menschen in viermal 45 Kubikmetern! Von neuem verstreichen 25 Minuten. Richtig, viele sind jetzt tot. Man sieht das durch das kleine Fensterchen, in dem das elektrische Licht die Kammer einen Augenblick beleuchtet. Nach 28 Minuten leben nur noch wenige. Endlich, nach 32 Minuten ist alles tot!
Von der anderen Seite öffnen Männer vom Arbeitskommando die Holztüren. Man hat ihnen – selbst Juden – die Freiheit versprochen und einen gewissen Promillesatz von allen gefundenen Werten für ihren schrecklichen Dienst. Wie Basaltsäulen stehen die Toten aufrecht aneinandergepreßt in den Kammern. Es wäre auch kein Platz, hinzufallen oder auch nur sich vornüber zu neigen. Selbst im Tode

noch kennt man die Familien. Sie drücken sich, im Tode verkrampft, noch die Hände, so daß man Mühe hat, sie auseinanderzureißen, um die Kammern für die nächste Charge frei zu machen. Man wirft die Leichen – naß von Schweiß und Urin, kotbeschmutzt, Menstruationsblut an den Beinen, heraus. Kinderleichen fliegen durch die Luft. Man hat keine Zeit, die Reitpeitschen der Ukrainer sausen auf die Arbeitskommandos. Zwei Dutzend Zahnärzte öffnen mit Haken den Mund und sehen nach Gold. Gold links, ohne Gold rechts. Andere Zahnärzte brechen mit Zangen und Hämmern die Goldzähne und Kronen aus den Kiefern.
Unter allen springt der Hauptmann Wirth herum. Er ist in seinem Element. – Einige Arbeiter kontrollieren Genitalien und After nach Gold, Brillanten und Wertsachen. Wirth ruft mich heran: Heben Sie mal diese Konservenbüchse mit Goldzähnen, das ist nur von gestern und vorgestern! In einer unglaublich gewöhnlichen und falschen Sprechweise sagt er zu mir: Sie glauben gar nicht, was wir jeden Tag finden an Gold und Brillanten – er sprach es mit zwei L – und Dollar. Aber schauen Sie selbst! Und nun führte er mich zu einem Juwelier, der alle diese Schätze zu verwalten hatte und ließ mich dies alles sehen.
Man zeigte mir dann noch einen früheren Chef des Kaufhauses des Westens in Berlin und einen Geiger: Das ist ein Hauptmann von der alten kaiserlich-königlich österreichischen Armee, Ritter des Eisernen Kreuzes I. Klasse, der jetzt Lagerältester beim jüdischen Arbeitskommando ist! – Die nackten Leichen wurden auf Holztragen nur wenige Meter weit in Gruben von 100 × 20 × 12 Meter geschleppt. Nach einigen Tagen gärten die Leichen hoch und fielen alsdann kurze Zeit später stark zusammen, so daß man eine neue Schicht auf dieselben draufwerfen konnte. Dann wurde zehn Zentimeter Sand darübergestreut, so daß nur noch vereinzelte Köpfe und Arme herausragten. – Ich sah an einer solchen Stelle Juden in den Gräbern auf den Leichen herumklettern und arbeiten. Man sagte mir, daß versehentlich die tot Angekommenen eines Transportes nicht entkleidet worden seien. Dies müsse natürlich wegen der Spinnstoffe und Wertsachen, die sie sonst mit ins Grab nähmen, nachgeholt werden. – Weder in Belzec noch in Treblinka hat man sich irgendeine Mühe gegeben, die Getöteten zu registrieren oder zu zählen. Die Zahlen waren nur Schätzungen nach dem Waggoninhalt... – Der Hauptmann Wirth bat mich, in Berlin keine Änderungen seiner Anlagen vorzuschlagen und alles so

zu lassen, wie es wäre und sich bestens eingespielt und bewährt habe. – Die Blausäure habe ich unter meiner Aufsicht vergraben lassen, da sie angeblich in Zersetzung geraten sei.

*(K. Gerstein, Augenzeugenbericht zu den Massenvergasungen)**

## NAZISTRASSEN VERSCHWINDEN AUF NIMMERWIEDERSEHEN

Die Namen von sechs Straßen in Aachen sind ausgemerzt und ihre alten Namen wieder angenommen oder umbenannt worden. Die städtische Behörde hat die Änderung folgender Straßennamen bekanntgegeben:
Horst-Wessel-Straße in Kalverbenden,
Hermann-Göring-Straße in Buschhauserweg,
Dietrich-Eckardt-Straße in Habsburger-Allee,
Geurten-Straße in Parkstraße,
Litzmann-Straße in Am Sanatorium
und Schlageter-Allee in Friedrich-Ebert-Allee.

*(Aachener Nachrichten vom 24. Januar 1945)*

## ROLAND FREISLER

»Freisler, der Präsident, hatte die Gewohnheit, unter Nichtachtung jeglicher von Gesetz und Moral vorgeschriebenen Objektivität, auch den kleinsten Verstoß als Hoch- und Landesverrat zu bezeichnen. So lautete denn auch der Urteilsspruch in den meisten Fällen auf Tod. Die Urteile wurden im allgemeinen durch Erhängen vollstreckt. Freisler scheute sich nicht, in jedem einzelnen Verfahren Propagandareden zu halten. Eigentlich sprach nur er in den Verhandlungen, und zwar mit einer Stimmstärke, mit der er mühelos mehrere Gerichtssäle hätte füllen können.«

*(F. v. Schlabrendorff, Offiziere gegen Hitler)**

Bei dem Terrorangriff auf die Reichshauptstadt am 3. Februar ist der Präsident des Volksgerichtshofes, Dr. Roland Freisler, gefallen.

*(Deutsches Nachrichtenbüro, 12. Februar)*

»Als am späten Vormittag des 3. Februar 1945 mein Fall vor dem Volksgerichtshof aufgerufen wurde, erklangen die Alarmsirenen. Um festzustellen, ob es sich um einen Großangriff handelte, wurde telephoniert. Die Antwort lautete nicht wie sonst, daß einige Bombengeschwader im Anflug seien, sondern daß Bomberströme Berlin zustrebten. Eiligst suchte das ganze Gericht die Kellergewölbe im Gebäude des Volksgerichtshofes auf. Auch ich wurde in dieses Gewölbe geführt und vorsorglich an Händen und Füßen gefesselt.
Ein furchtbares Bombardement begann. Es war wohl der schwerste Tagesangriff, den die amerikanischen Bomber je auf Berlin ausgeführt haben. Man hatte das Gefühl, die Welt gehe unter. Mitten in diesem tosenden Wirbel erscholl ein ohrenbetäubendes Krachen, das alle Anwesenden erbeben ließ. Der Volksgerichtshof selbst war getroffen worden und stand in Flammen. Er wankte in seinen Fugen und brach auseinander. Ein Teil der Decke stürzte in den Keller herunter. Ein gewaltiger Balken verlor seinen Halt, löste sich, schlug herunter und traf mit voller Wucht den Präsidenten des Volksgerichtshofes, Freisler, der die Akten meines Prozesses noch in der Hand hielt, auf den Kopf. Ein Arzt wurde irgendwoher herbeigerufen. Das Ergebnis seiner kurzen Untersuchung lautete: doppelseitiger Schädelbruch, tot.« *(F. v. Schlabrendorff, Offiziere gegen Hitler)* *

## ZEUGENPROTOKOLL (MAUTHAUSEN)

Betrifft: Massenmord, der sich in der Nacht
vom 16. auf den 17. Februar 1945 abspielte.
Aussage: Josef Domoskos, Budapest, Verteidiger in Strafsachen.
Um ungefähr ¾8 Uhr früh bin ich selber dorthin gekommen und sah, daß der Teil hinter dem Krematorium mit nackten Körpern bedeckt ist. Vielleicht irre ich mich, ich taxierte sie aber auf 200 bis 250 Personen. Der größte Teil – vielleicht etwa Dreiviertel der Menschen – lag unbeweglich in der Kälte. Einige – etwa sechs bis acht – konnten den Oberkörper zwar schwer, aber noch erheben. Keiner von ihnen konnte jedoch aufstehen. Ein einziger Mann hatte noch die Kraft, anderthalb Meter am Boden zu rutschen, um einen Fetzen unter seinen Leib zu schieben. Die übrigen konnten nur Kopf oder Arme heben, ohne daß ich auch nur einen Laut gehört hätte. Dann erschien der lange SS-Unteroffizier, den wir als »Lustig's Lands-

mann« kannten. Mit einem großen Stock schlug er aus voller Wucht gegen die am Boden Liegenden, und zwar auf diejenigen, die sich noch bewegten. Er zielte hauptsächlich auf den Nacken. Die meisten blieben nach dem ersten Schlag bewegungslos. Die ganze Szene spielte sich vollständig lautlos ab, dauerte kaum zehn Minuten, wonach sich der Soldat entfernte.
Kurz danach erschien ein anderer Soldat, dessen Gesicht ich nicht erkennen konnte; er war gut genährt, mittelgroß, hatte grauliches Haar. Der setzte die Arbeit in derselben Weise fort, etwas kürzere Zeit, dann ging auch er. Danach erschien ein Lagerfeuerwehrmann, namens Lutz, aus Deutsch-Elsaß. Er ging aber nur auf und ab, ohne etwas zu tun. Vielleicht könnte er die Person des obengenannten Soldaten nennen. *(KZ-Archiv Arolsen)*

## VERWALTUNGSBERICHT STADT PFORZHEIM

Nachdem von der Luftschutzwarnstelle Karlsruhe der Einflug einiger Flugzeuge aus dem Raume Hagenau und wenig später ein kleiner Verband mit Flugrichtung Stuttgart gemeldet worden waren, wurde »Öffentliche Luftwarnung« gegeben. Als dann starke Verbände ebenfalls mit Flugrichtung Stuttgart angekündigt waren, erfolgte kurz nach 19.45 Uhr Auslösung des Signals »Akute Luftgefahr«. Starkes Motorengeräusch einzelner Flugzeuge wurde über der Stadt hörbar, und etwa um 19.50 Uhr erfolgte ein Großangriff, durch den die Stadt in Schutt und Asche gelegt wurde, durch den mehr als 17000 Menschen in einem Orkan von Feuer und Explosionen den Tod fanden, durch den Tausende aus ihrer Heimatstadt, die ihnen keine Heimstätte mehr bieten konnte, vertrieben wurden. Vor dem eigentlichen Angriff hatten aus westlicher Richtung kommende Flugzeuge den Abwurfsraum durch Setzen von Leuchtzeichen bestimmt. Der Angriff selbst wurde von Osten her in mehreren Wellen mit 368 Maschinen der Royal Air Force – 361 Lancasters und sieben Mosquitos – geflogen, die von einer großen Zahl von Flugplätzen in den Grafschaften Yorkshire, Lincolnshire und East Anglia gestartet waren. Während 22 Minuten wurde die Stadt mit Spreng- und Brandbomben, mit Brandkanistern und Luftminen in einem Gesamtgewicht von rund 1575 Tonnen – Sprengbomben und Luftminen rund 742 Tonnen (darunter 330 36-Zentner-Bomben bzw. Luftminen) und Brandmassen rund 833 Tonnen – beworfen.

Vom Gaswerk bis etwa zur Linie Wildergrundallee–Germaniastraße –westl. Karl-Friedrich-Straße–Merianstraße, auf einer Länge von drei Kilometer und einer Breite von eineinhalb Kilometer lang buchstäblich Haus bei Haus in Trümmern. Die Brandbomben wurden noch weiter hinausgestreut, wodurch eine Anzahl abseits gelegener Häuser ebenfalls noch abbrannte. Verschont blieben nur die Stadtteile an der Peripherie in allen vier Himmelsrichtungen.
Über Beginn und Dauer des Angriffs gehen die Meinungen zum Teil sehr auseinander, doch dürften die oben vermerkten Zeiten nach sorgfältiger Prüfung der Wirklichkeit wohl am nächsten kommen. Die Angaben über Anzahl und Ausgangsbasen der Flugzeuge und das Gewicht der abgeworfenen Bomben und Brandmassen beruhen auf einer Mitteilung des britischen Luftfahrtministeriums.
Die erste Sprengbombe fiel in das Gaswerksgelände. In der Innenstadt bildeten sich alsbald riesige Flächenbrände, die sich zum Feuersturm steigerten.
Während des Angriffs war an ein Eingreifen der Feuerwehren und Rettungsmannschaften nicht zu denken. Die Maßnahmen mußten sich daher auf Hilfeersuchen an polizeiliche und militärische Dienststellen in Karlsruhe und Stuttgart beschränken, die mittels Fernschreiber von der auf dem Wallberg befindlichen Luftschutzbefehlsstelle aus erreicht wurden. Aber auch sofort nach Abflug der Bomberverbände konnten Feuerwehren und Luftschutzpolizeikräfte keine systematische Bekämpfung der Brände im Stadtinnern durchführen. Die abhängige Löschwasserversorgung war ganz ausgefallen, ebenso auch drei Brandweiher durch Leerlaufen. Ferner war der Einsatz der schweren Löschfahrzeuge der Feuerwehr im Westen am Enzvorland nicht möglich, da beiderseits umfangreiche Mauereinstürze und große Bombentrichter eine Zufahrt nicht gestatteten. Ein Legen von Wassergassen verhinderten die Schuttmassen, die Straßen und Gassen ausnahmslos, zum Teil zwei bis drei Meter hoch, deckten. Die noch einsatzfähigen Teile der hiesigen Freiwilligen Feuerwehr, die in Dillweißenstein stationierte Kompanie des Feuerwehr-Regiments 6 Karlsruhe, das hiesige Landesschützenbataillon und die von auswärts herbeigeeilten Kräfte mußten daher am Rande der betroffenen Stadtteile zu löschen versuchen, was auch vielfach gelang. Auf diese Weise konnten im Osten der Stadt vor allem die Gaswerkanlagen und im Westen die als Hauptlazarett dienende Osterfeldschule vor dem vollständigen Niederbrennen gerettet werden.

Der Feuersturm, durch immer neue abgeworfene Brandmassen weitergeschürt, hatte nach zehn Minuten Angriffsdauer bereits seinen Höhepunkt erreicht. Auffallend war der schnelle Zusammenbruch der Großbrandstellen im Innern der Stadt, wobei die Industriebauten mit weniger brennbarer Masse bald schwarz und ausgebrannt waren. Für die Stärke des Feuersturms ist bezeichnend, daß beispielsweise in Stuttgart-Degerloch Briefbogen eines Arztes und in Zuffenhausen solche einer Fabrik gefunden wurden. Von den auf den Höhen um Pforzheim gelegenen Ortschaften sah es aus, als ob ein Feuerregen auf die Stadt niederginge. Der durch den Brand glutrot gefärbte nächtliche Himmel war bis über Tübingen hinaus erkennbar. Wegen des Feuersturmes wagten sich viele Menschen nicht sogleich nach dem Angriff ins Freie. Auch täuschten, da jede Entwarnung unmöglich war, die nachträglichen Explosionen von Zeitzünderbomben eine Fortdauer des an sich schon beendeten Angriffs vor. So blieben die Menschen in Luftschutzräumen und Kellern und erstickten, da die Flammen der Luft den Sauerstoff entzogen hatten, oder es traten, was allerdings von sekundärer Bedeutung ist, Vergiftungen durch Kohlenoxyd ein. Wer aber noch hinausrannte, erlag den atemberaubenden Feuerglutwellen der inzwischen sich entwickelnden Flächenbrände und Feuerstürme. Daher auch die vielen gräßlich verstümmelten Leichen auf den Trümmerhaufen.

In dieser Hölle gab es nur für wenige energisch sich durchkämpfende Menschen ein Entkommen, denn die unerträgliche Hitze und der Kampf um Sauerstoff waren Gegner, die jeden schwachen Menschen zum Erliegen brachten. Vielfach boten Enz und Nagold noch eine letzte Zufluchtsmöglichkeit, zumal durch vorher angelegte Treppen der Zugang zu den Flußvorländern erleichtert war. Schwierig wurde die Lage an der Enz längs der Arkaden, da durch die Beschädigung des Nonnenmühlwehrs die angestauten Wassermassen plötzlich in Bewegung kamen und die Vorländer längs der Arkaden für längere Zeit überfluteten. Mehrere Personen, die dem Feuertod entgehen wollten, mußten dann noch in den Fluten ihr Leben lassen. Auch ertranken Menschen in Kellern der Zerrennerstraße und am Waisenhausplatz durch Stauungen des Mühlkanals bzw. eines Vorflutkanals.

Im Wehrmachtsbericht vom 24. Februar 1945 fand der Großangriff wie folgt Erwähnung: »In den frühen Abendstunden richtete sich ein schwerer britischer Angriff gegen Pforzheim.«

Auf Handkarren, Viehwagen oder den wenigen greifbaren Lastkraftwagen wurden die Toten zum Friedhof auf der Schanz gefahren. Dort hob ein von Heilbronn beigezogener Bagger Massengräber aus, in die Tausende in Reihen übereinander hineingelegt wurden. Bestattungen in schon früher erworbenen Familiengräbern waren erlaubt, doch mußten die Angehörigen diese Gräber meist selbst ausheben; oft brauchten aber auch nur noch in einem armseligen Pappkarton ein paar zusammengescharrte Knochenreste beigesetzt zu werden. Von den beiden großen Religionsgemeinschaften waren ständig Geistliche zugegen, um die laufend angefahrenen Leichen einzusegnen. Wochenlang gingen diese traurigen und, um auch die Gefahr von Seuchen und Krankheiten zu bannen, doch so notwendigen Arbeiten.
Bis der Bagger eingesetzt werden konnte und das erste Massengrab ausgehoben war, vergingen noch Tage. Solange lagen die inzwischen angefahrenen Leichen im Wirtschaftshof des Friedhofes.

Eine im Jahre 1948 vom Statistischen Amt vorgenommene sorgfältige Schätzung der durch Fliegerangriffe verursachten Verluste an Menschen kommt auf die Zahl 17 600, worin die im Verhältnis zum 23. Februar geringen Verluste der übrigen Angriffe enthalten sind.
Bei der noch Jahre währenden Trümmerbeseitigung werden immer wieder Leichenfunde gemeldet. Die genaue Zahl der Toten vom Großangriff wird sich nie ermitteln lassen.
Überall in der zerstörten Innenstadt wurden auf den Häusertrümmern im Gedenken an die darunter liegenden Erschlagenen und Verbrannten Holzkreuze errichtet, die an besonderen Festtagen liebevoll mit Blumen und Tannenzweigen geschmückt werden.

*(Auszug aus einem als Broschüre gedruckten Bericht der Stadt Pforzheim über ihre Zerstörung am 23. Februar 1945)*

## ERSTER KOHLENTRANSPORT AUS DEUTSCHLAND

*Von einem Stars and Stripes Staff Writer*

Irgendwo in Deutschland, 21. Februar – Der erste Export aus dem besetzten Deutschland in befreite westeuropäische Länder ging heute in Richtung Luxemburg ab.
Es handelte sich dabei um Kohle, und die heutige Ladung – ungefähr 250 Tonnen – war die erste von insgesamt 16 700 Tonnen, die

von den großen Kohlenlagern in Alsdorf in der Nähe von Aachen nach den kleineren Ländern transportiert werden sollen, wo sie in der zivilen Industrie gebraucht werden. Es war dies der erste Export, seitdem die Alliierten die deutschen Grenzen überschritten, und ist nur ein Vorbote größerer Dinge, die noch kommen sollen.

*(22. Februar 1945)*

## AUS SCHLESISCHEN LANDEN

Plötzlich schoß es hinter uns. Wir sahen zwei Russen, die uns verfolgten. Wir wurden beschossen, mußten stehenbleiben, wurden mißhandelt und geschlagen und wieder ins Dorf zurückgetrieben. Sie stießen uns in ein Haus hinein, wo auch russische Offiziere waren. Jetzt logen diese zwei Russen den Offizieren wahrscheinlich etwas vor, denn gleich wurde mein lieber Vater von uns gerissen, und meine Mutter und ich mußten in dem Haus zurückbleiben, darin waren auch noch unzählige Deutsche. Wir durften nun nicht sehen, wo mein Vater hinkam. Bekannte haben es gesehen, wie er abgeführt wurde. Man hat ihn immer hingestoßen, dann hat er wieder aufstehen müssen. So wurde er weitergetrieben. Er hätte so geweint und gebeten: »Ich hab' doch niemandem was getan.« Es half alles nichts, es sind ja Unmenschen. Er war schwerkriegsbeschädigt vom ersten Weltkrieg her, er hatte ein steifes Bein und einen steifen Arm. So ein armer wehrloser Mensch wurde zu Tode getrieben. – Acht Tage lang warteten wir nun vergebens auf die Rückkehr meines Vaters. Da kam eines Morgens unsere Nachbarsfrau und sagte, wir sollten doch einmal gehen, am Dorfende liegt ein toter Mann, er wäre nicht zu erkennen. Wir liefen hin und erkannten in dem Toten doch meinen lieben, guten Vater. Er war auf die grausamste Weise ermordet worden, erstochen und erschlagen. Die Kleidung war ganz schmutzig und blutig, die Hände voll Dreck, verkrampft, der Kopf zerstochen. Ein kaputtes Gewehr lag neben ihm. Wir konnten vor Schreck nicht mehr weinen.

*(Februar 1945, Dr. J. Kaps, Die Tragödie Schlesiens)**

## DER PROPHET

Vor 25 Jahren verkündete ich den Sieg der Bewegung – heute prophezeie ich den Sieg des Deutschen Reiches. *(Adolf Hitler am 26. Februar 1945)*

## HITLERJUNGEN ERHALTEN DAS EK II

Zur Abwehr eines feindlichen Angriffes im Osten war neben einem Zug des Volkssturms auch ein Zug eingesetzt, der sich aus Jungen eines Wehrertüchtigungslagers, einer nationalpolitischen Erziehungsanstalt und einer Führerschule mit Wehrertüchtigungslager-Ausbildung zusammensetzte. Die Jungen haben sich dabei hervorragend gehalten und im Sturm eine Ortschaft genommen. Für ihr tapferes Verhalten wurden neun Jungen von dem Kommandierenden General mit dem EK II ausgezeichnet.

*(Völkischer Beobachter, 9. Februar 1945)*

## AUS DEM TAGEBUCH DER SOPHIE SCHOLL

*Viele Menschen glauben von unserer Zeit, daß sie die letzte sei. Alle die schrecklichen Zeichen könnten es glauben machen. Aber ist dieser Glaube nicht von nebensächlicher Bedeutung? Denn muß nicht jeder Mensch, einerlei in welcher Zeit er lebt, dauernd damit rechnen, im nächsten Augenblick von Gott zur Rechenschaft gezogen zu werden? Weiß ich denn, ob ich morgen früh noch lebe? Eine Bombe könnte uns heute nacht alle vernichten. Und dann wäre meine Schuld nicht kleiner als wenn ich mit der Erde und den Sternen zusammen untergehen würde. – Ich kann es nicht verstehen, wie heute »fromme« Leute fürchten um die Existenz Gottes, weil die Menschen seine Spuren mit Schwert und schändlichen Taten verfolgen. Als habe Gott nicht die Macht (ich spüre wie alles in Seiner Hand liegt), die Macht. Fürchten bloß muß man um die Existenz der Menschen, weil sie sich von Ihm abwenden, der ihr Leben ist.*

*(Sophie Scholl, Studentin, München; wurde am 22. Februar 1943 zusammen mit ihrem Bruder nach kurzem Verfahren erhängt)*

## WIR KAPITULIEREN NIE!

*Artur Axmann zum Tag der Verpflichtung der Jugend*

Reichsjugendführer Axmann erklärte, die Verpflichtung der Hitlerjugend stehe in diesem Jahre allein im Zeichen des Willens der Jugend, alle Kräfte einzusetzen, die Wende mit dem Fleiß ihrer arbeitsamen Hände, der Intelligenz ihrer jungen Hirne und vor allem der Tapferkeit ihrer jungen Herzen herbeizuführen. Die Jugend wisse, daß auf den Schlachtfeldern dieses Krieges ihre Zukunft unmittelbar entschieden werde. Es gehe um ihr Reich, in dem sie glücklich leben wolle, und das ihnen den sozialen Aufstieg sichern werde. »Darum ist die Jugend«, betonte Axmann, »von dem leidenschaftlichen Willen beseelt, lieber in Ehren für ein freies Reich zu kämpfen, als in einem unfreien Zustand Fron- und Knechtdienst zu leisten.« Die Geschichte habe so oft, fährt der Reichsjugendführer fort, bewiesen, daß denen, die Größtes erreicht hätten, auch die Zeiten höchster Belastung nicht erspart geblieben sind. Immer habe die Ausdauer, die Entschlossenheit und Beharrlichkeit im Letzten entschieden. Wer wolle heute mutlos werden, während Jahr um Jahr Hunderttausende junger Kriegsfreiwilliger sich bereitstellen, um das Vermächtnis unserer Gefallenen zu erfüllen und die Schande, die ein blindwütiger Feind unserer Heimat, unseren Müttern und Schwestern antut, zu rächen? Die im Einsatz stehenden jungen Kriegsfreiwilligen, unterstrich Axmann, hätten dem Feind schnell die Hochachtung abgezwungen. Die folgenden werden ihnen an Bereitschaft, vor allem Härte im Kampf nicht nachstehen. Dies beweisen bereits heute die Hitlerjungen, die sich im Osten und Westen in schnell gebildeten Kampfgruppen, vor allem als Panzerbrecher, dem Feind entgegenstellten. Der scheinbar unüberwindlichen Materialüberlegenheit begegneten sie unbeirrbar im Glauben an die eigene Kraft und Stärke der Herzen und Waffen. Aus der Hitlerjugend ist die Bewegung der jungen Panzerbrecher entstanden. Viele von ihnen tragen mit Stolz das Eiserne Kreuz neben dem Panzervernichtungsabzeichen, das Infanteriesturmabzeichen oder Verwundetenabzeichen. Die größte Auszeichnung aber sei es für sie gewesen, daß der Führer eine Abordnung dieser tapferen Jungen in seinem Hauptquartier empfangen habe. Den Jungen stehen die Mädel nicht nach. So seien, erklärte Reichsjugendführer Axmann am Tag der Verpflichtung, Geist und Haltung der älteren Kameraden und Kameradinnen Vorbild und Beispiel den jüngeren Jahrgängen. »Nicht Worte helfen, sondern Taten allein. Der Sinn der diesjährigen Verpflichtung der Hitlerjugend liegt darin«, so fuhr der Reichsjugendführer fort, »die Jugend Adolf Hitlers muß das Zentrum unseres nationalen Widerstandes sein. Leidenschaftlich bekennt die Jugend: Wir kapitulieren nie. Dieser Vernichtungskrieg läßt keine bürgerlichen Maßstäbe mehr zu. Es gibt kein Zurück mehr, sondern nur ein

Vorwärts. Es gibt nur ein Handeln bis zur letzten Konsequenz. Es gibt nur Sieg oder Untergang. Seid grenzenlos in der Liebe zu eurem Volk und ebenso grenzenlos im Haß gegen den Feind. Eure Pflicht ist es, zu wachen, wenn andere müde werden; zu stehen, wenn andere weichen. Eure größte Ehre sei aber eure unerschütterliche Treue zu Adolf Hitler!« *(Völkischer Beobachter, 28. März 1945)*

## DER GAULEITER WILL MÜNCHEN VERTEIDIGEN

Die vom Gauleiter geforderte Verteidigung Münchens, der »Hauptstadt der Bewegung«, lehnte ich zweimal sehr entschieden ab. Selbst dort, wo die taktische Lage die nachhaltige Verteidigung einer Stadt forderte, konnte von einer Durchführung der Verteidigung nach dem Befehl Adolf Hitlers nicht gesprochen werden. Mir ist kein einziger Fall bekannt. *(A. Kesselring, Soldat bis zum letzten Tag)**

## DER TOTEN TATENRUHM

Wie ein dunkles urgewaltiges Lied klingt und braust es um uns her, wenn wir in unserer geschichtlichen Vergangenheit den endlosen Strom deutscher Kraft und deutschen Heldentums einmal sinnend betrachten. Da sehen wir dann wie in einem Spiegel unser eigenes Wesen so groß und so schön, daß wir darüber staunen müssen, weil wir im Krieg gewohnt sind, übermäßig nur Schatten zu sehen und ganz vergessen, daß da, wo viel Schatten ist, auch viel Licht sein muß. Da raunt uns aus der Vergangenheit kristallklar gewordene Sage heute noch mit einem fühlbaren Hauch innerster Wahrhaftigkeit ins Gesicht, daß wir ganz eigen davon angerührt werden. Und wir denken gleich, wer weiß, wie wohl in fernen Zeiten einmal von uns und unserem Weltenkampf die Sage umgehen und raunen wird, von Dingen, die wir so realistisch hart und nüchtern zur Zeit erle-

*Zu nebenstehendem Bild:*
*Ein ganzes Volk wird »evakuiert«, d. h., von seinen Wurzeln und aus seiner Lebensordnung gerissen. Je enger der verbleibende Raum wurde, desto sinnloser wurde der Transport der Bevölkerung von Ort zu Ort.*

ben. Wenn aber einmal alles, was wir litten und ertrugen, verblaßt sein wird, wird über die Zeiten noch ragen das Heldentum der Deutschen unserer Zeit. Sagt doch schon das älteste germanische Gedicht, das uns erste Kunde von der geistigen Herkunft unserer Ahnen gibt, in der ewigen Gültigkeit letzter Weisheit: »Besitz stirbt, Sippen sterben, du selbst stirbst wie sie. Nur eines weiß ich, das ewig lebt, der Toten Tatenruhm!«

*(Hans Zöberlein, Zum Heldengedenktag [11. März 1945] im Völkischen Beobachter)*

## DER TOTEN REGISTRATUR

SS-Wirtschafts-Verwaltungshauptamt Geheim!
Amtsgruppe D
Konzentrationslager

Betreff: Vereinheitlichung im Tof.-Meldewesen
An die Lagerkommandanten der Konzentrationslager
Da., Sah., Bu., Mau., Flo., Neu., Au., Gr.-Ro., Natz., Stu., Rav., Herz., Ri., Lub., War., und Auf.-Lager Bergen-Belsen.
Die Überprüfung der hier in Vorlage gebrachten Vorgänge über die Bearbeitung von Todesfällen in den Konzentrationslagern hat gezeigt, daß in einigen Lagern noch eine erhebliche Anzahl veralteter und unnötiger Vordrucke im Gebrauch ist. Zur Vereinfachung der Bearbeitung von Todesfällen und aus Gründen der Papier- und Zeitersparnis sind ab sofort nur folgende von hier genehmigte KL-Vordrucke (s. Mustermappe) zu verwenden.

a) Bei natürlichen Todesfällen
b) Bei unnatürlichen Todesfällen
ist Bearbeitung wie unter a) angegeben vorzunehmen, hinzu kommen noch Tatberichte mit Skizze oder Lichtbild.
c) Todesfälle sowjetischer Zivilarbeiter
sind mit Vordruck KL/51/4.43 (FS-Meldung ist verboten) der einweisenden Dienststelle zu melden, sonst Bearbeitung wie unter a) zu 1), 4) und 5).
Zur Zeit läuft beim Reichssicherheitshauptamt Antrag auf Vereinfachung der Bearbeitung dieser Todesfälle, nach Entscheid ergeht Sonderbefehl.

d) Todesfälle sowjetrussischer Kriegsgefangener sind – wie vorgeschrieben – nur an die Wehrmachtsauskunftsstelle zu melden, hierbei ist das Formblatt KL/52/4.43 (Sterbefallanzeige), von dem Abdruck ohne Anschreiben hierher zu geben ist, zu verwenden.

Das Ableben von Juden ist nach wie vor – wie vom Reichsführer SS befohlen – listenmäßig zu melden.

Durch diese Regelung wird eine große Menge Papier und Arbeit erspart.

Der Chef des Zentralamtes, SS-Obersturmbannführer

*(unleserlich)*

*(Aus dem Archiv für KZ in Arolsen. Der Verteiler enthält in Abkürzungen sämtliche KZ. Also Da. = Dachau, Bu. = Buchenwald, Rav. = Ravensbrück, Mau. = Mauthausen, Flo. = Flossenbürg, usw.)*

## GEHEIMBEFEHL

*Hartzwalde, den 8. März 1945*

*Heute vormittag zeigte mir Dr. Brandt einen Geheimbefehl Hitlers, wonach der Reichsführer SS dafür zu sorgen habe, daß, wenn Holland nicht mehr zu halten wäre, die Festung Clingendael, die Stadt Den Haag mit allen wichtigen Gebäuden und der Abschlußdeich der Zuidersee in die Luft gesprengt würden. Brandt war über diesen Befehl ebenso entsetzt wie ich. Ich sagte sofort »Das darf nicht geschehen!« Brandt bezweifelte, daß mir das zu verhindern gelingen würde. Hitler habe Himmler diesen Befehl persönlich durch Fegelein übergeben lassen.* *(Felix Kersten, Totenkopf und Treue)**

## DER VOLKSSTURM

Eine Zeitlang überschätzte man den Volkssturm, der gewissermaßen die psychologische Funktion eines Rettungsringes versah, ungeheuerlich. Sogar wurden Männer, die im Zuge der Schließung von Industrien, Büros entlassen und zur Wehrmacht freigegeben wurden, gar nicht einberufen, sondern beim Volkssturm belassen. Dort exerzierten sie ein bißchen oder bauten Barrikaden und warteten im übrigen auf Waffen, die versprochen waren, aber nicht eintrafen. Die Zeit, da man das Volk zu einer wirklichen Anstrengung für das Vaterland hätte aufrufen können, war jedenfalls längst vorbei. In

Wahrheit hatte der Volkssturm nur mehr die eine reale Wirkung, die rasch wachsende Zahl der Arbeitslosen unter Kontrolle zu bringen, die die Kriegsindustrie unter dem Einfluß der Luftangriffe plötzlich in geometrischer Progression freisetzte. Er erfüllte so höchstens eine innenpolitische Aufgabe, die gleichzeitig den kleineren Parteifunktionären, ein letztes Mal, die Möglichkeit gab, im Machtgefühl zu schwelgen, wenn sie Kompanie- und Zugführer ernannten und darüber entschieden, ob Volkssturmmänner bestraft werden sollten, die nicht zum Dienst erschienen. Aber es war eine zitternde Freude, kurz und hoffnungslos. Als es dazu kam, erwies sich der Volkssturm als militärisch wertlos. Meistens kämpfte er überhaupt nicht, wo der Feind anrückte, so wenig wie der Werwolf in Aktion trat, wo der Feind schon da war. Auch der Werwolf war ein Machwerk Goebbels'. Er funktionierte nicht, weil seine Aufgabe ebenso sinnlos war wie die des Volkssturms. Und weil diejenigen, die ihn tragen sollten, dies einsahen. *(Walter Petwaidic, Die autoritäre Anarchie)* *

## MIT ZÄHNEN UND KLAUEN

...Das deutsche Volk, Männer und Frauen, Mädel und Jungen werden mit Zähnen und Klauen um sich beißen und um sich schlagen, um die Feinde zu der Einsicht zu bringen, daß es leichter ist, Vernichtungsprogramme des jüdisch-plutokratischen und des jüdisch-bolschewistischen Weltverderbertums aufzustellen, als sie gegen ein ehr- und freiheitsliebendes Volk wie das deutsche zur Ausführung zu bringen. *(In vielen Zeitungen)*

## HANDEL AM ZAUN

*Heute nacht wachte ich auf, mußte einen Gang tun und fand draußen einen Schwarm meiner verehrten Volksgenossen stehen und mit amerikanischen Posten Handel treiben. Vor denselben Männern, die sie tagsüber als gemeine Lumpen bezeichnen, demütigen sie sich jetzt, suchten ihre englischen Brocken zusammen und winselten durch den Zaun*

*have you nix cigarettes? one packet thousend francs!*
*2 Zigaretten = 1 EK I,*
*4 Zigaretten = ein goldener Ehering,*

*2 Pakete zu 20 Stück = eine gute Armbanduhr.*
*Einer von uns kennt einen deutschen Soldaten unseres Transportes, der offenbar selber im Besitz von Zigaretten war und den Handel für sich machte. Er besitzt jetzt über 70 Ringe.*
*Zu Hause werden sie später sagen, die Amerikaner hätten ihnen die Ringe abgenommen.*

*(Tagebuch eines deutschen Kriegsgefangenen, Bretagne, Anfang März 1945)*

## HYPNOSE

»Und wenn wir uns am Ende in unsere Erde festkrallen müßten, wenn wir auch den letzten uns noch verbliebenen Rest von Hab und Gut preiszugeben hätten, wenn der Leiden und Schrecken vorläufig kein Ende abzusehen wäre, wir lassen nicht von unserem gerechten Anspruch an das Leben und an die Freiheit und Zukunft unseres Volkes. Wir wollen lieber sterben als kapitulieren. Wenn wir heute so handeln, wie damals Preußen handelte, dann werden wir am Ende dieses Krieges den gleichen Triumph zu erwarten haben, und unter die großen Erscheinungen der Geschichte werden aus diesem weltumspannenden Völkerringen nicht die prahlerischen Kriegführer der Feindseite aufgenommen werden, die mit einer zehnfachen Übermacht auf ein nur auf sich selbst gestelltes Volk herfielen, sondern der Mann, der dieses Volk führte, es immer wieder zu sich emporriß und verhinderte, daß seine Feinde ihr Ziel erreichten und es zu Boden warfen.« *(J. Goebbels am 1. März 1945)*

## UNTER EID AUSGESAGT

Der 24jährige Obergefreite Lücken aus Oldenburg, Träger des EK I, des Deutschen Kreuzes in Gold, zweier Panzervernichtungsabzeichen, fünfmal verwundet, macht unter Eid die folgenden Angaben:
Ich lag zuletzt mit meiner Einheit im Raum von Guben. Bei einem deutschen Gegenstoß kamen wir vor einem kleinen Wald in Stellung. Aus dem Gehölz rollte ein T 34. An diesem sowjetischen Panzer war eine deutsche Rote-Kreuz-Schwester an der Stirnseite angebunden. Sie war durch ihre Kleidung, Kopfbedeckung und Armbinde deutlich erkennbar. Die Bolschewisten benutzten sie als Kugelfang. *(19. März 1945, Pressemeldung aus Berlin)*

*Endlich gibt es Wasser. Hunger erzeugt Schmerz, der Durst aber den Wahnsinn. Das Fieber schaut den Soldaten aus den Augen. Sie trinken, trinken gierig aus den großen Fässern und Blechkanistern, wie verdurstende Tiere in der Steppe.*
*Dann kommen die C-Rationen, erste Verpflegung nach Tagen »Breakfast«, »Lunch«, »Dinner« oder »Supper«.*
*Parolen gehen um. Die Zehntausende stehen Kopf an Kopf. Stunden, Tage. Die großen Sattelschlepper fahren ab, unablässig Tag und Nacht. Die Neger jagen wie die Pest. In den Kurven kommandiert einer von uns hundert auf dem Wagen: rechts-links, links-rechts! Alle beugen sich nach links oder rechts, um den Druck auf die Seiten zu vermindern.*
*So geht es von Gummersbach durch das Bergische Land nach Remagen. Einige Male brechen in den Kurven die Seitenklappen weg. Viele werden hinausgeschleudert. Es gibt Tote und Verletzte. Die Neger sind fassungslos und unbeholfen wie die Kinder.*
*»Ihr kommt in ein Lager!« Diese Parole empfinden wir wie die Verheißung eines gelobten Landes. Das Lager wird zum Paradies, zur Fata Morgana unserer erregten Sinne. Es wird uns das Dach über dem Kopf bringen, den Schutz vor dem strömenden Regen. Wir werden uns waschen, die langen Bartstoppeln entfernen können, die wie Grammophonnadeln in unseren Gesichtern sprießen.*
*Das Lager aber bleibt ein Traum. Aus allen Himmelsrichtungen karren sie die Überreste der deutschen Armee heran. Es ist dunkle, finstere Nacht, und der Regen peitscht uns in die Augen. Decken, Zeltbahn, Mantel und das LFG (»leichtes Fluchtgepäck«, wie wir es mit bitterem Humor nennen) hat man uns abgenommen.*
*Unsere Füße kneten zäh und schwer den lehmigen Boden eines Haferfeldes, dessen Halme erst in Bleistiftlänge aus der Erde ragen.*
*Transporte gehen nach Remagen, Sinzig, Rheinberg und Wickrathberg.*
*Als der Morgen kommt, erkennen wir in Remagen die Berge, die beiderseits nahe an den Fluß reichen. Auf der Erde aber sehen wir nur Menschen, Tausende, Zehntausende, vielleicht mögen es Hunderttausende gewesen sein.*
*Männer in Uniformen, halbe Knaben noch, und Greise aus dem Volkssturm, Zivilisten und Soldaten.*

*(H. Thomas und H. Hofmeister, Das war Wickrathberg)* *

## EINE BRÜCKE? EINE BRÜCKE!!

Hoch über den Höhen, die Remagen und den majestätischen Rhein überragen, stand der Oberstleutnant L. E. Engeman aus Redwood Falls im Staate Minnesota und richtete sein Fernglas auf die Täler. Der Kommandeur des 14. Tank-Batl. sprang plötzlich vor Erregung in die Höhe, als er plötzlich die Brücke ausmachte. Die Ludendorff-Brücke war noch unversehrt! Er handelte schnell. Nachdem er eine Gruppe der 14th Pershingtanks angefordert hatte, die mit allem was die Deutschen hatten fertigwerden konnten, gab Oberstleutnant Engeman folgenden Befehl an das 27th Armored Inf.-Bn.: Fahrt hinunter in die Stadt! Durchquert sie so schnell wie möglich und versucht, die Brücke zu erreichen... Der Stoßtruppführer, ein Feldwebel aus New York City, brachte das Maschinengewehrfeuer vom rechten Turm der Brücke zum Schweigen, indem er die Treppe hinaufstürzte und die zwei Mann Besatzung gefangennahm. Vier andere nahmen sich des Maschinengewehrs auf dem linken Turm an, warfen es in den Rhein und nahmen die Schützen gefangen. Fußtruppen stürmten die Brücke. Ein schwerer Nebel hüllte die Brücke ein an jenem ersten Abend, als die ersten Tanks sich aufmachten gegen Mitternacht. Es waren Shermans vom 14th Tank-Bn. Die Straße war nicht breit genug für die neuen Pershings. Sergeant W. J. Goodson befehligte den ersten Panzer, der den Fluß überquerte.

*(Bericht eines amerikanischen Offiziers über die Besetzung der Brücke von Remagen am 7. März 1945)*

## EIN AMERIKANISCHER FUNKSPRUCH

We have gotten a bridge! *(Oberstlt. L. E. Engeman an seine Vorgesetzten)*

## »ICH WAR VON HERZEN FROH«

Ich saß gerade im Hauptquartier in Reims beim Abendessen, als Bradley mich verlangte. Als er meldete, wir hätten eine Rheinbrücke in der Hand, traute ich meinen Ohren kaum. Wir beide hatten oft darüber gesprochen, daß so etwas unter Umständen möglich sei, ohne uns jedoch trügerischen Hoffnungen hinzugeben. Ich brüllte fast in das Telephon hinein: »Was haben Sie alles bei der Hand? Was kann man hinüberschicken?« Das war einer der Augenblicke des Krieges, in denen ich wirklich von Herzen froh war. Das Ereignis kam völlig unerwartet. Wir waren über den Rhein, wir hatten eine Brücke, der traditionelle Verteidigungsriegel des deutschen Mutterlandes war durchbrochen. *(Dwight D. Eisenhower, Kreuzzug in Europa)* *

## DER KAMPF UM DEN BRÜCKENKOPF REMAGEN

Berlin, 12. März

Als die ersten amerikanischen Bataillone bei Remagen über den Rhein gingen, war es naturgemäß ihr Wunsch und die Absicht ihrer Führung, diesen Übergang als den Beginn einer echten Operation sich auswirken zu lassen. Das ist aber dem Gegner bis heute nicht gelungen. Zu Beginn waren an dieser Stelle auch die Amerikaner nicht stark genug, um mit größeren Kräften den Rhein überschreiten und tiefer in das deutsche Hinterland auf dem rechten Rheinufer vorstoßen zu können. Als allmählich größere Verbände eintrafen, hatten sich inzwischen mit bemerkenswerter Schnelligkeit auch die Verteidiger verstärkt, und eine Fahrt ins freie Gelände hinein war den schnellen Verbänden des Gegners nicht mehr möglich. Nur mühsam konnten sich die Infanterie und die Panzer nach Norden bis zum Bahnhof Honnef und nach Süden bis in die Gegend von Linz vorkämpfen. Das, was sie am ehesten wünschen mußten, ein Vorstoß nach Osten in den Westerwald hinein, blieb ihnen versagt. Wohl konnten die Amerikaner immer mehr Truppen auf das rechte Rheinufer bringen – bis zum Samstagabend zwei Divisionen –, aber sie vermochten nicht mehr, den Brückenkopf zu erweitern. Zwischen Hönningen (südlich von Linz) und Honnef erstreckt sich ein schmaler Ufersaum von nur etwa zwei Kilometer Breite, der ständig unter dem Feuer der deutschen Artillerie und unter dem Bombenhagel der deutschen Kampfflugzeuge lag und noch liegt. Die freie Entfaltungsmöglichkeit ist den amerikanischen Verbänden hier versagt.

Während nun die Amerikaner ihren Druck weiter verstärkten, setzten auch die ersten kräftigeren deutschen Gegenangriffe an. Ihnen gelang es, dem Feind den Nordteil von Honnef und andere Ortschaften wieder zu entreißen. Die Amerikaner sind also hier aufs äußerste beengt und vermögen bis zur Stunde ihre Übermacht nicht voll zur Geltung zu bringen. Naturgemäß werden sie in den näch-

sten Tagen versuchen, den Druck in ihrem Brückenkopf weiter zu erhöhen. Auch ist nach wie vor anzunehmen, daß sie eines Tages darangehen werden, an einer anderen Stelle eine Übergangsmöglichkeit zu suchen. Der bisherige Verlauf der Kämpfe gerade bei Remagen hat aber von neuem bewiesen, wie schwer die Aufgabe des Rheinübergangs für größere Verbände ist, und wie entschlossen die deutsche Führung sich jedem derartigen Versuch widersetzt. Weiter nördlich haben die deutschen Fallschirmjäger und Grenadiere ihren mehr als einen Monat anhaltenden Widerstand westlich von Wesel nunmehr beendet, aber ihren zäh kämpfenden Nachhuten ist es gelungen, den Übergang aller Hauptkräfte mit allem leichten und schweren Material zu ermöglichen. Erst dann sind die Weseler Brücken gesprengt worden.
Westlich von Koblenz, südlich von Mayen, hat die amerikanische dritte Armee nun auch bei Kargen die Mosel erreicht. Sie zu überschreiten, ist ihr nicht gelungen. Weiter westlich in der Gegend des Laacher Sees wird immer noch heftig gekämpft. In der Eifel finden die Nordamerikaner bei ihrem Versuch vorzudringen nach wie vor den heftigsten Widerstand. *(Völkischer Beobachter am 13. März 1945)*

## DIE REINE WAHRHEIT

Es ist bekannt, daß es den Amerikanern vor zwei Tagen gelungen ist, aus dem Brückenkopf heraus die deutsche Abwehrfront am Oberrhein zu durchstoßen und mit ihren Panzerspitzen an dieser Stelle verhältnismäßig tief in das deutsche Hinterland vorzustoßen. Niemandem in Deutschland wurde diese bittere Tatsache verheimlicht. Der Wehrmachtsbericht teilte sie in knapper, aber ungeschminkter Formulierung ohne Verzug mit, und sämtliche Kommentatoren in Presse und Rundfunk setzten sich mit ihr und ihrer Bedeutung für die gegenwärtige und zukünftige Kriegsführung ebenso realistisch wie verantwortungsbewußt auseinander.

*(Völkischer Beobachter, 29./30. März 1945)*

## »AUF DEN STEUERMANN SCHAUEN!«

Es ist nur allzu natürlich, daß nach fünfeinhalb Kriegsjahren eine allgemeine Müdigkeit durch die ganze Welt geht. Die lange Dauer dieses Völker und Kontinente umspannenden Ringens fordert ihre

Opfer auch an der Nervenkraft der Menschen. Das ist an und für sich noch kein bösartiges Zeichen für den Grad ihrer Moral und Haltung. Im Gegensatz zu 1918 gibt es beispielsweise heute in Deutschland niemanden, der von seiner Regierung forderte, sie solle Frieden um jeden Preis machen. Im Gegenteil, alle erwarten, daß der kommende Frieden für das deutsche Volk unter allen Umständen den Opfern entspricht, die wir in diesem Kriege gebracht haben. Wir sind es uns, unseren Toten und unseren Kindern und Enkeln schuldig, daß dieser gigantische Kampf um unser nationales Leben nicht seinen tieferen Sinn verliert, sondern zu dem stolzen Ergebnis führt, das wir uns alle davon erhoffen. Trotzdem den Frieden lieben und herbeiwünschen, das ist keine Schande. Abgesehen von einigen verworfenen Subjekten in den Feindländern, die am Kriege verdienen, denken und fühlen in diesem Punkte alle Menschen in aller Welt genauso wie wir. Warum also sollen wir uns schämen, das einzugestehen! Wesentlich ist nur, wie ein Frieden zustandekommen und welchen Inhalt er haben soll. Und hier scheiden sich die Geister. *(J. Goebbels in: Das Reich, vom 4. März)*

## DOKUMENT VON JALTA

Die Besiegung Deutschlands. Wir haben die militärischen Pläne der drei alliierten Großmächte für die endgültige Niederzwingung des gemeinsamen Feindes erwogen und festgelegt. Die militärischen Stäbe der drei alliierten Nationen haben während der ganzen Dauer der Konferenz täglich gemeinsame Beratungen abgehalten. Diese Beratungen erwiesen sich in jeder Hinsicht als höchst zufriedenstellend und haben zu einer engeren Koordinierung des militärischen Einsatzes der drei alliierten Großmächte geführt als je zuvor. Die Teilnehmer haben einander Aufschlüsse in reichstem Maße gegeben. Der Zeitpunkt, das Ausmaß und die Koordinierung neuer, noch wuchtigerer Schläge unserer Land- und Luftstreitkräfte wurden in voller Übereinstimmung festgelegt und im einzelnen geplant. Diese Schläge werden gegen das Mark des Deutschen Reiches geführt werden, vom Osten, Westen, Norden und Süden. Unsere einheitliche militärische Planung wird erst in ihrer Durchführung sichtbar werden. Wir glauben jedoch, daß die bei dieser Konferenz erzielte, überaus enge Arbeitsgemeinschaft der drei Stäbe zu einer Abkürzung des Krieges führen wird. Die Beratungen der drei Stäbe werden fortgeführt werden, wann immer es nötig erscheinen wird. Nazideutschland ist dem Untergang geweiht. Alle Versuche zur Fortsetzung eines aussichtslosen Widerstandes können nur dazu führen, daß das deutsche Volk die Niederlage noch schwerer zu bezahlen haben wird.

Es ist unser unbeugsamer Wille, den deutschen Militarismus und das deutsche Nazitum auszurotten und dafür zu sorgen, daß Deutschland nie wieder in der Lage sein wird, den Frieden der Welt zu stören. Wir sind entschlossen, alle bewaffneten Verbände Deutschlands zu entwaffnen und aufzulösen; den deutschen Generalstab ein für allemal zu zerschlagen, den Generalstab, der immer wieder Mittel und Wege zur Wiedererstarkung des deutschen Militarismus gefunden hat; alles deutsche Militärgerät zu entfernen oder zu zerstören; jede deutsche Industrie, die für militärische Produktion verwendet werden könnte, auszumerzen oder zu überwachen; alle Kriegsverbrecher gerechter und schneller Bestrafung zuzuführen und für alle von den Deutschen verursachten Zerstörungen Wiedergutmachung in entsprechenden Leistungen zu erzwingen; die Nazipartei, die Nazigesetze, -organisationen und -einrichtungen sowie jeden nationalsozialistischen oder militaristischen Einfluß in öffentlichen Ämtern und im kulturellen und wirtschaftlichen Leben des deutschen Volkes auszumerzen; und im Einvernehmen miteinander jede andere Maßnahme in Deutschland durchzuführen, die für den künftigen Frieden und die Sicherheit der Welt notwendig erscheint. Es ist nicht unser Ziel, das deutsche Volk zu vernichten, aber erst nach der Ausrottung des Nazitums und des Militarismus wird Hoffnung auf ein anständiges Leben für Deutsche bestehen und auf einen Platz für sie in der Gemeinschaft der Nationen.

Die drei Regierungschefs sind der Ansicht, daß die Ostgrenze Polens der Curzon-Linie mit Abweichungen in einigen Gebieten von fünf bis acht Kilometern zugunsten Polens folgen soll. Sie erkennen an, daß Polen im Norden und Westen einen beträchtlichen Gebietszuwachs erhalten muß. Sie finden, daß zur gegebenen Zeit die Meinung der neuen provisorischen Polnischen Regierung Nationaler Einigkeit bezüglich des Ausmaßes dieser Gebietserweiterungen festgestellt und die endgültige Festlegung der Westgrenze Polens dann bis zur Friedenskonferenz vertagt werden sollte.

Einigkeit im Frieden wie im Krieg. Unsere Besprechungen hier in der Krim haben neuerlich die uns gemeinsame Entschlossenheit bestärkt, im kommenden Frieden die Einigkeit in der Zielsetzung und im Handeln zu erhalten und noch zu festigen, die im Krieg den Sieg der Vereinten Nationen ermöglicht und gesichert hat. Es ist unser Glaube, daß diese Einigkeit eine heilige Verpflichtung unserer Regierungen gegenüber unseren Völkern und allen Völkern der Welt ist. Nur wenn die Zusammenarbeit und das Verständnis zwischen unseren drei Völkern und zwischen allen friedliebenden Nationen andauert und wächst, kann das höchste Ziel der Menschheit verwirklicht werden: ein ungefährdeter, dauernder Friede, der, nach den Worten der Atlantik-Charta, »Gewähr dafür bietet, daß alle Menschen in allen Ländern ihr Leben frei von Furcht und Not verbringen und beenden können«. Unser Sieg in diesem Kriege und die Schaffung der geplanten internationalen Organisation werden eine in der Geschichte in solcher Größe noch nie vorhandene Gelegenheit bieten, in den kommenden Jahren die notwendigen Voraussetzungen für einen solchen Frieden zu schaffen.
Gezeichnet: Winston S. Churchill, Franklin D. Roosevelt, J. Stalin.

*(Keesings Archiv der Gegenwart, 1945)*

## DIE SECHZEHNJÄHRIGEN VOR!

Die im Stadtgebiet München wohnenden Dienstpflichtigen des Geburtsjahrganges 1929 (männlich) sind in der Zeit vom 15. März bis 3. April 1945 zur Erfassung für den Reichsarbeitsdienst und Wehrdienst aufgerufen. Die Dienstpflichtigen müssen sich zu diesem Zweck persönlich melden. *(12. März 1945, in den Tageszeitungen)*

## DEUTSCHLANDS HERRSCHER

*Über Hitlers Wutausbrüche ist viel geschrieben und noch mehr gesprochen worden. Ich habe sie oft mit erlebt und ihre Intensität am eigenen Leibe verspürt. Dieser hypochondrische Zustand, in dem der Geist Hitlers sein Herz aufwühlte und sein Blut immer aufs neue wiederum sein Gehirn entzündete, tobte sich aus in einem Orkan der Worte, der von jedem Widerspruch nur noch stärker aufgepeitscht wurde, und der jeden sachlichen Einwand einfach durch*

*Stimmaufwand niederknüppelte. Diese Szenen spielten sich im großen wie im kleinen ab, wenn die Ereignisse eine andere Richtung nahmen, als Hitlers Wille und seine Voraussagen ihnen gewiesen hatten, wenn sein unaufhörliches Mißtrauen Sabotage witterte, hinter deren Behauptung er das Eingeständnis eigener Niederlagen zu verbergen liebte, oder wenn menschliche Unzulänglichkeit seine Empfindsamkeit unverhältnismäßig erregte. Kleine Mißgriffe und Vergehen anderer wurden in diesem Zustand zu fluchwürdigsten Verbrechen gestempelt. Todesstrafen und Konzentrationslager waren ebensooft die Auswirkung seines hemmungslosen Zornes wie das Ergebnis seiner, wie er sich auszudrücken pflegte, »eiskalten« Überlegung.*

*Selbst die unbedeutendsten Vorfälle lösten die Maßlosigkeit seiner Kritik aus. Als während der schweren Kriegsjahre das Leben des von ihm besonders geschätzten Opernsängers Manowarda nach dessen Hinscheiden nicht mit Balkenüberschriften in den Zeitungen auf der ersten Seite gewürdigt worden war, steigerte er seinen Ausfall gegen die Presse zu stundenlanger Ekstase, die ihn den ganzen Tag geradezu arbeitsunfähig machte. – Als vor seinem Hause auf dem Obersalzberg angesichts einer Menge von vielen Tausenden von Menschen seine Schäferhündin »Blondi« auf den Wiesen streunte und auf mehrmaligen Zuruf seinem Willen zum Trotz absolut nicht parieren wollte, sah ich, wie ihm das Blut zu Kopfe stieg, während er sich anschickte, den üblichen Vorbeimarsch der Besucher abzunehmen. Zwei Minuten später, als eine Frau eine Bittschrift überreichte, schrie er zum Erstaunen der Menge einen seiner bekanntesten Mitarbeiter, der zufällig hinter ihm stand, um sich das Schauspiel anzusehen, völlig unmotiviert in der ausfallendsten Weise an, ohne auch nur einen Grund oder eine Erklärung dafür abzugeben. – Zu persönlichen Tätlichkeiten hat sich Hitler jedoch bei seinen Ausfällen nicht hinreißen lassen. Nur am 30. Juni 1934 sah ich, wie er in München im Innenministerium den obersten SA-Führern die Schulterstücke eigenhändig von den Uniformen riß und ebenso die Kriegsauszeichnungen. Es war das einzige Vorkommnis dieser Art. Die Behauptung, daß Hitler bei seinen Tobsuchtsanfällen sich auf die Erde zu werfen und in den Teppich zu beißen pflegte, ist eine Erfindung, die dadurch nicht an Wahrheit gewinnt, daß sie sehr oft wiederholt wurde.*

*Was die Krankheit Hitlers betrifft, über die jahrelang ein so großes Rätselraten in der Öffentlichkeit herrschte, so glaube ich auf Grund*

*meiner vielseitigen Beobachtungen seines Lebens und meines ständigen Verkehrs mit seinen Ärzten folgendes sagen zu können: Seine sich so oft wiederholenden heftigen Erregungszustände waren nicht Symptom oder Folge eines akuten schweren Leidens, von dem sein Körper befallen war, sondern umgekehrt, diese psychisch-physischen Affektausbrüche sind als Ursache und Erreger seines häufig schlechten körperlichen Befindens anzusehen, sie waren die eigentliche Krankheit, unter der er litt. Diese explosiven und den Körper erschütternden Feuerstöße seines energieüberladenen Gehirns, die sich in ihm festkrallten und ihn erst im Erschöpfungszustand wieder verließen, haben seine Magennerven zerrüttet und sein Verdauungssystem geradezu zerfressen und von dort wechselwirkend seine Bereitschaft zu Wutausbrüchen noch verstärkt.*
*Es kann kein Zweifel sein, daß das Unheil in Hitlers Leben nicht von einem schweren körperlichen Gebrechen oder einem klinischen Leiden bestimmt wurde, sondern daß die unselige Dynamik seines Daseins wesensbedingt war, ein seelisch-geistiges Phänomen. Sein dämonischer Wille war es, der am Ende auch seinen Körper verzehrt hat. Hitler fügte sich in seiner ungesunden, geradezu selbstmörderischen Lebensweise nicht dem Rat seiner Ärzte.*

*(Otto Dietrich, 12 Jahre mit Hitler)**

## IN DEN RUINEN VON BONN

Im Abschnitt Köln konnten die Amerikaner unsere Kräfte auf das Ostufer des Rheines zurückdrücken, während die Besatzung von Bonn in den Ruinen der Stadt heftigen Widerstand leistet.

*(Aus dem Bericht des Oberkommandos der Wehrmacht)*

## BEKANNTMACHUNG IN MÜNCHEN

Die Versorgungsberechtigten in München-Stadt und München-Land, die im Besitz eines Einkaufsnachweises sind, erhalten ein Pfund Sauerkraut. *(10. März 1945, in den Tageszeitungen)*

## AUCH FRANKFURT FÄLLT

Am 24. März in den späten Abendstunden gab Gauleiter Sprenger (von Frankfurt am Main) den Räumungsbefehl für die gesamte Bevölkerung. Auf Straßen, die durch Artilleriebeschuß, Tiefflieger und amerikanische Panzerspitzen gefährdet waren! Mit dieser Meisterleistung der bei der Partei so beliebten Politik des Improvisierens beschloß der Gauleiter seine Tätigkeit zum Wohle der Gauhauptstadt ... Bereits zu Anfang der Woche hatte sich ein Beauftragter der Gauleitung darum bemüht, von der Zahlmeisterei der Wehrmachtskommandantur 300 vollständige Wehrmachtsuniformen für die Hoheitsträger zu erhalten. Es sei der Wunsch der politischen Leiter, an die Front zu gehen und das Vaterland zu verteidigen. In den Parteidienststellen bereitete man in überstürzter Eile den Aufbruch vor. Dabei wurde den Vorräten an Essen und Trinkbarem nach Kräften zugesprochen. Es wurde bald durch Meldungen aus der Stadt bestätigt, daß die Bevölkerung in ihrer überwiegenden Mehrheit nicht daran dachte, die Stadt zu verlassen. »Dann müssen sie eben bleiben«, reagierte man in der Gauleitung. »Man kann nicht jeden erschießen, der dem Befehl nicht folgt.« Dann fuhren die Parteileiter ab, die Amtsräume in wüster Unordnung hinterlassend ...

*(Aufzeichnungen des Generalmajors Stemmermann vom 25. März)*

## DER OKW-BERICHT MELDET AM 23. 3.:

An der Rheinfront zwischen Rees und Dinslaken tobt die Abwehrschlacht gegen die dort angreifende 2. englische und Teile der 9. amerikanischen Armee. In einzelnen Abschnitten konnte der Feind, der erhebliche Verluste erlitt, den Rhein überschreiten und in unser Hauptkampffeld eindringen. Im Rücken unserer Stellungen am Niederrhein sind am gestrigen Vormittag die Engländer aus der Luft gelandet.

## DER BAUER PAUL MASS ERZÄHLT

Als mit einem Male ein Orgeln in der Luft war, als habe sich die ganze andere Rheinseite in einen Vulkan verwandelt, sagte ich zu meiner Frau: Jetzt kommen sie – jetzt ist es soweit. Wir gingen in

den Keller, und stundenlang saßen wir und warteten, daß unser Haus getroffen würde. Aber es passierte nichts. Die Stellungen der deutschen Einheiten vorne am Rhein wurden allerdings stark mitgenommen. Die armen Burschen taten mir leid. Es waren viele Volkssturmleute darunter und ein paar ganz junge Kerls.
Als wir die Amis kommen sahen, mit all ihrem Material und ihren frischen Verbänden, da wußten wir, das ist das Ende. Wir hofften nur, daß es jetzt schnell gehen würde. Wir waren froh, als die Amis da waren, denn da hörten auch die Luftangriffe auf, die uns viel zu schaffen gemacht hatten. *(Aus einem Associated Press-Interview)*

## CHURCHILL SETZT ÜBER DEN RHEIN

Kurz vor dem Mittag des 24. März traf Churchill bei den angreifenden Truppen ein. Er war in einer khakifarbenen Uniform erschienen und überraschte seine Umgebung mit dem Entschluß, selbst über den Rhein zu setzen. Zwischen Mannschaften mit entsicherten Maschinenpistolen, Munitionsnachschub und Verpflegung fuhr Churchill in einem Motorboot und ging dann zu den Fronttruppen.

*(Nach Associated Press)*

## RÄUMUNGSBEFEHL!

An die Zivilbevölkerung!
Aus militärischen Gründen müssen sofort folgende Gebiete total geräumt werden: Die Städte Düsseldorf, Ratingen, Hilden, Opladen, Leverkusen, Leichlingen, Bergisch-Neukirchen und Hitdorf und die Gemeinden Angermund, Wittlaer, Lintorf, Eggerscheidt, Hubbelratz, Schwarzbach, Erkrath, Baumberg, Monheim und Langenfeld.
Die Weiterleitung nach Osten in innerdeutsche Gaue erfolgt in Trecks unter Führung der Partei und der Behörden. Die Wehrmacht, für die die Räumung durchgeführt wird, wird größtmögliche Hilfe leisten. Die näheren Anweisungen erfolgen durch die zuständigen Parteistellen.
Am 9. März 1945 — Florian, Gauleiter
und Reichsverteidigungskommissar

*(Rheinische Post vom 29. März 1945)*

## JEDE HECKE EINE FESTUNG

Für die Verteidigung sind immer wieder nur militärische Gesichtspunkte bestimmend. Jede Hecke, jeder Wald, jedes Tal, jeder Platz haben eine Festung zu sein! Wir brauchen Zeit, und unsere Feinde haben keine Zeit. Wenn der Führer am 24. Februar sagte, daß wir in diesem Jahr die historische Wende erzwingen, dann ist das für uns eine Realität. Worauf sie sich bezieht, wissen wir nicht. Der Führer weiß es. *(SS-Staatssekretär Dr. Naumann, Rede am 31. März 1945 in München)*

## DURCHFÜHRUNG DER FREIMACHUNG

Sobald die Räumung angeordnet wird, ist die Freimachung den festgelegten Plänen entsprechend durchzuführen. Vielfach werden allerdings die Verhältnisse Abweichungen und Improvisationen notwendig machen. Läßt sich die Rückführung der Gefangenen in dem vorgesehenen Umfang aus irgendwelchen Gründen nicht mehr durchführen, so sind die nicht ausgesprochen asozialen und staatsfeindlichen Gefangenen noch so rechtzeitig zu entlassen, daß sie nicht in Feindeshand fallen, die vorgenannten Elemente sind dagegen der Polizei zur Beseitigung zu überstellen oder, wenn auch dies nicht möglich, durch Erschießen unschädlich zu machen. Die Spuren der Unschädlichmachung sind sorgfältig zu beseitigen.

*(Aus der Verordnung zur Freimachung von Gefängnissen usw., März 1945, Photokopie NG 030, Institut für Zeitgeschichte)*

## DIE LETZTEN RESERVEN

Die Jugend Adolf Hitlers muß das Zentrum unseres nationalen Widerstandes sein. Leidenschaftlich bekennt die Jugend: Wir kapitulieren nie. Dieser Vernichtungskrieg läßt keine bürgerlichen Maßstäbe mehr zu. Es gibt kein Zurück mehr, sondern nur ein Vorwärts.

*(Reichsjugendführer Axmann, zum Tag der Verpflichtung der Jugend, 28. März)*

## SPRUNG IN DEN TOD

*Die große Bewährung, in deren Zeichen unsere Tage stehen, gipfelt im unbedingten Einsatz des Lebens. Davon wird viel gesprochen. Ob die Bedeutung dieses Wortes jedem Volk bewußt ist?*
*Ein junger, ein blutjunger Fallschirmjäger. Die Stunde seines Einsatzes ist gekommen. Er ist nun dort, wo er abspringen muß, und er will es auch, er hat sich in jugendlicher Begeisterung, aber auch im vollen Bewußtsein dessen, was sie fordert, zu seiner Waffe gemeldet. Pflicht und Herz gebieten ihm nun gleicherweise die Bewährung. Er schaut hinunter auf die Landschaft, auf die er mit seinen Kameraden in den nächsten Augenblicken abgesetzt werden soll. Weit gebreitet liegt das Land vor seinen Blicken, leuchtend in der Sonne wie die Weite seines ungelebten Lebens.*
*Man fragt sich, was wohl schwerer sei: Auf der Höhe seines Lebens von ihm Abschied zu nehmen, das halbgetane Lebenswerk, Weib und Kinder, für die man Verantwortung trägt und die uns noch lange brauchen würden, zu verlassen – oder aber den Sprung aus einem Leben tun, das noch alles verheißt und noch nichts oder fast nichts gewährt hat. Ja, was ist schwerer? An Tausende und Hunderttausende stellt das Leben in unseren wilden Zeiten diese schwere Frage, und der Tod beantwortet sie auf seine Weise. – Der junge Mensch sieht das Land tief unter sich und das Leben weit vor sich, er weiß, daß er in einen Hagel von Todesgeschossen springen wird, da wirft er zu dem Befehl das Herz auf die Waagschale und läßt sich aus dem Flugzeug fallen …* *(Wilhelm Pleyer, im Völkischen Beobachter, 28. März)*

## WER NICHT KÄMPFEN WILL, WIRD UMGELEGT

Kämpft wie Indianer und schlagt euch wie Löwen! Seid listig! Schießt bis zur letzten Patrone und kämpft bis zum letzten Kolbenschlag! Jedes Mittel, mit dem ihr die Stellung haltet und die Bolschewisten vernichtet, ist recht und heilig. Zurückgegangen wird nicht! Wer nicht kämpfen will und abhaut, wird umgelegt! Schlagt jeden Feigling, Klugscheißer und Pessimisten!

*(Der Kreisleiter von Königsberg am 2. März 1945)*

*Zu nebenstehendem Bild:*
*Um die HJ-Buben für den Einsatz an der Front zu begeistern, wurde ihre oft nur auf Stunden bemessene »Ausbildung« hochdekorierten Offizieren übertragen.*

## INSERAT IM VB

*Bei der Heldengedenkfeier in Oberföhring schwarzer steifer Hut verwechselt. Nachricht erbeten an ...* *(Heldengedenktag war am 11. März)*

## ZWEI BRIEFE AUS CALAU

*Liebe Erika!*

*Calau N/L., 31. 10. 45*

*Du wirst erstaunt sein, nach so einer langen Zeit entlich wieder ein Lebenszeichen von uns zubekommen. Meine liebe Mutter und Geschwister mit Kindern, befinden uns in Calau. Wer hätte gedacht daß wir hier landen werden. Als die Russen kamen sind wir in der Heimat geblieben. Blos der Pole hat uns rausgeworfen, das ist das schlimmste waß uns noch treffen konnte. Möge Gott uns helfen das wir in unsere Heimat wieder zurück könnten. Liebe Erika, wie geht es Dir gesundheitlich, hoffentlich gut, waß ich auch von uns berichten kann. Hast Du von meinen lieben Hans einmal etwas gehört, ich weiß nichts mehr von Ihnen, durch das rauswerfen kann mein lieber Hans uns nicht mehr finden. Wenn ich bloß wüßte wo er steckt ob er wieder bei der Bahn angekommen ist? Vielleicht hat Hans Dir einmal geschrieben. Wenn wir uns blos alle wieder finden möchten. Durch ein tragisches Schicksal habe ich mein liebe Irmchen verloren. Vom ersten Tage als der Treck von Oberloschen rausmußte fehlt jede Spur ... Wie wird sich mein liebes Kind nach mir sehnen. Endlich ist es freigegeben nach dem Süden und Westen wieder zuschreiben ... Mein Bruder Artur sucht auch seine Frau und Kinder er kann sie auch nicht finden ...*

*Zu nebenstehendem Bild:*
*Am Tage nach der Zerstörung Dresdens wurde begonnen, die Hunderttausende von Toten, die weniger ein Opfer der Bomben als des durch die Brände entstandenen Feuersturmes waren, auf Plätzen der Stadt aufzuschichten und zu verbrennen.*

*Liebe Erika!*

*Calau, den 2. 1. 46*

*Deinen lieben Brief habe ich mit tausend Dank erhalten. Denke Dir liebe Erika, mein lieber Hans hat sich bei der Liesel gemeldet, ich bin ja so froh ... Liebe Erika, wenn uns Gott nicht so behütet u. beschützt hätte, werden wir wohl nicht mehr. Als die Russen bei uns waren, hatten Irmchen und Ich, meine Schwester Luise und Ihr Sohn Arno 9 Wochen Tag und Nacht auf dem Boden gesteckt, als wir binnen 20 Minuten das Haus verlassen mußten, da ging es wieder auf Leben u. Tod, bei uns war es als wenn wir auf einem sinkenden Schiff weren, so ging die Todesangst weiter. Dann eines Morgens früh kamen die Polen alles raus binnen 20 Minuten schnell Betten und Kleider Leibwäsche und waß zu Essen zusammengerafft u. in einem hetz Tempo hinterher weder Rasten noch Ruhn eine Gludhitze es durfte keiner einen Bissen Essen noch trinken von früh 7 Uhr bis nach um 10 Uhr in einer Hetzjagd. Die armen Kinder konnten es nicht mehr aushalten. Meinen lieben Irmchen taten so die Füße weh, da sagte mir eine Oberloschener Fräulein ach Frau M. geben sie doch das Kind mit auf den Wagen da gab ich sie drauf, da ich doch bloß eine Karre hatte u. schwer beladen war, konnte ich sie nicht drauf nehmen. Der Wagen war bestimmt nur für Kinder und Kranke, da Irmchen so geschwächt war wollte ich ihr waß gutes antun u. so gab ich sie auf den Wagen. Dann machte die Straße so ein Knie, u. es kamen viele Kreuzungen, dort jagten uns die Polen durcheinander wurden alle aufgehalten u. plünderten uns alle aus, und eh wir wieder weiter konnten war der Wagen verschwunden ...*

*(Obwohl diese Briefe erst am 31. Oktober 1945 und am 2. Januar 1946 geschrieben worden sind, drucken wir sie hier ab, weil sie ein unmittelbares Bild der Zustände in den östlichen Provinzen zu jener Zeit geben, von der unsere anderen Dokumente berichten)*

## DAS ENDE VON CANARIS UND ANDEREN

Am 10. April erzählte mir ein leicht angetrunkener Wachbeamter der SS, gestern hätten sie wieder Leute von »der Abwehr« erhängen müssen. Dafür hätten diejenigen Wachbeamten, die dabei geholfen haben, eine Zulage von Schnaps und Blutwurst erhalten. Die Hinrichtung sei nicht auf Grund eines Gerichtsurteils erfolgt, sondern Himmler habe die Liquidation durch Erhängen auf Grund eigener

Machtvollkommenheit befohlen. Als ich nach Namen fragte, nannte der Wachbeamte mir Admiral Canaris, General Oster und Bonhoeffer. Erst sehr viel später erfuhr ich durch einen Mitgefangenen und einen SS-Wachbeamten, daß Bonhoeffer am 8. April nach Flossenbürg geschafft worden war. Dort waren im Laufe des 9. April 1945 die Habseligkeiten von Bonhoeffer in der Wachstube niedergelegt worden, darunter eine Bibel und ein Goethe-Band, in denen der Name Dietrich Bonhoeffer stand. So steht außer Zweifel, daß er am 9. April 1945, um 6 Uhr morgens, durch die SS im Konzentrationslager Flossenbürg erhängt worden ist.

*(F. v. Schlabrendorff, Offiziere gegen Hitler)**

## VON GUTEN MÄCHTEN WUNDERBAR GEBORGEN…

Von guten Mächten treu und still umgeben,
behütet und getröstet wunderbar,
so will ich diese Tage mit euch leben
und mit euch gehen in ein neues Jahr.

Noch will das alte unsere Herzen quälen,
noch drückt uns böser Tage schwere Last,
ach, Herr, gib unsern aufgescheuchten Seelen
das Heil, für das Du uns bereitet hast.

Und reichst Du uns den schweren Kelch, den bittern
des Leids, gefüllt bis an den höchsten Rand,
so nehmen wir ihn dankbar ohne Zittern
aus Deiner guten und geliebten Hand.

Doch willst Du uns noch einmal Freude schenken
an dieser Welt und ihrer Sonne Glanz,
dann wollen wir des Vergangenen gedenken,
und dann gehört Dir unser Leben ganz.

Laß warm und still die Kerzen heute flammen,
die Du in unsre Dunkelheit gebracht,
führ, wenn es sein kann, wieder uns zusammen.
Wir wissen es, Dein Licht scheint in der Nacht.

Wenn sich die Stille nun tief um uns breitet,
so laß uns hören jenen vollen Klang
der Welt, die unsichtbar sich um uns weitet,
all Deiner Kinder hohen Lobgesang.

Von guten Mächten wunderbar geborgen,
erwarten wir getrost, was kommen mag.
Gott ist mit uns am Abend und am Morgen
und ganz gewiß an jedem neuen Tag.

*(Dietrich Bonhoeffer, Theologe, wurde am 9. April im KZ Flossenbürg nach zweijähriger Haft ohne jedes Verfahren erhängt. Veröffentlicht in: Das Gewissen steht auf)**

## ...IM GANZEN VERDIENT

*Nürnberg, Ende März 1945*

*Wir dürfen nie vergessen, daß das, was über uns hereingebrochen ist und noch hereinbrechen wird, im ganzen verdient ist. Und erst, wenn wir unsere Schuld abgebüßt haben und wenn Frieden für uns wieder mehr ist als Ruhe und Faulheit, dann wird dieser Opfergang sein Ende nehmen. Nicht, damit wir ausschnaufen können – gewiß auch deswegen, denn Er hat uns ursprünglich das Paradies zugedacht –, sondern damit wir uns dem widmen können, was eigentlich unsere Berufung ist.*

*So bin ich bei der Frage angelangt, wo wir studieren sollen. München wird freilich nicht in Betracht kommen, das geistige und überhaupt »das« Leben wird sich in den Mittelstädten konzentrieren. Ich habe in München keinerlei Möglichkeiten mehr, doch ich habe mich immer noch nicht entschieden, was ich überhaupt studieren werde. Für ein Musikstudium wäre Salzburg das Ideale gewesen; was dort noch steht, weiß ich nicht. Im August, wo ich noch nicht dachte, so bald einrücken zu müssen, wäre ich beinahe, wenn auch nur für kurze Zeit, dorthin gegangen. Aber es war auch damals schon nicht mehr möglich. Wir können froh sein, wenn wir überhaupt studieren dürfen.*

*(Abiturient Walter Wenzel, geb. 14. September 1926, gef. 2. April 1945, veröffentlicht in: Kriegsbriefe gefallener Studenten)**

## ZUM LOB DER KARTOFFEL

*Wie köstlich aber sind sie erst, kalte Reste vom Mittag, wenn sie am Abend in der flachen Pfanne gebraten werden, und du hernach zwischen den goldgelbleuchtenden und brotzelnden Kartoffelscheiben winzige dunkelbraune Speckgrieben aufgabelst! Dann ist es nicht anders, als käme dir mit ihrem nahrhaften Rüchlein die ganze Umwelt ihrer Herkunft nahe, und die selbstzufriedene Genügsamkeit eines dörflichen Feierabends rührt wundersam ans Herz.*

*(Münchner Neueste Nachrichten, 7. März 1945)*

## ROOSEVELTS TOD

Roosevelt starb am Donnerstag, wie Reuter aus Washington meldet, um 15.35 Uhr Zentralkriegszeit (20.35 Uhr GMT) in seinem Sommerhaus.
Einer der größten Kriegsverbrecher, die die Weltgeschichte kennt, ist mit dem amerikanischen Präsidenten dahingegangen. Denn er war der wahre Urheber dieses grauenvollsten Krieges, der je über die Menschheit gebracht worden ist. *(Völkischer Beobachter, 14. April 1945)*

In Roosevelt sah Hitler nur das kapitalistische Werkzeug des »internationalen Judentums«, als dessen proletarisches Pendel er das bolschewistische Moskau erklärte. Das Zusammenspiel beider zu enthüllen und es niederzuringen, betrachtete er als den Kampf seines Lebens. Jahrelang hat er gehofft, Roosevelt in den Präsidentenwahlen stürzen zu sehen. Um Roosevelt jede Möglichkeit billiger Wahlparolen zu nehmen, verbot er der deutschen Presse und dem deutschen Rundfunk, in den Wahlkämpfen gegen Willkie und Dewey, Roosevelt anzugreifen. Roosevelts plötzlicher Tod entflammte in Hitler eine seiner letzten Hoffnungen, an die er sich noch vor seinem eigenen Ende klammerte. *(Otto Dietrich, 12 Jahre mit Hitler)**

## 47000 IN BUCHENWALD

Schon Mitte März war es völlig klar, daß die westlichen Alliierten nach Mitteldeutschland kommen würden. Die Hoffnung des Lagers richtete sich in erster Linie auf Hilfe aus der Luft, wenn es hart auf hart gehen würde. Für den Fall einer Luftlandeaktion nördlich von Buchenwald war beschlossen, aktiv vom Lager aus einzugreifen, so schwierig sich die Dinge auch gestalten mochten. Jedermann erwartete aber, daß die SS vorher noch eine Evakuierung versuchen würde. Anfang April wurden die Vorbereitungen dazu getroffen, der SS-Divisionsnachschub geräumt. Das Lager war in vollständiger innerer Alarmbereitschaft, ohne daß die Situation bereits eine eindeutige Lösung zugelassen hätte. Man wußte, daß der Kommandant, SS-Oberführer Pister, eine Beamtennatur war, die aus eigener Initiative nichts unternahm, und daß er gerne zögerte. Wir erfuhren durch SS-Sturmbannführer Dr. Schuler, daß am 2. April dem Ohrdrufer Lagerkommandanten, SS-Hauptsturmführer Oldeburhuis, von Himmler nach einer telephonischen Rücksprache, die der Weimarer Polizeipräsident, SS-Standartenführer Schmidt, erzielt hatte, »anheimgestellt« worden war, die BVer und »besonders gefährlich erachtete Politische« zu beseitigen. Himmler hatte jedoch ausdrücklich angeordnet, daß den Juden nichts geschehen dürfe – ein Paradox, das sich nur aus kuriosen internationalen Erwartungen der Reichsführung SS erklären ließ. Der Rest des Lagers sollte abtransportiert werden. Der Todestransport von 12000 Mann aus Ohrdruf nach Buchenwald hat sich denn auch abgespielt, wobei Tausende den Tod durch Erschießen fanden. Auf der Strecke von Weimar nach Buchenwald allein, der letzten kurzen Wegstrecke, lagen am 5. April 74 Häftlinge in ihren Blutlachen, während vorher Hunderte durch aufgehetzte HJ, ja sogar durch Frauen niedergeknallt worden waren. Die Zahl der Todesopfer in S III belief sich auf über 1500. 47000 Menschen waren nun hinter dem Stacheldraht von Buchenwald zusammengepfercht, die Ernährung war in Frage gestellt, das Elend ungeheuerlich, während die amerikanischen Panzer westlich von Erfurt, von wo der Geschützdonner herübertönte, warteten, um ihren Aufmarsch zu vollenden. *(Eugen Kogon, Der SS-Staat)**

## UM MITTERNACHT VON ZWEI TORPEDOS GETROFFEN

In der Nacht vom 16. zum 17. April 1945, 0.15 Uhr, sank in der Höhe von Stolpmünde der Passagierdampfer »Goya« mit etwa 6000 bis 7000 Soldaten, Verwundeten und Flüchtlingen nach zwei Torpedovolltreffern. Das Schiff sank innerhalb von 15 Minuten, und nur 165 Menschen überlebten eine der größten Schiffskatastro-

phen. Wie konnte es zu diesen gewaltigen Katastrophen kommen? »Wilhelm Gustloff« mit 5000 Menschen an Bord, »General Steuben« mit 3000 Menschen und nun die »Goya« in den letzten Kriegstagen mit fast 7000 Menschen.
Kurz vor Mitternacht. Die »Goya« rauscht durch die Nacht. Die Zeiger klettern auf 11.50 Uhr. Plötzlich kurz hintereinander zwei dumpfe Einschläge. Das Schiff erbebt. Zwei gewaltige Wassersäulen steigen empor und klatschen aufs Deck hernieder...
Das Licht ist erloschen. Man vernimmt einzelne Rufe, Kommandos. Dann eine Totenstille. Plötzlich höre ich ein gewaltiges Rauschen. Das Wasser stürzt in die gewaltigen Löcher, die die Torpedotreffer gerissen hatten. Es hört sich unheimlich an. Auf dem Oberdeck laufen die Menschen hin und her. Alles schreit und fragt, was nun geschehen soll. Unten an den Treppen des ersten Decks müssen sich Szenen abspielen, die wohl fürchterlich gewesen sind, denn dort entspinnt sich ein Kampf auf Leben und Tod. Hunderte von Menschen versuchen, die Treppe zu stürmen, denn der Tod sitzt allen im Nacken. Das Ende durch Ertrinken nach all den Gefahren der ganzen Kriegsjahre? Menschen im wahnsinnigen Schrecken kämpfen dort um ihr Leben, drängen und schreien. Halb angezogen, mit wirren Augen wird jeder Kranke und Schwache unerbittlich niedergetreten...
Die »Goya« neigt sich von Minute zu Minute. Plötzlich ein Beben, ein Zittern geht durch das ganze Schiff, ein Aufbäumen des gewaltigen Schiffsrumpfes, es ist in zwei Hälften zerbrochen, und nun geht alles unheimlich schnell. Es neigt sich ganz, und plötzlich sind wir im Wasser. Wir werden von einer gewaltigen Druckwelle des in die Tiefe gehenden Schiffes weggedrückt, und das ist unsere Rettung.
Dunkle Nacht, das Wasser ist eisig, und darin treiben etwa 3000 bis 4000 Menschen, Kisten, Planken usw. Entsetzliche, markerschütternde Hilferufe gellen durch die Nacht. Mütter rufen nach ihren Kindern. Männer nach ihren Frauen, alles rudert und versucht sich irgendwo festzuklammern. Es beginnt ein schrecklicher Kampf auf Leben und Tod... Hier und dort flammt ein gelbes Licht auf, und dadurch wird die ganze Situation noch gräßlicher und gespenstischer. Es sind die Farblichter einzelner Schlauchboote, die sich selbst im Wasser entzünden. Um diese Schlauchboote und Flöße beginnt ein Kampf, und alle im Wasser Treibenden versuchen sich festzuhalten oder heraufzugelangen. Die Hilferufe werden gellender, und gurgelnd versinkt so mancher vor unseren Augen. Einzelne

Schüsse peitschen durch die Nacht. Viele sehen keinen Ausweg und, den nassen Tod vor Augen, greifen sie zur Waffe.

*(Dokumentation der Vertreibung der Deutschen aus Osteuropa)**

## GEFANGENE UND SKLAVEN

*Aus dem zerstörten Bahnhofsgebäude (von Fürth) machten wir uns in der Morgenfrühe auf, ein merkwürdiger Gefangenentransport. Verkehrsmittel gab es nicht, wir mußten marschieren. Unsere wenigen Habseligkeiten waren trotz ihrer Dürftigkeit auf die Dauer schwer zu tragen, wir mußten oft ausruhen. Als wir die Hauptstraße, die Fürth mit Nürnberg verbindet, in der Frühe dieses geheimnisvollen 6. April entlang zogen, kamen uns die Scharen des Volkssturmaufgebotes entgegen, Zug um Zug. Noch sehe ich in der Erinnerung ihre Gesichter in dieser kalkigen Morgenfrühe – betretene Gesichter betroffener, benommener Menschen, die nicht mehr wissen, wohin sie ein Geschick verschlägt, das sie längst nicht mehr verstehen, die aber auch – trotz allem – nicht mehr glauben. Das Geisterhafte steigerte sich ins Groteske: wir sind Geächtete, und jene sind im Vollbesitz ihrer bürgerlichen Ehren – aber wer ist nun kümmerlicher daran? Die Grenzlinien und Vorurteile lösen sich auf wie der Einband eines schlecht gebundenen Buches. Und wann wird die überhängende Wand einstürzen, und wen wird sie erschlagen – sie oder uns?*
*Wir schritten in den kühlen, sehr nüchternen und doch irgendwie unwirklichen Morgen hinein und bogen schließlich in jene Seitenstraße, die zum Zellengefängnis führt. Das breit hingelagerte Tor erschien fast idyllisch im Vergleich zu der trostlosen Düsternis der Berliner Gefängnistore. Das Gebäude war bayerisch, nicht häßlicher preußischer Ziegelbau, sondern von jenem südlichen Sandstein, der immer einen warmen, mattroten Ton hat. Die Zucht schien auf den ersten Blick sauber und ordentlich – was für gute Monturen hatten die Gefangenen im Vergleich zu unseren Tegeler Lumpen! In diesem Gefängnis war auch die Zelle, in der ein Julius Streicher, der »Frankenführer«, gesessen hatte; als wir es betraten, konnten wir nicht ahnen, daß wenige Monate später Göring und andere Große des Dritten Reiches hier ihren letzten irdischen Aufenthalt nehmen sollten.*

*(Hanns Lilje, Landesbischof von Niedersachsen, in seinem Buch: Im finstern Tal. Lilje war am 18. Januar von Freisler vor dem Volksgerichtshof zu langer Freiheitsstrafe verurteilt und dann mit anderen Gefangenen von Berlin nach Nürnberg transportiert worden)**

## »NEUGESTALTUNG« FÜR LEBENSMITTELKARTEN

### *Die Lebensmittelrationen der 74. Kartenperiode*

Die Rationen der 74. Kartenperiode sind für die 74. Zuteilungsperiode für die wichtigsten Nahrungsmittel in folgender Höhe je Kopf und Woche vorgesehen.

1. *Brot*
   a) Normalversorgungsberechtigte (einschl. ausl. Zivilarb.) . . . . . . . . . . . . . . . . 1700 g
   b) Jugendliche von 6–18 Jahren . . . . . . . . . . . . 2000 g
   c) Kinder bis zu 6 Jahren . . . . . . . . . . . . . . . . . 1000 g
   d) Zulagen für Schwerarbeiter . . . . . . . . . . . . . 1100 g
   e) Zulagen für Schwerstarbeiter . . . . . . . . . . . . 1600 g
2. *Fleisch*
   a) Normalversorgungsberechtigte (einschl. ausl. Zivilarb.) . . . . . . . . . . . . . . . . 250 g
   b) Jugendliche von 6–18 Jahren . . . . . . . . . . . . 300 g
   c) Kinder bis zu 6 Jahren . . . . . . . . . . . . . . . . . 100 g
   d) Zulagen für Schwerarbeiter . . . . . . . . . . . . . 350 g
   e) Zulagen für Schwerstarbeiter . . . . . . . . . . . . 600 g
3. *Fett*
   a) Normalversorgungsberechtigte (einschl. ausl. Zivilarb.) . . . . . . . . . . . . . . . . 125 g
   b) Jugendliche von 6–18 Jahren (625 g für 3 Wochen) . . 208 g
   c) Kinder bis zu 6 Jahren . . . . . . . . . . . . . . . . . 125 g
   d) Zulagen für Schwerarbeiter (170 g für 3 Wochen) . . 57 g
   e) Zulagen für Schwerstarbeiter (620 g für 3 Wochen) . 207 g
4. *Nährmittel* einheitlich 225 g für 3 Wochen
5. *Zucker oder Marmelade in doppelter Menge*
   a) grundsätzlich 125 g je Woche
   b) für Jugendliche von 6–18 Jahren 500 g für 3 Wochen
6. *Kunsthonig.* An Kinder bis zu 6 Jahren 125 g in 3 Wochen
7. *Käse* 62,5 g in 3 Wochen
8. *Quark* 125 g in 3 Wochen
9. *Kaffee-Ersatz* 100 g in 3 Wochen.
10. *Kinderstärkemehl.* Nur für Kinder bis zu 6 Jahren 250 g in 3 Wochen.

*(In sämtlichen Tageszeitungen; hier abgedruckt aus dem Völkischen Beobachter vom 28. März 1945)*

## RICHTLINIEN FÜR DAS LEBEN UNTER EINFACHSTEN VERHÄLTNISSEN

An die Leiter der Gauämter
für Volksgesundheit der NSDAP

Berlin, den 5. April 1945

Die zur Zeit zur Verfügung stehenden Nahrungsmittelrationen liegen im Reichsgebiet unter dem Erhaltungs-Minimum. Es droht somit in absehbarer Zeit eine Hungersnot. In den feindbesetzten Gebieten besteht sie bereits.

### *I. Ernährungslage*

Im einzelnen werden zur Erleichterung der Ernährungslage folgende Richtlinien herausgegeben.
Als in großen Mengen greifbare, somit für die Volksernährung wichtige neuartige Nahrungsmittel kommen in Frage:
1. *Raps, Rapskuchen und Rapsextraktionsschrot.* In gleicher Weise wie Raps sind *Mohnkuchen, Leinsamen* verwendbar. Hierbei Entbitterung nicht erforderlich.
2. *Streckung des Brotes* durch Ballaststoffe wie Baumflechten, Sägemehl, Baumrinde nicht zu empfehlen ...
3. *Kastanien* enthalten wertvolle Stärke.
4. *Eicheln* werden zweckmäßig geröstet und dann als Getränk (Eichelkaffee) benutzt.
5. *Zucker- und Runkelrüben* stellen Massengemüse dar. Ertrag je Flächeneinheit sehr hoch, deshalb Anbau auch im Gartengelände zu empfehlen.
6. Weitere Massengemüse sind *Seradella, Klee, Luzerne,* wenn jung geschnitten. Die Pflanzen können, wenn sie immer jung geschnitten werden, mehrfach geerntet werden.
7. Für den Haushalt kommt die Sammlung von *Wildpflanzen, Wildbeeren, Wurzeln und Pilzen* in Frage.
8. *Verbesserung der Eiweißgrundlage* durch *Schlachtung aller greifbaren warmblütigen Tiere* oder durch *Sammlung niederer Wildtiere,* z. B. Fische jeder Art, Frösche (Fang mit bunten Lappen, die im Wasser am Ufer entlanggezogen werden), Schnecken (Fang durch Benetzen von Stroh mit gärender oder faulender Masse, evtl. süßen Produkten, z. B. Melasse, Obstresten).
9. *Verbesserung der Vitaminversorgung* durch Aufbrühung von *Kiefer- und Fichtennadel-Jungtrieben,* einen Tag stehenlassen. Wirksam gegen Skorbuterkrankungen.

*II. Organisatorische und therapeutische Richtlinien*

...

2. *Hungerödeme* werden in den nächsten Monaten in großem Maße auftreten.

*Behandlung:* a) absolute Bettruhe,
b) kalorien- und eiweißreiche Ernährung, *wenn möglich.*

*III. Hygienische Grundbedingungen beim Ausfall aller zivilisatorischen Einrichtungen oder beim Leben in freier Natur*

1. *Sauberhaltung des Wassers.*
2. *Strenge Beachtung der Freihaltung* aller Wasserstellen von menschlichen Ausscheidungen und Abfällen. Diese müssen sofort, auch in den Städten, vergraben werden.
3. *Leben in Kellern und Erdhütten.* Feuchte Luft beim Einatmen vorwärmen durch Umhüllung des Kopfes mit lockerem Tuch. Auslüften und Austrocknen der Kleider, so oft irgend angängig.

*Einrichtung von Erdhütten:* Eingang auf der nicht unter dem Winde liegenden Seite anlegen. Abdecken und Abdichten mit Reisig, Laubwerk, im Innern Einbringen eines Bodenschutzes (Laubwerk, Holz usw.) als Lager.

Spaten und Pickel sind für den in freier Natur und in Trümmerstätten lebenden Menschen wichtigste Werkzeuge, sowohl zur Beschaffung von Nahrung wie zur Erstellung von Notbehausungen und zur Beseitigung von Abfällen. Feueranmachen mit Brenngläsern oder durch Abschießen von Patronen, aus denen das Geschoß vorher entfernt wurde.

(Prof. Dr. Dr. Schenck)

*(Im Auszug mitgeteilt. Das Dokument ist vier engbeschriebene Maschinenseiten lang; Abdruck nach dem – hektographierten – Original)*

## VERBOT DER VERBRÜDERUNG MIT DEUTSCHEN IN DER PRAXIS

*Von Ernest Leiser, Stars and Stripes Staff Writer*

*Mit der 9. Armee im Rheinland, 5. März. – General Eisenhowers Befehle, die das Befreunden mit Deutschen verbieten, müssen sich jetzt in der Praxis auswirken. Als die amerikanischen Truppen im vergangenen November von Aachen nach der Ruhr vorstießen, fanden sie fast jede Stadt verwüstet und nahezu menschenleer. In Aachen waren nur 1200 Deutsche geblieben. Trotz der Anwesenheit einer Abteilung der Militärregierung und trotz gründlicher Kontrollen durch die MP gab es damals einige Fälle (instances of fraternization), daß amerikanische Soldaten versuchten, mit den Deutschen Kontakt zu bekommen, die strikte Durchführung der Befehle war aber doch im allgemeinen einfach.*

*Heute, in dem 25 Meilen breiten Rhein-Ruhr-Distrikt, werden die untergeordneten Probleme von Aachen plötzlich zu bedeutenden. Nach dem Kampf am Ruhrbrückenkopf wurden die Dörfer, Klein- und Großstädte so schnell überrannt, daß die Bewohner noch da waren, als die Panzer schon durch die Straßen rollten. In Krefeld stieß die 102. Infanteriedivision auf fast 100 000 Einwohner. Amtliche Stellen schätzen, daß in Mönchen-Gladbach ungefähr 75 000 Zivilisten in der Stadt blieben, und täglich kehren immer mehr zurück. In Neuß sind es ebenfalls mehrere Tausend.*

*In vielen Städten scharen sich die Deutschen um die amerikanischen Einheiten oder Soldaten, genau so wie es die Zivilisten in den befreiten Ländern taten. Viele von ihnen scheinen entschlossen zu sein, sich mit ihren Eroberern anzufreunden. Lächeln, Unterwürfigkeit und Fügsamkeit sind für ihr Benehmen bezeichnend.*

*Soldaten reagieren schnell, wenn sie freundliche Menschen treffen, besonders dann, wenn es sich bei den »Menschen« um hübsche junge Mädchen handelt – und davon gibt es im Rheinland eine ganze Menge. Einige Soldaten, die, wenn sie objektiv denken, wohl die Berechtigung des Verbrüderungsverbotes einsehen, sehnen sich – subjektiv – doch auch mal nach etwas anderem als der Kameradschaft der GIs untereinander und finden die Deutschen »im Grunde gar nicht so schlecht«. Andere kümmern sich nicht darum und halten das Verbot für eine ihnen auferlegte Doktrin, und sie werden, wie sie sagten, mit jedem Deutschen sprechen, wenn sie gerade Lust dazu haben und wenn sie denken, daß gerade keine Gefahr besteht,*

*erwischt und 65 Dollar Strafe zahlen oder anderweitig bestraft zu werden.*
*Diese Soldaten sind zwar in der Minderheit, wenngleich in einer beträchtlichen, und in der gegenwärtigen Lage ist das Befreunden eigentlich natürlich. Es sind viele Deutsche da, sie sind zur Zeit auch sehr freundlich, und die Soldaten fühlen sich einsam.*
*Wahrscheinlich wird das Bestehen auf dem Verbot der Verbrüderung, zumindest für eine Weile, recht locker gehandhabt werden. Die Militärpolizei hat bereits mehr Arbeit, als sie bewältigen kann, und der CIC hat ebenfalls alle Hände voll zu tun, um versteckte Deutsche aufzuspüren und Sabotage und Spionage zu verhindern. Die Militärregierungen mit sehr kleinen Unterabteilungen haben genug damit zu tun, die vielen Zivilisten – es sind viel mehr, als sie vorzufinden erwartet hatten – zu ernähren, in Wohnungen unterzubringen und zu verwalten. So wird »Nonfraternization« in hohem Maße das persönliche Problem eines jeden einzelnen sein. Wie die GIs damit fertig werden, mag sich als die saure Prüfung der praktischen Auswirkung des Verbotes erweisen.*

## ZUM HELDENGEDENKTAG 1945

Der ordinäre Sieg, der Sieg der Mehrheit, ist noch in keinem Krieg auf deutscher Seite gewesen. Wir haben in allen großen Entscheidungen niemals mit der überlegenen Zahl, sondern immer durch überlegenen Geist gesiegt. Der Feind weiß selber, daß er jetzt in eigener größter Erschöpfung erst dort steht, wo er eigentlich seit Beginn des Krieges hätte stehen müssen, wenn seine materielle Überlegenheit so ausschlaggebend gewesen wäre, wie er immer tut. Aber es ist auch heute das Deutschland nicht, mit dem er damals gerechnet hat, das Deutschland von 1918. *(Zöberlein, im Völkischen Beobachter)*

## HITLERJUNGEN VERGELTEN BOLSCHEWISTISCHE SCHANDTATEN

Berlin, 13. März. – Im Kampfraum der Stadt Hindenburg hatten Bolschewisten einen Stadtteil geplündert und sich dann in die Kolonialschule zurückgezogen, wo sie die Nacht verbringen wollten. Ungefähr 60 Bolschewisten hatten Unterkunft gefunden.

Hindenburger Hitlerjungen faßten daraufhin den Entschluß, an den bolschewistischen Eindringlingen, die ihren Heimatort verheerten, die Wohnungen der Bergarbeiter plünderten, harte Vergeltung zu üben. Sie bildeten eine Kampfgruppe, rüsteten sich mit Gewehren und Sprengladungen aus und rückten gegen das Schulgebäude vor, in dem die Bolschewisten lagen. Die Schule war durch Panzer und Posten gesichert. Zwei Hitlerjungen gingen als Spähtrupp voraus, die übrigen folgten dicht aufgeschlossen. Es gelang, die Posten abzuschießen, die fertiggemachten Sprengladungen durch die Türen und Fenster in die Schule zu werfen. Im Bersten der Detonation stürzte das Gebäude zusammen und begrub unter sich die verhaßten Feinde. *(Völkischer Beobachter, 14. März 1945)*

## VON STUNDE ZU STUNDE SANK DIE HOFFNUNG

*Eine Woge des Grauens rollte über das östliche Deutschland. In meilenweiten Kolonnen bewegten sich die Trecks der vor den Schrecken des Krieges fliehenden Bevölkerung nach Berlin, nicht wissend, welches Schicksal sie dort erwartete. Sie begegneten den Transporten der Häftlinge, hohlwangigen, grauen Gestalten mit Fieberaugen, kaum noch einer Bewegung fähig, eine grausige Heerschar des furchtbarsten Elends, das je über ein Land gekommen war. Die Zentralanstalten des Mordes, mit ihren groß angelegten Maschinerien, waren bereits in russischer Hand. Was dort nicht mehr geschehen konnte, mußten die Lager im Innern des Landes bewältigen. In Buchenwald, Sachsenhausen, in Belsen, Mauthausen und Dachau; in Flossenbürg und Theresienstadt, überall, wo Hitler der Menschheit ein organisiertes Sterben bereitete, mahlten die Mühlen des Todes ihr menschliches Korn. »3000 jüdische Häftlinge aus Lieberose und Schwarzheide auf Antrag des Rapportführers von der Lagerstärke abgesetzt«, lautete der lakonische Spruch in den täglichen Veränderungsmeldungen der Verwaltung. 3000 heute, 2700 morgen, 800 gestern, man machte sich nicht mehr die Mühe der Addition. Aber der Wehrmachtsbericht meldete große Erfolge deutscher Verbände im Raum von Küstrin, und Goebbels stellte noch immer die greifbare Nähe des deutschen Sieges als ein vom Mythos der Geschichte verheißungsvoll umrauschtes Faktum fest...*

*Baukommandos zur Herstellung von Panzersperren rückten aus. Die Lager selbst wurden befestigt...*
*Im Januar und Februar 1945 entledigte man sich der 2000 Tuberkulosekranken, die der Krankenbau beherbergte, indem man sie auf Transport schickte. Diese Transporte erfolgten im grauen, fensterlosen Todeskarren; sie nahmen ihren Ausgang vor dem Tor des Turmes A und endeten fünf Minuten später in der Gaskammer. Im Krankenbau herrschte verzweifelte Stimmung.*
*Ein Beauftragter Himmlers war erschienen und bestimmte an Hand der Krankentabellen die Opfer für die Station Z. Eine Angstpsychose, die sich bald über das ganze Lager verbreitete, hatte Kranke, Pfleger und Ärzte gepackt. Eine eigene Lichtleitung nach dem Industriehof wurde gelegt und gab dem Gerücht von bevorstehenden weiteren Massenabschlachtungen neue Nahrung.*
*Der krankhafte Versuch, durch harmlose Gespräche die Furcht vor dem Kommenden zu bannen, machte alles noch gespenstischer und grauenvoller. Stumme, fragende Blicke, auf die es keine Antwort gab, begegneten einem überall, und von Stunde zu Stunde sank die Hoffnung, die Hölle zu überleben.*

*(Arnold Weiß-Rüthel, Nacht und Nebel. Der Bericht bezieht sich auf Sachsenhausen. W.-R. wurde nach 5 Jahren KZ am 2. März 1945 zur – Wehrmacht »abgestellt«!)**

## DIE DEUTSCHEN SAGEN: »WIR WURDEN DAZU GEZWUNGEN«

*Von Peter Furst, Stars and Stripes Staff Correspondent*

*In Süddeutschland, 13. April. – Sie benehmen sich alle gleich, wenn man sie verhaften will. Sie sagen, sie hätten niemals ernsthaft an den Nationalsozialismus geglaubt. Sie sagen, sie hätten nichts getan. Nicht ein einziger von ihnen hat den Mut, sich zu seiner Überzeugung zu bekennen.*
*Männer, die alte Juden aus den Fenstern der zweiten Stockwerke geworfen haben, die Kommunisten mit Ketten und Gummiknüppeln zu Tode prügelten, die amerikanische Flieger in den Höfen der Gestapo erschossen, die anderen Menschen Gummischläuche einführten und sie mit heißem Wasser füllten, bis ihr Eingeweide platzte, die Salz und Pfeffer in die schwärenden Wunden politischer Gefangener rieben – sie alle kriechen und lügen und schreien wie Babys, wenn sie nur einmal ins Gesicht geschlagen werden.*

*Es gibt viele von ihnen überall. Deutsche kommen mit langen Listen auf uns zugerannt in dem Augenblick, in dem wir eine Stadt übernehmen – und die Listen stimmen nicht miteinander überein ...*
*Sie haben die unglaublichsten Entschuldigungen für ihr Verhalten. Es spielt keine Rolle, ob sie 1927 oder 1939 in die Partei eintraten. Alle sagen, sie seien aus geschäftlichen Gründen zum Eintritt gezwungen gewesen – selbst jene, die bereits 1927 eintraten.*
*Diejenigen, die noch nichts verbrannt haben, haben das Haus voll von Medaillen, Papieren und Uniformen. Fragt man sie nach den Juden, die sie mit Gewehrkolben totschlugen, oder nach ihren Verbindungen zu hohen Parteistellen, so sagen sie »Wer – ich?« Wenn sie erkennen, daß wir alle erforderlichen Beweise in der Hand haben, dann sagen sie, sie seien »gezwungen« worden, diese Dinge zu tun ...* *(Artikel in der amerikanischen Soldatenzeitung Stars and Stripes vom 15. April 1945. Im Auszug mitgeteilt)*

## LETZTER BRIEF EINES JESUITENPATERS

2. Februar 1945

Liebe Mitbrüder, nun muß ich doch den anderen Weg nehmen. Das Todesurteil ist beantragt, die Atmosphäre ist so voll Haß und Feindseligkeit, daß heute mit seiner Verkündung zu rechnen ist. – Ich danke der Gesellschaft Jesu und den Mitbrüdern für alle Güte und Treue und Hilfe, auch und gerade in diesen schweren Wochen. Ich bitte um Verzeihung für vieles, was falsch und unrecht war, und ich bitte um etwas Hilfe und Sorge für meine alten, kranken Eltern. – Der eigentliche Grund der Verurteilung ist der, daß ich Jesuit bin und geblieben bin. Eine Beziehung zum 20. Juli war nicht nachzuweisen. Auch die Stauffenberg-Belastung ist nicht aufrechterhalten worden. Andere Strafanträge, die wirklich Kenntnis des 20. Juli betrafen, waren viel milder und sachlicher. Die Atmosphäre war so voll Haß und Feindseligkeit.
Grundthese: ein Jesuit ist a priori der Feind und Widersacher des Reiches. So ist das Ganze von der einen Seite eine Komödie gewesen, auf der anderen aber ein Thema geworden. Das war kein Gericht, sondern eine Funktion des Vernichtungswillens.
Behüt Sie alle der Herrgott! Ich bitte um Ihr Gebet. Und ich werde mir Mühe geben, von drüben aus das nachzuholen, was ich hier

schuldig geblieben bin. Gegen Mittag werde ich noch zelebrieren und dann in Gottes Namen den Weg Seiner Fügung und Führung gehen. Ihnen Gottes Segen und Schutz!

Ihr dankbarer Alfred Delp, S. J.

## DURCHBRUCH INS REICHSINNERE

Oberstes alliiertes Hauptquartier, 27. März:
Das deutsche Heer im Westen erlebte gestern seinen schwarzen Dienstag. Bei den Alliierten jagte eine Siegesmeldung die andere. Pattons dritte Armee ist in Frankfurt eingedrungen. Hodges erste amerikanische Armee ist aus dem Remagen-Brückenkopf vorgestürmt und ist in Limburg an der Lahn. Montgomerys 21. Armeegruppe steht im Ruhrgebiet knapp vor Duisburg und 1½ Kilometer vor Essen.
Die Verluste betrugen in den vier Wochen seit dem 1. März rund ein Drittel Million Mann. Der Rhein hat als Verteidigungslinie im Westen praktisch zu bestehen aufgehört. Ganze Teile der deutschen Westfront sind im Zusammenbruch. Sechs alliierte Armeen stehen jenseits des Rheins, und an mindestens drei Stellen brechen sie bereits tief ins Reichsgebiet ein. *(Aachener Nachrichten, 28. März 1945)*

## VERRÄTER VERFALLEN DEM GERICHT

Der von den Amerikanern gekaufte »Bürgermeister« von Aachen von deutschen Freiheitskämpfern erschossen.

Als die Amerikaner nach wochenlangen blutigen Kämpfen sich endlich in den Besitz der alten deutschen Kaiserstadt Aachen setzen konnten, fand sich tatsächlich ein ehrloses landesverräterisches Subjekt, das aus ihrer Hand den Posten eines sogenannten Bürgermeisters gegen klingenden Lohn aus ihrer Hand annahm. Sein Name war Franz Oppenhoff, und sein Auftrag lautete, das von sadistisch hassenden Feinden über das ganze Volk verhängte Vernichtungsurteil an der zurückgebliebenen Aachener Bevölkerung zu vollstrecken.
Jetzt muß das amtliche, englische Nachrichtenbüro Reuter melden, daß dieser ehrvergessene Söldling des Landesfeindes schon nach

kurzer, unrühmlicher Amtstätigkeit von seiner gerechten Strafe ereilt worden ist. Er wurde in der Nacht zum Mittwoch von deutschen Freiheitskämpfern erschossen.
Ergänzend erfährt man hierzu, daß ein Gericht zur Wahrung der deutschen Ehre diesen ehrvergessenen Verräter schon bei Übernahme seines Judasamtes zum Tode verurteilt hatte und dieses Urteil nunmehr vollstrecken ließ. *(Völkischer Beobachter, 31. März 1945)*

## OBERBÜRGERMEISTER OPPENHOFF VON DREI NAZIMEUCHELMÖRDERN GETÖTET

Der Oberbürgermeister von Aachen, Franz Oppenhoff, fiel Sonntagnacht einem Nazi-Meuchelmord zum Opfer. Er wurde in seiner Wohnung zwischen 10 und 11 Uhr von drei deutschen Soldaten durch Revolverschüsse getötet. Die drei Attentäter entkamen und werden von den Militärbehörden gesucht.

## STADTVATERS TOD

Die Bevölkerung weiß, daß dieser feige Mord ein von den Nazi kaltblütig ersonnenes Verbrechen ist, das bis in alle Einzelheiten von den Hitler-Gangstern vorbereitet und durchgeführt wurde. Von ihren Führern geschickt, haben sich die Mörder nach Aachen durchgearbeitet, hier die Gepflogenheiten ihres Opfers ausspioniert und dann die Tat vollbracht. Mit unglaublicher Roheit führten sie den Dolchstoß in den Rücken der Bevölkerung, um sich für die Niederlage auf den Schlachtfeldern zu rächen. Das Opfer dieses teuflischen Plans, der Oberbürgermeister, war ein Deutscher, der in ehrlichem Willen bemüht war, das von den Nazi hinterlassene Chaos zu beseitigen. *(Nachricht und Kommentar aus: Aachener Nachrichten vom 28. März 1945)*

*Zu nebenstehendem Bild:*
*Ruinen wurden, besonders in Berlin, mit Spruchbändern geschmückt. Oft war nicht mehr auseinanderzuhalten, ob es sich dabei um parteiamtlich organisierten Wahnsinn handelte oder um Galgenhumor der Bevölkerung.*

Wir grüßen den ersten Arbeiter Deutschlands:
Adolf Hitler!

## AUS DEM OKW-BERICHT VOM 20.3. 1945

Breslau und Glogau werden in vorbildlicher Gemeinschaft von kämpfender Truppe, Volkssturm und ziviler Verwaltung verteidigt.

## FINSTERE, DER SÜHNE GEWEIHTE STÄTTEN

Die Lager gleichen hohen und finsteren, einsamen, der Sühne geweihten Stätten. Die SS gleicht rasenden Opferpriestern heiliger Sühneorte ohne Erbarmen, die einem alles verschlingenden Moloch, einer possenhaften und finsteren Gerechtigkeit geweiht sind. Mit Verstand hat das nichts mehr zu tun. Wenn die gesamten Lebenskräfte einer Klasse in der umfassendsten Schlacht, die jemals geschlagen wurde, auf dem Spiele stehen, ist es normal, daß die Gegner unschädlich gemacht, wenn nötig ausgerottet werden. Der Zweck der Lager ist daher wohl die physische Vernichtung, aber die eigentliche Bestimmung des Konzentrationslageruniversums geht darüber hinaus. Für die SS ist ihr Gegner kein normaler Mensch. In der Vorstellung der SS ist der Feind die Fleisch und Geist gewordene Macht des Bösen. Der Kommunist, der Sozialist, der deutsche Demokrat, die Revolutionäre, die ausländischen Widerstandskämpfer sind handelnde Verkörperung des Bösen. Auch die rein objektive Existenz gewisser Völker und gewisser Rassen: der Juden, der Polen, der Russen, ist die statische Ausdrucksform des Bösen. Juden, Polen oder Russen brauchen nicht erst gegen den Nationalsozialismus zu handeln. Sie sind schon durch Geburt und Vorbestimmung nicht assimilierbare, dem apokalyptischen Feuer bestimmte Ketzer. Der Tod allein entspricht daher nicht dem vollen Sinn. Nur Sühne kann die Herrenmenschen befriedigen und beschwichtigen. Die Konzentrationslager sind eine erstaunliche und komplexe Sühnemaschine. Die sterben müssen, werden mit berechnender Langsamkeit zum Tode geführt, damit ihre körperliche und seelische Verkommenheit ihnen endlich bewußt mache, daß sie Verfluchte sind, Ausdrucksformen des Bösen und keine Menschen. Und der urteil-

*Zu nebenstehenden Bildern:*
*Die Aufnahmen stammen aus den Jahren 1944 und 1945 und zeigen die Rückseite und die Schauseite des NS-Systems. Oben: In einem KZ. Unten: »Präsident« Christian Weber, ehemals Hausknecht, auf einem Ball der Prominenz im roten Frack.*

fällende Priester verspürt eine Art geheimen Vergnügens, tiefinnere Wollust, wenn er die Körper zugrunde richtet. Nur diese Doktrin erklärt die Ausgeklügeltheit der Foltern, ihre vielgestaltige, durch die Dauer verschärfte Raffiniertheit, ihre Industrialisierung und alle Komponenten der Lager. Die Anwesenheit der Kriminellen, die brutale Durcheinandermengung der Nationalitäten, die alle Verständigungsmöglichkeiten zerschlägt, die berechnete Vermischung der sozialen Schichten und der Generationen, der Hunger, die in die Gehirne eingehämmerte stete Angst, die Schläge – all das sind Faktoren, deren objektives Vorhandensein allein, ohne weitere Zutaten, zu dem vollkommenen Zerfall der Persönlichkeit führt, welcher der totalste Ausdruck der Sühne ist.

*(D. Rousset, ehemaliger KZ-Häftling, schrieb: L'univers concentrationnaire, als Buch erschienen in Paris 1946)**

## THOMAS MANNS BOTSCHAFT

*Thomas Mann erklärte heute im Rundfunk:*
*»Euch Leuten von Aachen und Umgebung hat General Eisenhower gesagt: Wir kommen als Sieger, aber nicht als Unterdrücker. Ihr wißt, daß das wahr ist. Ihr habt den angsterpreßten Lügenreden von der Zerstörung Deutschlands, der Vernichtung des Volkes schon mehr Erfahrung entgegenzusetzen als Eure Brüder im Nazi-Reich. Elender als Deutschland jetzt daran ist, kann es ihm nie ergehen. Ein tieferes Elend als Nazi-Herrschaft gibt es nicht. Es ist keine Lage, kein Leben auszudenken, das ärger wäre als das entmenschende Grauen eines Krieges, den man aus Trotz gegen das besiegelte Schicksal über sein natürliches Ende hinaus fortsetzt. Alles wird besser sein als dies.*
*Ein schweres, dürftiges Leben erwartet Deutschland. Wie könnte es anders sein. Ein Leben, das für geraume Zeit nicht vor allem dem eigenen Wohlsein, sondern dem Versuch der Wiedergutmachung himmelschreiender Untaten gewidmet sein muß, die Hitler Deutschland und anderen Völkern zufügt. Ein überall furchtbar aufgelaufener Haß muß allmählich abgetragen, allmählich beschwichtigt werden, aber Friede, Rechtssicherheit, ein langsam wiedererwachender Lebensgenuß, das Ledigsein von der Last des Hochmutswahns, ein auserwähltes Volk zu sein, das die Welt unterwerfen muß, Versöhnung und Zusammenarbeit mit den Völkern*

*des gemeinsamen Kulturkreises, wird das nicht besser sein, als die gegenwärtige Hölle, ist es nicht das, wonach in tiefster Seele Ihr Deutschen Euch sehnt!«* *(Aus: Aachener Nachrichten vom 7. März 1945)*

## FREIMACHUNG VON GEFÄNGNISSEN

a) *Mittel und Auswahl.*
Die Freimachung kann durch Rückführung, Abgabe an andere Stellen oder Entlassung erfolgen. Anzustreben ist die Zurückführung oder Abgabe an andere Stellen. Entlassungen dürfen nur insoweit erfolgen, als hierdurch eine Gefährdung der Öffentlichkeit nicht zu befürchten ist.
Im einzelnen ist zu sagen:
aa) NN-Gefangene sind auf keinen Fall zu entlassen. Sie sind beschleunigt nach besonderer Anweisung in nichtbedrohte Gebiete zu verlegen.
bb) Ausländer dürfen nur entlassen werden, wenn sie seit Jahren im Reichsgebiet ansässig, besonders zuverlässig und die Voraussetzungen zu h) erfüllen.
cc) Juden, Judenmischlinge 1. Grades und Zigeuner sind nicht zu entlassen.
dd) Bei Polen, die Schutzangehörige sind, wird eine Entlassung nur unter den Voraussetzungen zu h) bei Anlegung schärfsten Maßstabes in Frage kommen. Gleiches gilt für Protektoratsangehörige. Bei zumindest zu einem Jahr Straflager verurteilten Polen kommt eventuell auch eine Überstellung an die Polizei unter Unterbrechung der Strafvollstreckung in Frage, sofern hierüber ein Einvernehmen mit dem Befehlshaber der Sicherheitspolizei und des SD erzielt wird.
ff) Wehrmachtsgerichtlich Verurteilte sind ebenfalls nicht zu entlassen. Im Einvernehmen mit der Vollstreckungsbehörde und den örtlichen Wehrmachtsdienststellen kann jedoch bei kurzen Strafresten eine Abgabe zur Truppe in Frage kommen.
gg) Bei Untersuchungsgefangenen ist im Einvernehmen mit den Staats- und Anwaltschaften zu prüfen, ob im Hinblick auf die Persönlichkeit des Gefangenen und die ihm zur Last gelegte Tat eine Entlassung ohne Gefährdung der Staatsinteressen und der Bevölkerung erfolgen kann. Soweit Gefangene nach a–f von der Entlassung auszuschließen sind, gilt dies auch für Untersuchungsgefangene.

*(Richtlinien des Reichsjustizministers vom 5. Februar 1945, Photokopie NG 030, Institut für Zeitgeschichte)*

## BRESLAU SELBST ZERSTÖRT

In monatelanger und, wie sich später herausstellte, gänzlich zweckverfehlter Arbeit, wurden ganze Wohnviertel gesprengt, planierten Männer, Frauen und Jugendliche, von Parteifunktionären Tag und Nacht herangeführt, die Häuser von der Kaiserbrücke bis zur Fürstenbrücke am Scheitniger Park. Es verschwanden spurlos die mächtige Lutherkirche, die Canisiuskirche, die Häuserreihen am Scheitniger Stern, die Wohnviertel von der Dickhutstraße bis zur Tiergartenstraße, von der Memellandstraße bis an die Landwirtschaftliche Hochschule. Diese Riesenmassen arbeitender Leute blieben den Russen natürlich nicht lange verborgen, und in dem bald einsetzenden Bomben- und Granatenhagel gingen Scharen dieser Hilfskräfte zugrunde. Am 15. März meldete die Zeitung den ersten wegen Arbeitsverweigerung standrechtlich Erschossenen.

*(Friedrich Grieger, Verfasser eines Tagebuchs über den Fall von Breslau)*

## DAS BLATT WENDET SICH

Waffen-SS KZ Dora-Nordhausen
Konzentrationslager Mittelbau
Arbeitslager »Emmi« 4. 3. 45

Lagerbefehl Nr. 1./45

1. Ab sofort dürfen Wehrmachtsberichte nicht mehr abgehört und aufgeschrieben werden. Privatgespräche mit Zivilpersonen und Wehrmachtsoldaten sind strengstens verboten. Diejenigen, die vergessen, daß sie Häftlinge sind, werden ihres Postens enthoben und zur Bestrafung gemeldet.
2. Die Kontrolle des Kdos. übernimmt ab sofort der Lagerälteste. Häftlinge, die eine Bestellung an Zivilisten aufgeben, werden ihres Postens enthoben und bestraft. Bestellungen im Interesse des Lagers können nur durch die Lagerführung weitergeleitet werden. Dies gilt ausnahmslos für jeden Häftling, ganz egal, welcher Funktion er angehört.
3. Der Austausch der Kapos, Vorarbeiter und Schreiber kann nur durch die Lagerführung genehmigt werden.

...

5. Mißhandlung der Häftlinge ist strengstens verboten. Häftlinge können nur mit einer schriftlichen Meldung bestraft werden.

6. Häftlinge, die vergessen, Meldung zu machen, besonders bei Besuchen durch den Lagerkommandanten und anderen SS-Führern, werden ihres Postens enthoben.
7. Bei flüchtigen Häftlingen mache ich als ersten auch den Kapo verantwortlich. Zu jeder Zeit muß der Kapo wissen, wo seine Häftlinge eingesetzt sind, und nur durch öftere Überzeugung kann er feststellen, daß alle Häftlinge noch an ihrem angewiesenen Platz sind zur Arbeit.
8. Bei Fliegeralarm darf kein Häftling in den Hallen sein. Der Kapo muß als letzter die Hallen verlassen und überzeugt sich, ob alle Häftlinge den Raum verlassen haben. Verstöße werden wegen Fluchtverdacht zur Meldung gebracht.
9. Ferner gebe ich noch bekannt, daß ich für jeden Häftling in seinem Anliegen zu sprechen bin. *(unleserlich)*

SS-Hauptscharführer und Lagerführer.

*(KZ-Archiv Arolsen)*

## GEFANGENENLAGER RENNES

*Heute nacht wurde Brot aus dem Verpflegungsraum gestohlen. Vier der Täter wurden festgestellt. Sie stehen am Tor an dem eigens dafür bestimmten Platz, eine Tafel in der Hand: Platz da für Diebe! Was ist das alles für ein Wahnsinn.* *(Tagebuch eines PW)*

## DIE VERTRIEBENEN

Wer den endlosen Trecks in Eis und Schnee begegnete, wer sah, wie in vielen der Flüchtlinge jeder Wille erloschen schien, wie andere vom Schreck vor den Sowjets gepeitscht waren, ohne damit die Flucht beschleunigen zu können, wer Hungernden, Frierenden und Sterbenden gegenüberstand, ohne zur Hilfe befähigt zu sein, wer in der Alarmstunde von der Flut der Flüchtenden mitgerissen, später vom schleichenden Strom der Vertriebenen aufgenommen wurde, in dem erstirbt jeder Versuch einer Beschönigung, einer Bagatellisierung des Jammers und der Not, die hier in unmenschlicher Ballung sich zusammenfanden. Aber er sah auch den Glanz in aller Augen,

die wiederkehrende Hoffnung, wenn ein Beauftragter oder ein Ungerufener entschlossen die Führung übernahm; er erlebte, wie nach durchwanderten Tagen und Nächten die erste Suppe, für die Kinder das erste Glas heißer Milch gleich einem Gottesgeschenk entgegengenommen wurde, wie schließlich der herzliche Empfang an gesichertem Ort, in einer Zentrale nun wieder gelenkter und vorbereiteter Hilfe Tränen der Rührung auslöste. Er traf dort dann wohl auch auf Flüchtlingsströme, die unter weniger widrigen Umständen in der Kette der Eisenbahnzüge ohne Zwischenfälle und Gefährdung planmäßig ihren Weg gefunden hatten.
Wir können in heutiger Lage am tragischen Schicksal von einigen in Hunger und Kälte umgekommenen Kindern, so furchtbar das ist, nicht klagend hängenbleiben, sondern müssen dankbar jene Tausende von Kindern aufnehmen, die im gleichen Treck dem Leben und dem Volk erhalten blieben. Wir dürfen uns nicht im Hader um das grausame Geschick jener Minderheit verzehren, der der Anschluß nach Westen versperrt ward oder die an der Straße der Hoffnung liegenblieb, während das Gebot der Stunde von uns verlangt, all unsere Hilfe und Güte jenen Millionen zuzuwenden, die als Vertriebene, nun aber Geborgene, den Weg in die Rettung fanden und mit denen wir nun, allesamt dem gleichen Schicksal gegenübergestellt, das, was uns blieb, und die Härte der kommenden Tage ehrlich teilen müssen, um schließlich, gleich ihnen, nun auch als Volk und Nation den kampf- und opferreichen Durchbruch zur Freiheit uns zu erzwingen. *(Herbert Hahn in: Das Reich, Februar 1945)*

## DER KUMPEL

*Einst nannten sie sich Kameraden, alle diese Lehmverschmierten, mit den stierenden Augen, mit den überreizten Nerven in irgendeiner Kompanie vor Wochen, vor Tagen noch. Sie waren begeistert worden oder auch nicht. Sie taten ihre Pflicht, wie der Soldat jedes Landes seine Pflicht tut, dem man die Waffe in die Hand drückt mit feierlichen Eidesformeln. Der Kriegsalltag wurde grau, und die Begeisterung müde. In der Retorte der Verzweiflung und der Enttäuschung wandelte sich der Kamerad zum Kumpel.*
*Es gibt gute und es gibt schlechte Kumpels, aber ihnen allen gemeinsam ist dies: die Beziehungen zueinander sind nüchtern geworden,*

*sachlich, unpersönlich fast, wenn nicht Freundschaft zwei oder mehrere miteinander verbindet.*
*Der gute Kumpel gibt ein großes Stück Brot für eine Zigarette, der schlechte schlägt Kapital aus der ungebändigten Sucht des anderen. Beide lassen aber jenen Nebenmann im gleichen Erdloch sich vor Hunger winden, der keinen Zigarettenstummel in den Handel bringen kann, einen Zigarettenstummel, auf den die anderen sich in Rudeln stürzen, wenn der fremde Posten eine Kippe durch den Stacheldraht wirft.*
*Sie sind alle zu Kumpeln geworden, der Offizier, der sein Ritterkreuz gegen zehn C-Rationen verhökert, der Feldwebel, der sein EK I gegen Zigaretten tauscht, und der Soldat, der sein Sturm- oder Verwundetenabzeichen fortgibt als ein »Souvenir« für die amerikanischen Mädchen auf dem Broadway.*
*In einem Zelt aus einer Zeltbahn und einer Wolldecke hocken drei Mann, ein Landwirt, der den Tag verdämmert und nur lebendig wird, wenn der Zehnerschaftsführer beim Hundertschaftsführer zum Verpflegungsempfang ist, ein Lehrer, der englische Vokabeln lernt, und ein Stadtbaumeister, der in einem Neuen Testament liest.*

*(H. Thomas und H. Hofmeister, Das war Wickrathberg)**

## DIE LETZTEN 30 TAGE

24. April 1945

Die Russen stoßen gegen erbitterten deutschen Widerstand bis in die Räume südostwärts Brandenburg, südlich Potsdam, nördlich Königswusterhausen und in die Randgebiete der östlichen und nördlichen Stadtteile der Reichshauptstadt vor.
Die Hoffnung auf Verzögerung des feindlichen Vordringens aus südlicher Richtung und auch des Umfaßtwerdens von Norden und Nordwesten her auf Berlin stützt sich immer mehr auf den Angriff der westlich und südwestlich Berlin stehenden 12. Armee.
Um 19.45 Uhr erhält die 12. Armee Befehl über Angriffsführung in den Kampf Berlin.
Aber bei der 12. Armee ist zu diesem Zeitpunkt bereits die Bildung einer geschlossenen Front nach Osten nicht mehr möglich. Der Feind muß in einzelnen Kampfgruppen angegriffen werden, um sein weiteres Vorgehen zu verzögern. Das Operationsgebiet der Armee wird nach Norden durch die Linie Wittstock–Altruppin–Herz-

berg–Kremmen–Ruppiner Kanal begrenzt. Im Süden ist die Grenze etwa im Zuge der allgemeinen Linie Dessau–Cottbus anzunehmen. Ein Angriff in geschlossener Front ist in einem so weiten Operationsgebiet, das teilweise schon von feindlichen Verbänden durchsetzt ist, allein aus Kräftemangel nicht mehr möglich. Daher muß eine Verzettelung der Kräfte notgedrungen in Kauf genommen werden.
Die Armee hat im Norden Anschluß an die Heeresgruppe »Weichsel«, noch immer so benannt, obwohl die Weichsel bis auf die Danziger Bucht schon seit Monaten in Feindeshand ist. Aber das dort stehende Panzerkorps General Holste der 12. Armee ist völlig unzureichend ausgerüstet und in starkem Maße bewegungsunfähig. Einzig das am Südflügel stehende Korps Köhler ist halbwegs geschlossen und bewegungsfähig. *(J. Schultz, Die letzten 30 Tage)**

## HÄUSLICHE RATSCHLÄGE

*Angebrochene Bierflaschen oder Mineralwasserflaschen stellt man auf den Kopf zum Aufheben. Dann geht dem Inhalt Kohlensäure und Frische nicht verloren. – Speisen werden früher gar, wenn man den Deckel des Kochtopfes besonders gut verschließt. Man kann ihn zu diesem Zweck in vielen Fällen mit Waagegewichten beschweren. – Kerzen tropfen nicht mehr, wenn man sie fünf Minuten in Salzwasser legt. – Schnürsenkel werden fast unverwüstlich, wenn man sie vor Gebrauch mit essigsaurer Tonerde tränkt.*

*(Völkischer Beobachter und andere Zeitungen)*

## AUS DEM FÜHRERHAUPTQUARTIER, 12. APRIL

Das Oberkommando der Wehrmacht gibt bekannt:
Städte liegen an wichtigen Verkehrsknotenpunkten. Sie müssen daher bis zum äußersten verteidigt und gehalten werden, ohne jede Rücksicht auf Versprechungen und Drohungen, die durch Parlamentäre oder feindliche Rundfunksendungen überbracht werden. Für die Befolgung dieses Befehles sind die in jeder Stadt ernannten Kampfkommandanten persönlich verantwortlich. Handeln sie dieser soldatischen Pflicht zuwider, so werden sie, wie alle zivilen Amtspersonen, die den Kampfkommandanten von dieser Pflicht

abspenstig zu machen versuchen, oder gar ihn bei der Erfüllung seiner Aufgabe behindern, zum Tode verurteilt. Ausnahmen von der Verteidigung von Städten bestimmt ausschließlich das Oberkommando der Wehrmacht.

Der Chef des Oberkommandos der Wehrmacht: gez. Keitel
Der Reichsführer SS: gez. Himmler
Der Leiter der Parteikanzlei: gez. Bormann

*(Nach: Völkischer Beobachter vom 13. April 1945)*

## DER FÜHRER VERTEIDIGER BERLINS

### An der Spitze eines Kampfes von europäischer Bedeutung

Der Führer hat, wie in einer Erklärung des Gauleiters und Reichsverteidigungskommissars Dr. Goebbels bekanntgegeben wurde, den Befehl über alle zur Verteidigung Berlins angetretenen Kräfte übernommen. Der Führer weilt in der Reichshauptstadt. Diese Tatsache gibt dem Ringen um Berlin das Gepräge eines Kampfes von europäischer Bedeutung. Alle Verteidiger der Reichshauptstadt sind jetzt nur noch von dem Willen beseelt, den bolschewistischen Todfeind, wo er immer auftaucht, vernichtend zu schlagen.

In die Verteidigungsfront hat sich neben Wehrmacht und Volkssturm die Zivilbevölkerung eingereiht, Männer, Frauen und Jugend geben der kämpfenden Front Hilfe und Unterstützung, wo sie nur können. In den bedrohten Bezirken der Reichshauptstadt hat die Partei eine neue Feuerprobe bestanden. Amtsträger und Parteigenossen haben mit Panzerfaust, Maschinenpistolen und Karabinern an Straßenkreuzungen Aufstellung genommen, um den Feind bei seinem Erscheinen sofort zu bekämpfen. Weder schwere Verluste noch stärkster Materialeinsatz der Bolschewisten haben die Männer der Partei zu erschüttern vermocht. Zusammen mit den Kameraden von der Wehrmacht und des Volkssturms haben sie sich auch in schwierigster Lage gewappnet gezeigt. *(Völkischer Beobachter, 24. April 1945)*

## DAS KAMPFGELÖBNIS NÜRNBERGS

Der Gauleiter des Gaues Franken sandte dem Führer aus Nürnberg das folgende Telegramm:

Mein Führer!
Der Endkampf um die Stadt der Reichsparteitage beginnt. Die Soldaten schlagen sich tapfer, und die Bevölkerung ist stolz und standhaft. Ich werde in dieser deutschesten aller Städte bleiben, kämpfen und fallen. In diesen Stunden schlägt mein Herz mehr denn je in Liebe und Treue für das herrliche Deutsche Reich und Volk. Die nationalsozialistische Idee wird siegen und alle Teufel überwinden.
Es grüßen Sie die Nationalsozialisten des Gaues Franken in deutscher Treue. gez. Karl Holz

In der Antwort, die der Führer darauf dem Gauleiter übermittelte, heißt es:
Ich danke Ihnen für Ihr vorbildliches Verhalten. Nicht nur die Volksgenossen Ihres eigenen Gaues, denen Sie alle vertraut sind, richten sich dadurch auf, sondern auch viele Millionen andere Deutsche.
Es beginnt jetzt jener Kampf des Fanatismus, der an unser eigenes Ringen um die Macht erinnert. Wie groß auch immer im Augenblick die Übermacht unserer Feinde sein mag, am Ende wird sie – genau so wie einst – trotzdem zerbrechen.
Ich würdige Ihr heldenhaftes Wirken in herzlicher Dankbarkeit durch die Verleihung des Goldenen Kreuzes des Deutschen Ordens.
gez. Adolf Hitler

*(Völkischer Beobachter, 20. April 1945)*

## DIE SONDERVERHANDLUNGEN AN DER ITALIEN-FRONT

*Interview mit dem General der Waffen-SS Karl Wolff*

Am 6. Februar fand in der Reichskanzlei zwischen 17 und 18 Uhr eine Besprechung mit Hitler statt, an der auch Ribbentrop, sein Verbindungsmann im Führerhauptquartier, Botschafter Hewel, sowie Himmlers Verbindungsoffizier, Gruppenführer Fegelein, teilnahmen.
*Frage:*
Wie reagierte Hitler, als Sie ihn über die Friedensfühler informierten?
*Antwort:*
Besonders zur Überraschung Ribbentrops keineswegs negativ. Hit-

ler bekundete vielmehr in Gesten und einzeln hingeworfenen Worten seine generelle Zustimmung, erteilte allerdings keinen konkreten Auftrag für weitere Verhandlungen.

*Frage:*

Wie war die Situation, als Sie nach Italien zurückkehrten?

*Antwort:*

Ich wußte, daß der Oberkommandierende der Italien-Armee, Generalfeldmarschall Kesselring, der Oberbefehlshaber der Luftwaffe in Italien, General Ritter von Pohl, sowie der Botschafter Dr. Rahn meine Gedanken und Pläne genau kannten und zu unterstützen bereit waren. Am 15. Februar informierte ich die mir unterstellten Befehlshaber, behielt mir aber alle Initiative persönlich vor. Am 3. März reiste zum ersten Male ein deutscher Vertreter, nämlich der SS-Standartenführer Dr. Dollmann, zu Vorbesprechungen nach Lugano in die Schweiz. Inzwischen hatten Einheiten der neofaschistischen »Schwarzen Brigaden« den englischen Captain Tucker mit seiner Begleitung, einem italienischen Priester und einem Funker, in Como verhaftet. Tucker hatte den persönlichen Auftrag des englischen Mittelmeer-Oberkommandierenden, Verbindung mit dem italienischen Kriegsminister Graziani aufzunehmen.

Ich verhinderte einen Kontakt Tuckers mit Graziani und Mussolini und schickte ihn über die Schweizer Grenze mit der Frage an Marschall Alexander zurück: Was bieten Sie uns militärisch und politisch für die Erfüllung Ihrer Forderungen?

Zwei Tage später erfolgte über den italienischen Industriellen und päpstlichen Kammerherrn, Baron Luigi Parrilli, eine Einladung in die Schweiz. Nach dem positiven Verlauf dieser ersten Fühlungnahme überbrachte Parrilli mir am 6. März die persönliche Einladung von Allen W. Dulles, dem Bruder des jetzigen amerikanischen Außenministers, den Roosevelt als Sonderbeauftragten für Europa eingesetzt hatte, zu einer Verhandlung in Zürich.

### *Zusammenkunft in der Schweiz*

*Frage:*

Was war das Resultat Ihrer Züricher Besprechung, und wie stellte sich die deutsche politische und militärische Führung dazu?

*Antwort:*

Nachdem geklärt war, daß ich weder im Auftrag Hitlers noch Himmlers verhandelte, kamen wir zu folgendem Ergebnis:

Ich habe mich in Zürich bereit erklärt, die Kapitulation der deutschen Italien-Armee vorzubereiten, Feldmarschall Kesselring hierfür zu gewinnen und den Schutz der Internierten sicherzustellen. Der Partisanenkrieg sollte von mir nur noch defensiv geführt werden. Außerdem versprach ich, mich für die Erhaltung der Häfen Genua, La Spezia und Triest nachdrücklich einzusetzen. Bei meiner Rückkehr billigte Botschafter Rahn meine Vereinbarungen. Auf der militärischen Seite trat durch Kesselrings Abberufung nach dem Westen eine Verzögerung von etwa drei Wochen ein. Offensichtlich war Allen Dulles von dem ersten Ergebnis so beeindruckt, daß er für den 19. März bereits die Besprechung der Generalstäbler über die technischen Einzelheiten der Kapitulation in dem Südschweizer Ort Ascona ansetzte. Durch diese Verhandlungen erweiterte sich mein Auftrag dahin, durch ein persönliches Gespräch Kesselring für die Westfront zu einem Anschluß an die Italienkapitulation zu gewinnen. Kesselring kann sich jedoch in der Besprechung vom 23. März in seinem Hauptquartier bei Bad Nauheim teils aus Legalitätsüberlegungen, teils wegen des noch zu geringen persönlichen Kontaktes zu den ihm neu unterstellten Armeeführern nicht entscheiden. Jedoch billigt er meine Handlungen und möchte auf dem laufenden gehalten werden.

*Frage:*

Gab es andere hemmende Umstände?

*Antwort:*

Intern ergab sich daraus eine Schwierigkeit, daß Kaltenbrunner von meiner Rückkehr aus Zürich von den Besprechungen informiert worden war und mich bei Himmler denunziert hatte, so daß ich mich in einer Unterredung am 24. März in Berlin vor Himmler und Kaltenbrunner für mein eigenmächtiges Handeln verantworten mußte. Im Ausland hatte zunächst Molotow schärfstens gegen die Separatverhandlungen protestiert. Höhepunkt dieser russischen Mißtrauensäußerungen waren die Telegramme Stalins an Roosevelt und Churchill, über welche letzterer in seinen Memoiren berichtet. Die Russen sahen in den Verhandlungen einen glatten Vertragsbruch der Alliierten.

Leider traf Kesselrings Nachfolger, Generaloberst von Vietinghoff, erst Ende März aus Kurland in Italien ein. Mit Hilfe dessen Stabschefs, General Röttiger, gewann ich unter dem Vorbehalt, den Zeitpunkt einer Kapitulation zu bestimmen, Vietinghoffs grundsätzliche Zustimmung am 1. April. Wenige Tage später diejenige des

Generals der Flieger, Ritter von Pohl. Neue Schwierigkeiten: ich hatte zwar die Alexander-Offensive um Wochen hinauszögern können, sie begann am 9. April, aber am 10. wurde Vietinghoffs Haltung schwankend (er verlangte die offizielle Verständigung des FHQ), und am 12. April stellte der Tod Roosevelts zunächst alles in Frage.

### *Die letzten Schritte vor der Kapitulation*

*Frage:*
Wie verlief die dramatische Schlußphase bis zum Inkrafttreten der Kapitulation am 2. Mai?
*Antwort:*
Himmler bestellte mich nach Berlin. Ich verantwortete mich am 17. April nach einem lebensgefährlichen Flug zunächst vor ihm und Kaltenbrunner und erhielt in einer Unterredung am Morgen des 18. April zwischen 4 Uhr und 4.45 Uhr von dem an Körper und Seele gebrochenen Hitler die nachträgliche Sanktion für mein eigenmächtiges Vorgehen. Damit war Kaltenbrunner ausgeschaltet, Himmlers Parallelbemühungen über Bernadotte liefen weiter, Hitler erhoffte sich aber immer noch eine Verbesserung der Kapitulationsbedingungen.
Der weitere, einem spannenden Kriminalroman gleichende Ablauf läßt sich am besten chronologisch schildern. 19. April: Gauleiter Hofer wird mit seinen Tiroler Standschützen (zunächst) gewonnen. 22. April: Vietinghoff entschließt sich bei einer Befehlshaberbesprechung in Recoaro, seine Unterschrift für die Kapitulationsvollmacht zu geben. 23. April: Dritte Schweizer Zusammenkunft in Luzern: Abbruch der Verhandlungen von der Gegenseite wegen Trumans Haltung und der russischen Proteste. Die Amerikaner versuchen auf der eigenen Seite die abgerissenen Fäden neu zu knüpfen. 26. April: Ich erhalte Grazianis Vollmacht, unter gleichen Bedingungen auch für die Italiener zu kapitulieren. 29. April: In Feldmarschall Alexanders Hauptquartier Caserta bei Neapel unterschreiben für die Heeresgruppe von deutscher Seite Oberstleutnant i. G. v. Schweinitz und für Grazianis und meinen Dienstbereich SS-Major Wenner die Kapitulationsurkunde. Gauleiter Hofer fällt um aus Enttäuschung über die Nichterfüllung seiner persönlichen Forderungen. 30. April: Auf Hofers Betreiben wird Vietinghoff durch Kesselring, der inzwischen Oberbefehlshaber der gesamten Alpen-

festung geworden war, mit seinem Generalstabschef Röttiger seines Postens enthoben. Beide sollen vor ein Kriegsgericht. Ausführung der Kapitulationsbestimmungen restlos in Frage gestellt. Vietinghoffs Nachfolger, General Schulz, verweigert die Durchführung. Feldmarschall Alexander drängt. Die deutschen Parlamentäre kommen in der Nacht zum 1. Mai aus Caserta mit dem Original der Kapitulationsurkunde zurück. Wir lassen General Schulz und seinen Stabschef, General Wentzel, am 1. Mai um halb sieben Uhr in Ehrenhaft nehmen und ihre gesamten Nachrichtenverbindungen unterbrechen.

Das löst so viele Schwierigkeiten aus, daß nichts anderes übrig bleibt, als Schulz mittags wieder einzusetzen gegen die Zusage, eine Befehlshaberbesprechung am Spätnachmittag anzusetzen und gleichzeitig bei Kesselring die Kapitulation zu befürworten. Kesselring ist nicht erreichbar. Alexander reklamiert erneut mit dem Hinweis, seine Panzerspitzen nicht vereinbarungsgemäß stoppen zu können. Um 22 Uhr werden von den Generalen Herr, Lemelsen für die X. und XIV. Armee sowie von Röttiger, Pohl und mir im Klartext eigenmächtig die Befehle zur Feuereinstellung gegeben. Die Bekanntgabe von Hitlers Tod um 23.15 schafft eine neue Lage: die Entbindung vom Eid. Gleichzeitig laufen gegen uns Kapitulanten standgerichtliche Repressalien an. Die Armeebefehlshaber begeben sich in den Schutz ihrer Stabsquartiere. In der Nacht zum 3. Mai gelingt es mir, zwischen zwei und vier Uhr in einem Telephongespräch von Kesselring die nachträgliche Zustimmung zu erhalten.

*(Der ehemalige General Wolff verstarb 1984 in Rosenheim/Oberbayern)*

## ERZWINGEN WIR DIE WENDE – WIR KÖNNEN ES!

Berlin, 11. Februar

Die Ereignisse im Osten des Reiches, die uns nicht nur um äußerlich sichtbare Ergebnisse unserer erfolgreichen Westoffensive brachten, sondern durch die wir auch wertvolle Teile des Reiches verloren, haben jeden Deutschen tief beeindruckt. Je fanatischer wir unser Volk lieben, um so stärker wühlt uns der Gedanke auf, den bolschewistischen Feind auf dem Boden unserer Heimat zu wissen. Angesichts des Ansturmes aus dem Osten, dem wohl bald ein neuer Angriff aus dem Westen folgen wird, sind es nicht die schlechtesten Deutschen, die nicht ohne Sorge im Herzen sich die Frage stellen:

Wie können wir diesen Kampf noch siegreich bestehen, welches ist der Weg, der das deutsche Volk noch in eine freie nationale Zukunft führt?
Im unbedingten Widerstand liegt die Entscheidung. Jeder Meter Boden, den der Feind weiter gewinnt, ist deutscher Volksboden. Er muß verteidigt werden mit aller Kraft, die wir besitzen. Jeder einzelne Soldat, jeder Volkssturmmann kämpft in dem Graben, in dem Haus, in dem er sich gegen den Feind zur Wehr setzt, für sein eigenstes Hab und Gut, für das Leben seiner Frau, seiner Kinder, seiner Eltern, denn ihre Existenz ist heute und morgen mit der Frage verbunden, ob die Front wankt, oder ob sie hält.
Im unbedingten Widerstand, im rücksichtslosen Halten liegt heute die Entscheidung des ganzen Krieges.
Wollen wir das alles verlieren und verraten, indem wir in entscheidender Stunde schwach werden? Oder wollen wir alle die Opfer, die wir schon brachten, krönen durch das Höchste, und wenn es sein muß, auch das Letzte: das heißt: wo die Pflicht dich hinstellt, da stehe und wanke nicht, treu und entschlossen, unerschrocken und unerschreckbar, in dem Bewußtsein und in der Gewißheit, daß in deinen Händen heute Deutschlands Leben, Deutschlands Zukunft ruht. *(Helmut Sündermann, im Völkischen Beobachter)*

## DER MANN DES JAHRHUNDERTS

Wenn Deutschland heute noch lebt, wenn Europa und mit ihm das gesittete Abendland mit seiner Kultur und Zivilisation noch nicht ganz im Strudel des finsteren Abgrundes, der sich gähnend vor uns auftut, versunken ist – sie haben es ihm allein zu verdanken.

*(Goebbels im Rundfunk, 20. April 1945)*

## DIE STIMME DES LANDSERS

*In den Nachmittagsstunden des 16. Januar macht sich eine erneute Panik in unseren Reihen bemerkbar. Der Divisionsstab wird lebendig. Die Autobusse mit den großen Kartentischen fahren eiligst Richtung Westen. Divisionskommandeur Q. setzt sich in einen der Panzer und haut mit einigen seiner Getreuen unter Panzerschutz ab.*

*Man hat es gemerkt – es spricht sich herum. Nun sind die Verbände und Einheiten nicht mehr aufzuhalten. Jede Geschützbedienung handelt auf eigene Faust. Die Führung der Division übernimmt Oberstleutnant W., der einarmige Norddeutsche aus Bremen.*
*Die Kraftfahrzeuge fluten auf der Rollbahn zurück, Kampffahrzeuge dürfen den Kommandeur passieren, alle übrigen, Pkw usw., müssen rechts und links den Straßengraben aufsuchen ... Sprit ist Mangelware!*
*Wir stehen mit dem ersten Geschütz an der Einfahrtsstraße zur Pilizabrücke. Die Feldpolizei hat den Rückzug gestoppt und gebietet Halt. Nur noch zwei Geschütze unserer Batterie sind einsatzfähig. Unsere Zugmaschine ist übervoll mit Landsern. Plötzlich werden wir aufmerksam, denn in unmittelbarer Nähe reißen Panzergranaten Löcher in die Schneedecke. In uns steigt eine böse Ahnung auf. Wir sind das erste Fahrzeug in der langen Kolonne.*
*Noch ehe wir uns zurechtfinden, kommt er herangefaucht. Es ist ein T34, ein unverwüstlicher mit einer Besatzung, die jetzt sehr erstaunt sein wird, sich mitten unter deutschen Einheiten zu befinden. Der Kommandant weiß, daß er in wenigen Minuten nicht mehr am Leben ist. Er läßt in seiner Todeswut den Panzer über den Kühler unserer Zugmaschine rollen, der vollständig eingedrückt wird.*
*Wir wissen nur zu genau, was er uns genommen hat: Das einzige Fahrzeug, welches uns aus diesem Chaos herausführen konnte. Noch hat niemand etwas gegen den Panzer unternommen – alle sind gebannt von diesem Schauspiel und dem unbeschreiblichen Draufgängertum dieses Panzerkommandanten. Der Stahlkoloß wühlt sich weiter in die Kolonne. Er hat bereits unser Geschütz umgeworfen und stürzt sich auf den hinter uns stehenden Munitions-Lkw.*
*Da erreicht ihn der tödliche Schuß.*
*Wir zitternden Figuren verlassen unsere Deckung und schreiten mit erhobenen Händen auf den ersten (russischen) Panzer zu ...*
*Wie wilde Tiere stürzen sich die Rotarmisten auf uns, um jedes Stückchen Uniform zu durchsuchen. Jetzt werden wir »leicht« gemacht, so leicht, wie wir noch nie waren. Immer mehr Kameraden kommen aus ihren Schlupfwinkeln.*
*Unter starker Bewachung führt man uns in eine Talmulde, wo sich ein weiterer Trupp Gefangener zu uns gesellt. Verwundete werden ausgesondert, bevor sich die Kolonne in Bewegung setzt. Umsehen ist strengstens untersagt, doch die folgenden Schüsse sagen uns, daß*

*die Ausgesuchten eben mit ihrem Leben abschließen mußten. Der Marsch in die Ungewißheit beginnt...*

*In der anbrechenden Dunkelheit verlassen wir die Straße und gelangen in ein Gehöft, das gespensterhaft in der sich auftuenden Waldlichtung steht. Hinter einer Scheune dürfen wir niedersitzen. Erst jetzt spüren wir die eisige Kälte, die den Körper erstarren läßt. Man ist zu erschöpft, um mit Armbewegungen Wärme zu erzeugen. Erfrieren oder erschießen lassen? Die Gedanken verwirren sich.*

*Wir werden vier bis fünf Stunden im Schnee gelegen haben, als sich die Tore der Scheune öffnen und man uns hineintreibt. Scheinbar geht es nicht schnell genug, denn immer wieder sausen Gewehrkolben zwischen uns.*

*Eng aneinandergepfercht stehen wir dem Nachbarn auf den Füßen, der es als selbstverständliche Qual hinnimmt... Wahllos werden Kameraden ins Freie gezerrt, um den geretteten Pullover, die Reithose oder die Stiefel loszuwerden. Bei Tagesanbruch, als die Steherei unerträglich wird, öffnet man die Folterkammer und läßt uns auf dem Weg in Fünferreihen antreten.*

*...Polnische Bauern werden herbeigerufen und beauftragt, ehemalige Polizei- und SS-Angehörige zu verraten. Sie wollen sich die Gunst des Kommissars nicht verderben und fischen die etwas kräftig gebauten und groß gewachsenen Kameraden heraus. In unserem Abschnitt gab es nicht eine SS-Einheit und unter uns nicht einen SS-Mann. Die ausgesuchten »Verbrecher« werden abgeführt...*

*...Am Spätnachmittag erreichen wir ein Dorf, wo Rast gemacht wird. Zwei Stunden sitzen wir an einer Böschung, die einen zugefrorenen Teich begrenzt, auf dem ein Holzstoß in Brand gesetzt wurde, der unsere Gesichter beleuchtet. Man bringt einen Major mit zwei Landsern an. Er ist der erste (deutsche) Offizier, der mit vollständiger Uniform zu uns stößt. Bisher hat man sämtlichen Offizieren die Rangabzeichen abgerissen, oder sie mußten Zielscheibe bilden. Der Major wird zum Kolonnenführer gestempelt und erhält über einen Dolmetscher die Befehle der Sowjets. Wir sind inzwischen in kleine Trupps aufgeteilt worden, um in verschiedenen Scheunen die Nacht zu verbringen. Eisiger Wind pfeift durch die Ritzen. Die Augen können es kaum glauben, daß die Posten im Morgengrauen für jeden eine Brotportion von zirka 200 Gramm bereit halten. Die einzelnen Trupps vereinigen sich wieder zur Marschkolonne. Die Beine können den Körper nur unter Aufbietung der letzten Kraft noch tragen. Wir haben gegenseitig eingehakt, einer schleppt den*

*andern. Ab und zu bücke ich mich, um ein Stück Eis zwischen die Lippen zu schieben. Die polnischen Bauern wollen uns Wasser reichen, werden jedoch von den Posten zurückgetrieben . . .*
*In fünf Tagen ist es soweit: »Fertigmachen zur Filzung!« Es gibt keinen Müller oder Schulze mehr, sondern Nummern, die jeder auf einer Blechmarke eingraviert bei sich trägt und bei Aufruf vorzeigen muß. Die zerrissenen Klamotten haben bisher verborgen, wie ausgemergelt unsere Körper sind. Wer könnte, oder besser gesagt, wer möchte die Skelette beschreiben, die, vor Kälte zitternd, sich an den Posten vorbeischieben, um auf scharfe Gegenstände untersucht zu werden.*
*Nur unsere Konservendose und der Holzlöffel begleiten uns, als wir die Waggons über wacklige Bretter betreten. Auf einen 18-t-Waggon kommen achtzig bis neunzig Mann. Einen Wagenofen hat man nicht vergessen, wohl aber das nötige Kleinholz zum Feuern. Jede Wagenbesatzung bekommt eine halbe Schachtel Streichhölzer.*
*Die Nacht bricht herein und mit ihr die Kälte. An den Wänden beginnt sich Frost zu bilden. Eng kauern wir aneinander, um uns zu wärmen. Furchtbar sind diese Nächte. Nur selten hört man Worte, öfters dagegen ein Stöhnen. Der Mond wirft seinen Schein durch das kleine vergitterte Fenster und beleuchtet die kahlgeschorenen Köpfe, die stur und stumm durch die Gitter in die weite Schneelandschaft blicken.*
*In Eimern wird das erste Essen vorgesetzt. Der eingeteilte Wagenälteste verteilt das Getränk so gut als eben möglich. Mit einem Dreiviertelliter Wassersuppe müssen wir einen Tag auskommen. Hinzu kommen zwei Scheiben Hartbrot und ein Löffel Zucker.*
*Die ersten Todesfälle kommen uns zu Ohren. Auch aus unserem Waggon wird ein Kamerad mit Lungenentzündung in das fahrbare Lazarett (letzter Wagen) eingeliefert. In diesem sammelt sich die Bilanz der frostigen Nächte, der unzureichenden Verpflegung, am Schluß der Transporte fährt der Tod, der reiche Ernte hält. Bei abgelegenen Stationen wird die Schneedecke aufgescharrt, die Toten in die Mulde geworfen und mit Schnee bedeckt.*

*(Aus dem Tagebuch eines deutschen Soldaten, Februar 1945, Auszug nach dem handschriftlichen Original)*

*Zu nebenstehendem Bild:*
*So sahen unsere Städte aus, als der Krieg zu Ende war. Diese Aufnahme ist in einem Ruinenfeld gemacht worden, das zuvor die Stadt Nürnberg gewesen war.*

Die letzte Schätzung des deutschen Volkseinkommens, die auf das Jahr 1941 zurückgeht, lautete auf 120 Milliarden Reichsmark. Seitdem ist unzweifelhaft eine unheimliche Steigerung eingetreten, weil duch die Mobilisierung aller verfügbaren Arbeitskräfte immer neue Arbeitsverdienste entstanden sind, namentlich bei den früher nicht berufstätigen Frauen, sowie durch Überstunden, Sonntagsarbeit, Nachtarbeit usw. Das Lohnsteueraufkommen ist z. B. in der ersten Hälfte des Jahres 1944 gegenüber der entsprechenden Zeit des Vorjahres um eine Viertelmilliarde gestiegen. Ebenso wird das landwirtschaftliche Einkommen seitdem eine gewisse Zunahme erfahren haben. Auch das Zinseinkommen ist infolge der im Kriege gestiegenen Kapitalbildung erheblich höher, das zeigt die Reichsverschuldung, die vor dem Kriege nur 2 Milliarden RM betrug, jetzt aber auf 10,5 Milliarden RM angewachsen ist. Schließlich sind auch die ausgeschütteten Unternehmergewinne bis zum Herbst 1944 gestiegen. Unter Berücksichtigung aller dieser Faktoren kommt die deutsche Volkswirtschaft zu dem Ergebnis, daß das deutsche Volkseinkommen im Jahre 1944 etwa bei 135 Milliarden RM gelegen haben mag, also um 15 Milliarden RM seit 1941 gestiegen ist.

Das deutsche Volksvermögen wurde vor dem ersten Weltkrieg auf 350 Milliarden RM geschätzt. Infolge der Substanzverluste, die durch das Diktat von Versailles eintraten, glaubte man das deutsche Volksvermögen unter Korrektur dieser Zahlen mit rund 250 Milliarden RM annehmen zu sollen. Bei Berücksichtigung der heutigen Reichsgrenzen ohne das Protektorat, der Veränderung der Kaufkraft des Geldes in den letzten zwanzig Jahren und der in den letzten Jahrzehnten erfolgten Investitionen schätzt die deutsche Volkswirtschaft das gegenwärtige deutsche Volksvermögen auf vielleicht 500 Milliarden RM, wobei die Kriegsschäden nicht berücksichtigt sind, auf Grund derer sich Sachvermögenssubstanz in Geldvermögensansprüche umgewandelt hat. Zu dieser Schätzung bemerkt die deutsche Volkswirtschaft jedoch, daß bei dem Fehlen der wichtigsten Berechnungsgrundlagen nicht versichert werden kann, ob die Zahl auch nur halbwegs zutrifft. *(Völkischer Beobachter, 2. April 1945)*

## KINDER GEBÄREN FÜR DEN SIEG

*Eine junge Mutter erzählt uns, wie sie vergeblich versucht habe, eine Heim- oder sonstige Arbeit zu bekommen, die sich mit der Sorge für ihre kleinen Kinder vereinbaren ließ. Die Umstände waren gegen sie, und es sah so aus, als sollte ihre freiwillige Bereitschaft, auch ihre Kräfte dem totalen Krieg zu widmen, eine nutzlose Geste bleiben. Da kam ihr ein rettender Gedanke:*
*»Ich habe ihn wie einen Befehl aus meinem Herzen empfangen: Wir sollen wieder Mütter werden, sollen wieder und wieder unserm Volk Kinder schenken, damit das Volk auch einmal imstande sein wird, den Sieg auszuwerten.«*

*Ein Vater, selbst alter Offizier und Weltkriegsteilnehmer, hat nun auch den dritten und letzten Sohn im Felde verloren. Ein Freund des Hauses drückt ihm sein Mitgefühl aus. Aus der Antwort des alten Herrn spricht jene Steigerung des Ewig-Deutschen, die wir im besten Sinne Preußentum nennen.*
*»Meine Frau und ich danken Ihnen sehr für Ihre freundlichen Worte der Teilnahme. Natürlich ist es hart, alle Söhne zu verlieren. Aber ich bin noch härter. Mein größter Kummer ist nicht, daß nun auch der letzte Junge vorm Feind geblieben ist, sondern, daß ich keine weiteren Söhne als Ersatz an die Front nachsenden kann. Und daß mich selber, weil ich im 72. Lebensjahre stehe, niemand als Ersatz nimmt.«* *(Aus dem SS-Organ: Das Schwarze Korps)*

## DIE MENSCHENWABE

*Wir verfluchten das Wetterloch des Rheins und kauern uns mit vier Mann unter eine Zeltbahn. Dann kommen die anderen dran, die umherlaufen in der langen Nacht, ruhelos Stunde um Stunde. Das ist das Lager: Ein Acker, schwere mit Maschinen in die Erde gerammte Masten, die verbunden sind durch ein Stacheldrahtgeflecht, doppelt und dreifach gesichert mit abgerollten Spiralen, flankiert von hohen Wachttürmen, Patrouillenfahrten der Panzerwagen, Außenwachen mit ihren Spürhunden.*
*Wir graben uns ein wie auf dem Truppenübungsplatz, nicht mit Spaten, sondern mit Konservendosen, abgebrochenen Löffeln und den Händen, wie die Maulwürfe in tagelanger Arbeit.*

*In Remagen stehen zwei Reihen Obstbäume mitten im Camp. In wenigen Stunden sind daraus weiße Stümpfe ohne Rinde geworden. Die Landser haben alles verwenden können.*
*Eine Runkelmiete ist in kurzer Zeit leer. Ein älterer Mann schneidet umständlich und behutsam Scheibe um Scheibe von einer halbverfaulten Runkel. Seine Schulterstücke zeigen silberdurchflochtene Raupen.*
*In Remagen gibt es im Camp unserer Tausendschaft die Ruine einer unterkellerten Feldscheune. Im Keller liegen Ruhrkranke. Sie lassen nur Blut und Wasser. Hunderte drängen sich draußen zum Sani und zu dem jungen deutschen Unterarzt. Die Medikamente reichen nicht aus bei dem Andrang der Kranken.*
*Schaufelpanzer rollen Wege durch das riesige Lager, schieben dadurch die mühsam gebuddelten Erdlöcher der betroffenen Landser wieder zu.*
*Das Lager gleicht einer riesigen Menschenwabe.*

*(H. Thomas u. H. Hofmeister, Das war Wickrathberg)**

## BRESLAUER TAGEBUCH

6. *April:* Im Sonnenschein gehe ich an der Oder entlang, die trüb und schmutzig ist und auf der verkohltes Holz treibt. Schrecklich das Bild der Dominsel: Ausgebrannt die Turmstümpfe des Doms und der Sandkirche, nur der feine schlanke Turm der gotischen Kreuzkirche sieht unversehrt aus. Blutlachen auf der schönen Allee längs des Stroms, tote Pferde. Am Fuß der Holteihöhe liegen große weiße Pakete. Hier begräbt man viele Tote der Ostertage. Auch in Vorgärten und Wirtsgärten sind allenthalben frische Gräber. Auf einem alten Friedhof an der Mauritiuskirche haben Bomben die Toten früherer Zeiten wieder ausgegraben. Ich steige mühsam über Trümmerberge: Lessingstraße, Garvestraße, Klosterstraße. Überall stumme Gruppen von Menschen, die mit hochbepackten Wägelchen oder auch ohne alle Habe aus den zerstörten Vierteln in die noch unzerstörten – nach Zimeel und Carlowitz – ziehen. Von Keller zu Keller wird der Besitz kleiner, und die Menschenverluste werden größer. Vom Scheitniger Stern bis zur Oder wird ein ganzes Stadtviertel niedergelegt, um ein großes betoniertes Rollfeld anzulegen, da auch der letzte Notflugplatz auf der Friesenwiese wegen der Nähe der sowjetischen Flak unbrauchbar geworden ist. Frauen und

Kinder sind zum Bau dieses Flugplatzes zwangsverpflichtet und müssen im Bombenhagel und Granatbeschuß arbeiten.
*11. April:* Der Vorort Carlowitz ist ein unbegreifliches Paradies. Gestern noch in der Innenstadt die furchtbarste Zerstörung, ein grauenvoller Brand- und Verwesungsgeruch in den schmutzigen Straßen, die überall mit Barrikaden aus Möbeln und ineinander verkeilten Straßenbahnwagen gesperrt sind. Hier draußen blühende Bäume, blühende Beete. Die jetzigen Besitzer der hübschen Villen – meist Flüchtlinge aus anderen Stadtbezirken – graben, jäten und säen wie in Friedenszeiten. Dahinter aber die Kulisse der Stadt mit riesigen Rauchsäulen bei Tage und Feuersäulen in der Nacht.
*13. April:* Der Oberst vereidigt junge Frauen und Mädchen als Kampfhelferinnen. Sie müssen den üblichen Soldateneid sprechen und sollen an der Nordfront an Geschütze gestellt werden. An dem Flakgeschütz vor der Seminarmauer sind 13- bis 15jährige Jungen in viel zu weiten Uniformen und mit Stahlhelmen als Geschützbedienung eingesetzt. *(Hugo Hartung, abgedruckt aus: Der Tag)*

## ERRICHTUNG VON STANDGERICHTEN

Die Härte des Ringens um den Bestand des Reiches erfordert von jedem Deutschen Kampfentschlossenheit und Hingabe bis zum Äußersten. Wer versucht, sich seinen Pflichten gegenüber der Allgemeinheit zu entziehen, insbesondere wer dies aus Feigheit oder Eigennutz tut, muß sofort mit der notwendigen Härte zur Rechenschaft gezogen werden, damit nicht aus dem Versagen eines einzelnen dem Reich Schaden erwächst.
Der Gauleiter und Reichsverteidigungskommissar hat daher von der durch Verordnung vom 15. Februar 1945 gegebenen Ermächtigung zur Einsetzung von Standgerichten Gebrauch gemacht und ein Standgericht mit dem Sitz in München errichtet. Vor dem Standgericht kann wegen jeder Straftat Anklage erhoben werden, durch die die deutsche Kampfkraft oder Kampfentschlossenheit gefährdet wird. Das Verfahren richtet sich nach den geltenden gesetzlichen Bestimmungen. Die Urteile des Standgerichts lauten auf Todesstrafe, Freisprechung oder Verweisung an die ordentliche Gerichtsbarkeit. Sie bedürfen der Bestätigung durch den Gauleiter und Reichsverteidigungskommissar. *(Völkischer Beobachter, 11. April 1945)*

## DEUTSCHE ZIVILISTEN SOLLEN ES SELBST SEHEN

London, 19. April (Reuter)

Die Alliierten Armeen treffen gegenwärtig Vorbereitungen, um die deutschen Zivilisten selbst etwas von den Schrecken ihrer Konzentrations- und Gefangenenlager sehen zu lassen.

Tausende Bewohner von Weimar haben jetzt in Gruppen von je hundert Personen das Lager Buchenwald besucht. Sie sahen die geschwärzten Skelette und Schädel in den Öfen des Krematoriums, und sie sahen draußen im Hof einen Berg weißer menschlicher Asche und Knochen. Männer, einschließlich uniformierter deutscher Polizisten, wurden weiß vor Entsetzen. Einige brachen zusammen, und viele Frauen fielen in Ohnmacht. Nach dem Bericht eines UP-Korrespondenten hat ein britisches Befreiungskommando mitgeteilt, das Konzentrationslager Buchenwald sei eine »menschliche Experimentierstation« gewesen, in der die Deutschen den Gefangenen Typhusbazillen einspritzten und sie zu Versuchen benutzten, um Heilmethoden für Phosphorverbrennungen zu finden.

*(Stars and Stripes, 20. April 1945)*

## FRITZSCHE KOMMENTIERT

Hans Fritzsche, ein führender deutscher Radiokommentator, gab vergangene Nacht in einer Radiosendung zu, daß die nationalsozialistischen Generäle während der Hitlerzeit Verbrechen begangen haben.

Wie die United Press berichtet, hat Fritzsche gesagt, »Deutschland hat während der vergangenen sechs Jahre für Gerechtigkeit gekämpft. Es stimmt, daß Fehler gemacht, Gesetze übertreten und selbst Verbrechen begangen wurden. Aber das alles ist bedeutungslos im Hinblick darauf, was dieses Regime dem deutschen Volk gegeben hat – eine neue Ordnung.« *(Stars and Stripes, 24. April 1945)*

## ZUKUNFTSPLÄNE DER SS

*Einen Polen gesprochen, der seit ein paar Tagen bei uns in Stube I liegt. Er ist nicht krank, wurde aber aufgenommen, um hier für den Chefarzt zu arbeiten. Erzählte mir ausführlich von seinem Auftrag:*

*Er ist Architekt und muß für die SS-Ärzte genaueste Pläne und Zeichnungen für großartige Villen und Landhäuser anfertigen, die sich diese Herren sofort nach Beendigung des Krieges bauen wollen. Der Oberscharführer will einen Entwurf zu einem Spielzimmer für seinen Sohn sowie den Entwurf eines Schwimmbassins im Garten seines Hauses.* (Aus: Nico Rost, Goethe in Dachau)*

## DIE LETZTEN TAGE DES KONZENTRATIONSLAGERS DACHAU

*Also, die Zeit zwischen 1. Januar 1945 und 28. April, dem Tag, an dem das Lager von den Amerikanern befreit wurde. Damals gab es im Durchschnitt im Lager Dachau ungefähr 30 000 bis 35 000 Häftlinge. Dazu kamen noch ungefähr ebenso viele in Außenlagern. Der Gesamtstand des Lagers Dachau zu der damaligen Zeit waren 70 000 Häftlinge. Und in der Periode zwischen dem 1. Januar und dem Lagerende sind im Durchschnitt, vor allem in den ersten drei Monaten ungefähr 150 Mann je Tag gestorben, da eine große Typhusepidemie herrschte, welche von der Lagerleitung so gut wie nicht bekämpft wurde. Es gab an und für sich nur ganz wenig Serum, und die Häftlinge haben sich gezwungen gesehen, im Schleichhandel Serum aus München zu organisieren, und noch mehr – man hat sogar Serum selbst im Lager hergestellt, geheim. Die Lagerleitung hat nur eines getan: sie hat von den 30 Blocks, in die das Lager aufgeteilt war, fünf oder sechs, glaube ich, mit Stacheldraht umgeben und dort alle Typhuskranken hineingesperrt, die sich dann selbst überlassen waren.*

– War diese riesige Menschenmenge beschäftigt?

*Nein, nicht alle! Das Lager war an und für sich für ungefähr 9000 Leute gebaut. Man kann sich vorstellen, daß ein wahnsinniger Platzmangel herrschte. Die einzelnen Schlafräume waren mit 75 Betten bzw. Bettkästen, die in Dreierreihen übereinander lagen, ausgestattet, und darin lebten im Durchschnitt 350 Leute. Viele Tausende, in sogenannten Quarantäneblocks eingeschlossen, taten natürlich überhaupt nichts.*

*Die Ankunft von Tausenden und Tausenden von Häftlingen aus dem Ausland hat das ganze System des Lagers dann mehr oder weniger über den Haufen geworfen, und der Arbeitseinsatz war nur noch beschränkt möglich. Andererseits entstanden durch die Bom-*

*benangriffe auf München neue Arbeitsmöglichkeiten, wenn ich so sagen darf, weil Tausende zu den Räumungsarbeiten eingesetzt wurden. Sie marschierten dann gegen drei Uhr morgens ab, bis zum Bahnhof, oder sie wurden in Wagen verladen. Aber es gab da natürlich Tausende, sogenannte Uneingeteilte, die geringere Rationen Essen empfingen; und die, die gar nichts zu tun hatten, die dann in der Kälte in den Lagerstraßen stehen mußten, weil sie tagsüber innerhalb der Aufenthaltsräume nicht sein durften. Das hängt natürlich damit zusammen, daß so ungeheuer viel Ausländer kamen. In dieser Zeit waren niemals mehr als 3000, durchschnittlich nur 1500 bis 2000 Deutsche im Lager, nachdem ja eine große Anzahl 1944 in die sogenannten Dirrlewanger-Einheiten der SS gepreßt wurden. Die Deutschen waren also in einer ganz verschwindenden Minderheit gegenüber den Tausenden von Ausländern; etwa 12 000 Russen, 8000 Polen, 6000 Franzosen usw. Das Lager geriet in einen furchtbaren Wirrwarr, vor allem in den ersten Tagen des neuen Jahres, als die Evakuierung der im Osten gelegenen Lager begann. Da kamen immer neue Gruppen aus Auschwitz, Posen, Stutthof, dann aus Buchenwald, Flossenbürg usw. Alle wurden nach Dachau dirigiert, wo man mit ihnen gar nichts anfangen konnte. Man steckte sie trotzdem immer wieder in neue Blocks hinein.*

*Das wurde im Laufe der Zeit immer schlimmer, bis es im April am schlimmsten wurde, als der berühmte Evakuierungszug aus Buchenwald kam, der drei Wochen unterwegs war in offenen Wagen, in denen über tausend Tote mitgeführt wurden, die in Dachau noch im Zug lagen, als die Amerikaner ankamen.*

*Die ganzen Lager waren so überlastet, daß ein Teil der Häftlinge dauernd auf dem Transport war. Das war die einzige Möglichkeit, die Lager zu entlasten. Man kann annehmen, daß täglich einige Tausend auf der Eisenbahn saßen und von einem Lager ins andere geschoben wurden. Ich kannte Leute, die mit mir zusammen angekommen waren und die dann drei- oder viermal aus Dachau in andere Lager gebracht wurden und immer wieder nach Dachau zurückkamen.*

*In den letzten Tagen war die Aufregung groß. Wir saßen in überfüllten Baracken. Ich hatte Arbeit. Ich war dabei, einen Katalog von der normalen Ordnung in die phonetische Ordnung umzustellen, die irgendwie im Reichssicherheitshauptamt erfunden worden war und die so idiotisch war und so kompliziert, daß die SS-Leute, die im allgemeinen keine besondere Bildung hatten, einfach nicht in der*

*Lage waren, diese Umstellung zu machen. Die Karteikarten mußten neu geschrieben werden, von einer stattlichen Anzahl von Häftlingsschreibern. Sie sollten dann eingeordnet werden in das neue System. Dieses neue System war mir also dank meiner überragenden Bildung anvertraut. Ich war einmal als Hilfsschreiber hinkommandiert worden, weil ich Sprachen konnte. An und für sich sollte die Umstellung sehr schnell geschehen, aber wir waren natürlich nicht besonders schnell, nachdem ja diese Arbeit völlig unübersehbar war und immer neue Tausende einrückten. So haben wir die Arbeit lange dauern lassen und daraus ein großes Kommando gemacht und immer neue Leute dazu angefordert. Als das Lager zu Ende war, war der Katalog noch nicht zu Ende. Natürlich hatten wir das so schön sabotiert, daß man diesen Katalog niemals richtig verwenden konnte.*

*Ich erinnere mich z. B. an einen Fall, da sollte einem holländischen Hauptmann, der jüdischen Ursprungs war, Sonderbehandlung angetan werden, Sonderbehandlung heißt Exekution. Ein SS-Mann kam mit einem Brief und wollte wissen, ob der Mann da sei. Nachdem er nicht in meinem Katalog zurechtkommen konnte, sagte er zu mir, such mir mal den Hauptmann XY, ist der schon da? Ich sah ihm über die Schulter und sah, worum es sich handelte. Der Mann war noch nicht da. Ich habe mir den Namen gemerkt, und einige Wochen später wurde in der Tat dieser Mann von irgendeiner Gestapostelle eingeliefert. Da habe ich seine Karteikarte versteckt. Und dann kam von Zeit zu Zeit der Unteroffizier und suchte nach dem Mann. Der war immer noch nicht da. So wurde ein Bericht gemacht, der Mann ist unauffindbar. Der Mann saß währenddem friedlich in seiner Baracke. Ich habe natürlich nie etwas erzählt und war stolz, sein Lebensretter zu sein; nachher ist er dann an Typhus gestorben.*

*Diese meine Arbeit hat aber im letzten Monat ausgesetzt. Denn der Katalog war außerhalb des eigentlichen Häftlingslagers im SS-Lager, und sie wollten nicht mehr, daß Leute da hinausgingen, das schien ihnen irgendwie gefährlich.*

*An einem der letzten Tage erschien plötzlich der Befehl, das Häftlingskommando »phonetischer Katalog«, antreten! Wir dachten, unser letztes Stündlein sei gekommen. Aber in der seltsamen Atmosphäre hatte eigentlich niemand daran gedacht, sich zu verstecken. Wir sind also brav ausgerückt. Es handelte sich darum, daß wir den Katalog einpacken sollten; er sollte mit dem Lager zusammen ins*

*Ötztal gebracht werden. Die Leute dachten daran, sie würden ihr Lager im Ötztal wieder aufbauen. Daß es wirklich aufhören könnte, das konnten sie sich nicht vorstellen. Ein Hauptscharführer, der uns kommandierte, sagte, paßt auch gut auf, damit keine Unordnung entsteht, denn sobald wir da im Ötztal sind, brauchen wir den Katalog sofort. Wir packten ihn also ein und taten eine gute Ration von Rasierklingen mit zwischen die Karten, immer in der Vorstellung, wenn sie ihn irgendwo auspackten, würden sie sich wenigstens die Hände daran zerschneiden. Aber er wurde nicht mehr ausgepackt.*

*Unser Hauptscharführer, ein bayerischer Bauernknecht oder so etwas, der es in der SS bis zum Unteroffizier gebracht und ein Bein verloren hatte – war natürlich ein Wüterich, aber er hatte seinen Häftlingen gegenüber das Gefühl, er müßte ein guter Chef sein. Von Zeit zu Zeit sagte er, er würde uns alle aufhängen lassen und er meinte es sehr ernst, aber zu Weihnachten brachte er uns hausgemachtes Gebäck von seiner Frau mit.*

*Einer der wichtigsten Punkte in den letzten Tagen war die Frage, würden wir evakuiert oder nicht oder würden wir zusammengeschossen – wir hatten ja keine Idee. Man weiß ja jetzt erst nachträglich aus den Dokumenten, daß Order bestand, die KZs zu zerstören und die Häftlinge zu töten. Dann kam aber Himmler mit seinen Verhandlungen mit dem Westen – und die verschiedensten Unterführer haben dann einfach nicht mehr mitgemacht. Immerhin, nach einigen Tagen Spannung und Weigerung der Häftlinge, zu Appellen zu erscheinen usw., kam es doch so weit, daß angeordnet wurde, die Deutschen, die Russen, die Bulgaren, Rumänen usw., also Leute, die nicht zu den alliierten Mächten gehörten, und die Juden hätten abzumarschieren. Da wurde ein großer Zug gebildet, und in der Tat wurden ungefähr 1000 Leute evakuiert. Was denen geschehen ist, kann ich eigentlich nicht sagen. Es gibt verschiedene Gerüchte, zum Teil sind sie umgekommen, zum Teil sind sie auf dem Weg niedergeschossen worden usw. Dieser Zug hat sich irgendwie in die Lüfte zersetzt.*

*Am letzten Tag, als man den Kanonendonner hörte von den Amerikanern, war eine ungeheure Spannung. Es war angeordnet, in den Blocks zu bleiben, und der große Appellplatz, der vor den Blocks lag, war vollkommen leer. Am Tor, das an der Brücke über die Würm oder am Würmkanal lag, wo elektrisch geladener Stacheldraht war, patroullierten immer noch SS-Leute, und in den Blocks guckten alle Leute raus und warteten, was da kommen würde; und die Leute, die eine gewisse Verantwortlichkeit hatten, Blockälteste, Lagerälteste und Schreiber usw., die Mitglieder der Nationalkomitees, hatten sich im ersten Block versammelt und warteten nun. Am Lagertor, am geschlossenen, hatte sich der Lagerpolizeichef, ein Zigeuner, aufgestellt und sein Vorgänger, ein Armenier – ein sehr übler Bursche. Diese beiden klammerten sich ans Tor und warteten, vielleicht würde in einigen Minuten ein Durcheinander entstehen und sie könnten entkommen. Aber plötzlich waren die amerikanischen Jeeps da, es wurde ein bißchen geschossen und dann erschienen sie! Wir rannten alle auf das Tor zu und verhinderten natürlich die Flucht der beiden. Dieser erste Augenblick – es war ja eine tolle Sache! Wir hatten einen polnischen Geistlichen, der war Dolmetscher und hatte sich immer sehr wichtig getan, der stürzte also auf den ersten Amerikaner zu und umarmte ihn und küßte ihn auf beide Backen. Da nahm der Amerikaner seinen Helm ab, und es war eine Frau, eine Journalistin. Mit ihr war ein Neger und ein Mann, ein ehemaliger Deutscher, der in Dachau eingesessen und inzwischen nach Amerika ausgewandert war und also das Lager kannte; und ein amerikanischer Pastor. Der Pastor stürzte sich in das Torgebäude und sofort hinauf auf den Balkon im zweiten Stock, und trat heraus und sagte nun zu der ungeheuren Masse der Häftlinge, die sich auf dem Appellplatz versammelt hatte, wir wollen Gott danken und laßt uns beten. Es waren da ungefähr 12 000 Sowjetrussen und unzählige Polen, und niemand verstand Englisch, da oben war der Pastor und sprach das Vaterunser, während unten ein furchtbares Gebrüll war und niemand verstand, was vor sich ging. Und plötzlich begann einer der SS-Posten in die Masse hineinzuschießen, von einem der Wachtürme aus. Im Nu hatten sich alle Leute auf den Boden gestreckt. Die Amerikaner machten kurzen Prozeß, holten sich die Posten runter und erschossen sie sofort. Dann war also dieser Armenier und dieser Zigeuner da. Die Häftlinge forderten, daß man sie ihnen ausliefere. Es erschien ein Mann, den wir als den Präsidenten der Häftlingskomitees bestimmt hatten, ein kanadischer Offizier, stellte sich vor, und da gab ein amerikanischer Leutnant ihm eine Maschinenpistole und sagte, schießen Sie sofort ab. So wurden diese beiden Leute sofort hingerichtet. Das war aber die einzige Bluttat, die geschah.*

*Dann entlud sich die Spannung und plötzlich war alles geändert. Plötzlich war keine Gefahr mehr. Aber die Amerikaner verstanden natürlich nicht, um was es sich handelte und waren völlig durch die Zustände über den Haufen geworfen; sie begannen, den armen hungrigen Leuten erst mal ordentlich Essen auszuteilen. Da waren nun Tausende von Leuten, die Typhus usw. hatten. Jeder bekam erst mal ein Kilo Corned beef ausgehändigt. Die meisten dieser heruntergekommenen Menschen hatten ja auch keine moralische Kraft mehr, sie fraßen alles in sich hinein und starben in der Nacht. Nachdem Ende März und im April der Typhus allmählich zurückgegangen war, war auch die tägliche Sterbequote auf weniger als 100 herabgesunken. Sofort nach der Befreiung stieg sie wieder an wie in den schlimmsten Tagen im Januar bis über 200. Erst nach acht Tagen ungefähr konnte dann ein richtiges Lazarett geschaffen werden, nachdem Medikamente und Ärzte herangebracht waren. Dann begannen die Amerikaner allmählich mit der Auflösung des Lagers und der Heimführung der Leute, die aus erreichbaren Ländern kamen. Sofort begannen wieder die politischen, religiösen und nationalen Gegensätze unter den Häftlingen zu wüten, wie man sich das wohl vorstellen kann. Da war das große Problem der Polen, die nicht nach Polen zurückgehen wollten usw. Die Amerikaner hatten kein richtiges Bild von den europäischen Zuständen.*

*– Mußten Sie nach der Befreiung nicht gleich weg?*

*Nein, keinesfalls. Die Amerikaner hatten wegen des Typhus eine strenge Quarantäne geschaffen. So mußten wir noch ziemlich lange bleiben. Natürlich sind sehr viele Franzosen ausgerückt – trotzdem. Aber nachdem es mir physisch verhältnismäßig gut ging und ich Sekretär des französischen Komitees war, bin ich den ganzen Monat nachher dortgeblieben, um die Schreibarbeiten zu besorgen. Die Amerikaner wollten Fragebogen in 14 Exemplaren übergeben haben, es waren die normalen Fragebogen, in denen wir Häftlinge dann aussagen mußten, ob wir der NSDAP angehört hätten, usw. Wir hatten annähernd 6000 Franzosen da, aber auf den Fragebogen fehlte der französische Text. Deshalb habe ich eine Brigade von Seminaristen organisiert. Sie wissen ja, es waren viele katholische Geistliche doch infolge irgendeines kleinen Unterkonkordates in Dachau konzentriert. Wir hatten auch eine stattliche Anzahl, ungefähr 50 jüngere Geistliche und Seminaristen, denen ging es verhältnismäßig gut, weil sie nicht arbeiten mußten und in ihrem Block bleiben durften, das gehörte auch mit zu dem Konkordat. Sie waren physisch ziemlich in Ordnung und schreiben konnten sie auch und Sprachen. Infolgedessen habe ich sie als Schreiber eingesetzt. Wir haben uns SS-Schreibmaschinen organisiert. Ich hatte 20 oder 30 Seminaristen, die klapperten die amerikanischen Fragebogen durch, was fast einen ganzen Monat dauerte. Dann ging auch ich nach Hause.* *(Von Joseph Rovan, Paris. Nach einer Bandaufnahme niedergeschrieben und gedruckt)*

## ALLES VORAUSGESEHEN

Aus einem Tagesbefehl Hitlers vom 17. April 1945:
Wir haben diesen Stoß vorausgesehen, und es ist seit dem Januar dieses Jahres alles geschehen, um eine starke Front aufzubauen. Eine gewaltige Artillerie empfängt den Feind. Der Bolschewismus muß und wird vor der Hauptstadt des deutschen Volkes verbluten. Achtet vor allem auf die verräterischen wenigen Offiziere und Soldaten, die, um ihr erbärmliches Leben zu sichern, im russischen Solde, vielleicht sogar in deutscher Uniform gegen uns kämpfen werden. Wer euch Befehl zum Rückzug gibt, ohne daß ihr ihn genau kennt, ist sofort festzunehmen und nötigenfalls augenblicklich umzulegen, ganz gleich, welchen Rang er besitzt.

## DIE ALPENFESTUNG

Als ich ungefähr am 20. April 1945 in meinem damaligen Hauptquartier Motzenhofen (nördlich München) von dem Befehl, die »Alpenfestung« zu verteidigen, Kenntnis erhielt, versuchte ich, mir hierüber ein klares Bild zu verschaffen. Über die Alpenfestung ist sehr viel, meist Falsches geschrieben worden. Der Alpensüdrand mit einer verlängerten Flanke gegen die Schweiz war zu der Zeit, als ich Oberbefehlshaber Südwest war, ausgebaut worden und zum Teil noch im Ausbau.
Dort standen Sicherheitsbesatzungen aus dem Bereich des Gauleiters Hofer (Standschützen), die durch Führer und Unterführer meiner früheren Heeresgruppe C ausgebildet waren.
Im Norden und gegen Nordosten waren keinerlei festungsgemäße Geländeverstärkungen vorhanden oder um den 20. April herum in Angriff genommen.
Bodenständige Truppen, Festungstruppen zur Verteidigung dieser Front gab es nicht. Sie waren auch nicht vorgesehen.
Die in den letzten Apriltagen von Oberbefehlshaber Südwest nach Norden verschobenen Bataillone unter General der Gebirgstruppe

Feuerstein hatten – wie seinerzeit, anscheinend nicht den Tatsachen entsprechend, gemeldet – innerdeutsche Aufgaben.
Die Ereignisse der letzten Kriegsmonate hatten viele Stäbe und rückwärtige Formationen von Nord, Süd, Südost und Ost in das Alpenreduit gebracht. Dies führte zu einer Überbelegung des Raumes und zu Ernährungsschwierigkeiten. Eine Räumung war unter den im April 1945 gegebenen Verhältnissen nicht möglich.
Die Verteidigung der sogenannten Alpenfestung hätte ausgesprochene Hochgebirgstruppen erfordert, die nicht vorhanden waren. Die Masse der Trosse und Heimatdienststellen war nur Kanonenfutter. Als sich Anfang Mai Armeen der Heeresgruppe Süd (Redulic) in die Alpen zurückziehen und dort bis zum Ende kämpfen wollten, brauchte ich lange, um die Oberbefehlshaber der Armeen von der Undurchführbarkeit dieses Unternehmens zu überzeugen. Man brauchte, wie gesagt, gute Hochgebirgstruppen, die es in diesem Raum nicht mehr gab.
Die Bevorratung mit Nahrungsmitteln, wie mit dem militärischen Bedarf, soll dem Verwaltungschef der SS, Obergruppenführer Pohl, übertragen gewesen sein. Obgleich er in Süddeutschland gewesen sein soll, war er für uns nicht auffindbar. Tatsächlich war, wie übrigens auch auf dem Nachschub- und Fliegergebiet, nichts geschehen.
Rein militärisch betrachtet, hätte die Alpenfestung nur dann Wert gehabt, wenn sie nicht nur um ihrer selbst willen verteidigt wurde, sondern durch starke »Hauptreserven« aller Waffen in weiträumigen Ausfallschlachten und in Luftangriffen nicht nur gefesselt, sondern auch zerschlagen hätte. Dies war nicht möglich, alles andere war phantasievolle Spielerei! *(A. Kesselring, Soldat bis zum letzten Tag)**

## EINE PREDIGT DR. GERSTENMAIERS AM 29. APRIL 1945

Es hat keinen Sinn, in einer Zeit, in der Gottes Griffel Geschichte schreibt, über die Wirklichkeit Gottes zu diskutieren, wie man über Literatur oder Politik diskutiert. Denn es kommt nicht darauf an, ob sich Staaten und Völker, Zeiten und Moden, Universitäten und Gelehrte, Künstler und Politiker darauf einigen, was sie von Gott halten wollen. Das ist alles nicht annähernd so wichtig, wie wir es meist annehmen. Wichtig ist allein, ob es Gott gefällt, uns von Zeit zu Zeit wieder einmal so die Augen zu öffnen, daß wir über Gott nicht mehr theoretisieren, spintisieren und diskutieren, sondern daß wir Seiner Wirklichkeit in der Welt und in unserem Leben innewerden, unsere Knie beugen und sagen dürfen: Unser Vater in dem Himmel!

Es ist ein anderes, über religiöse Fragen zu diskutieren und wieder ein anderes, die Wirklichkeit Gottes zu erfahren. Jetzt ist nicht die Zeit zum Diskutieren, es kommt gar nicht darauf an, was der einzelne oder wir alle zusammen gütigst von Gott zu denken geruhen, aber es ist entscheidend, wie nichts, wie gar nichts in dieser Zeitenwende, ob wir die Stimme Gottes, das Werk Gottes trotz dem Lärm des Tages in unserem persönlichen und gemeinsamen Leben zu erkennen vermögen, ob uns eine Ahnung davon aufgeht, daß wir nicht blindlings in den Strom der Geschichte geschleudert sind, daß wir nicht nur einer undurchdringbar dunklen Zukunft von neuem unumkehrbar zugetrieben werden, sondern daß wir, jeder für sich und alle zusammen, du und ich, wir alle in Gottes Hand, an Gottes Herz, in Gottes Plan und Werk hineingenommen sind.

In dieser kampfdurchtobten Welt und in dem arbeitsreichen Leben, das unser wartet, werden wir das uns aus Gottes Güte neugeschenkte Leben erst wahrhaft gewinnen und vollenden, wenn wir es nicht mehr aus Kopf und Herz und Sinnen lassen: »Gott ist!« Und: »Gott ist für uns!« – Wir wissen nicht, was das neue Blatt der Weltgeschichte, was die Zukunft bringen wird. Aber Gott will, daß wir furchtlos und dankbar hineingehen als solche, die nicht nur mit den Ohren von Ihm gehört, sondern Seine Wirklichkeit und Wahrheit, Seine Treue und Seine Liebe an ihrem Leben erfahren haben. Auf der Stufe zum Kommenden, am Beginn einer – Gott gebe es – neuen und besseren Gestaltung des europäischen Völkerlebens fassen sich unsere Wünsche und Gebete für unsere liebe deutsche Heimat wie für die Völker der Erde zusammen in der Bitte der Christenheit:

Erhalte uns in der Wahrheit,
Gib ewigliche Freiheit
Zu preisen Deinen Namen
Durch Jesum Christum. Amen.

*(In dem Zuchthaus St. Georgen-Bayreuth hielt am 29. April 1945 der damalige Strafgefangene D. Dr. Eugen Gerstenmaier, später Präsident des Deutschen Bundestages, der vom Volksgerichtshof Berlin wegen Teilnahme an der Widerstandsgruppe des 20. Juli zum Tode verurteilt worden war, eine Predigt. Er trug noch die gestreifte Sträflingskleidung der Zuchthäusler des Bayreuther Zuchthauses. Seine Zuhörerschaft bestand aus politischen Häftlingen verschiedenster Konfessionen und Gruppen. Alle trugen die gleiche gestreifte Zuchthäuslerkleidung. Die Predigt wurde wenige Tage nach der Besetzung Bayreuths durch die amerikanischen Truppen gehalten. Im Auszug mitgeteilt.)*

## TAGEBUCH EINER ZWANZIGJÄHRIGEN

*(Aufzeichnungen aus Aichach, einem kleinen Ort in Bayern, bei dem sich ein Frauenzuchthaus befindet.)*

22. 2.
*... Der Mittagszug stand währenddessen auf freier Strecke zwischen Radersdorf und Aichach und wurde von den Tieffliegern angegriffen. 5 Tote gab es und mehrere Schwerverwundete ... Mehrere hundert Zuchthäusler kamen mit diesem Zug ... Alle hatten eine Decke umgehängt, mit einer Schnur um den Hals befestigt, die meisten barfuß in Holzschuhen bei dieser Kälte ...*

27. 2.
*Beerdigung der 12 Opfer von den Tieffliegerangriffen. Mittags ½12 Uhr ging ein fürchterlicher Angriff auf Augsburg nieder. Abends ... holte ich von dem Verwundetentransport zwei Soldaten heim. Sie waren zu ihrer Verwundung noch richtig erkältet und ausgefroren.*

4. 3.
*Mama pendelte abends wieder mit dem Ehering über Ferdls Bild.*

9. 3.
*Wir sprachen im Amt von der Zukunft. Herr K. meinte, wir hätten eigentlich gar keine Zukunft. Ich will nicht nachdenken, nur hoffen, daß alles noch gut wird.*

10. 3.
*Mama schenkte mir wunderbares neues Briefpapier, das sie noch irgendwo im Schrank gefunden hat. Jetzt brauche ich wenigstens die gebrauchten Umschläge nicht mehr zu wenden.*

19. 3.
*Mama abends im Luftschutzkurs.*

25. 3.
*Palmsonntag. Keine Passion in der Kirche, weil Alarm bevorstand.*

26. 3.
*Die Panzerspitzen der Amerikaner sind schon in Würzburg, weiter in Richtung Südost, bald werden sie in Nürnberg sein. Mama schimpfte mich, weil ich so ausgelassen war, aber ich freue mich, daß jetzt endlich, endlich Aussicht besteht, daß der Krieg bald zu Ende ist.*
*Vater bekam noch eine Einberufung zum Schippen. Walter (15 Jahre) muß morgen früh auch fort.*

27. 3.
*Nachtdienst mit Herrn Ortsgruppenleiter. Er studierte die ganze*

*Nacht im Atlas, rauchte eine Zigarette um die andere und lief zwischendurch im Zimmer herum. Die ganze Nacht trieb es ihn herum. Die ganze Nacht herrschte Leben in der Stadt. Männer und Buben mit Spaten gingen an die Schanzplätze, sie müssen andere ablösen und die Nacht durch schippen. Der Regierungsrat sagte heute, er könne den Volkssturm nicht zum Einsatz schicken, weil keine Wachen da sind.*

*28.3.*

*Heute mußte ich auch schippen. Es war fast eine Freude zu arbeiten: Der ganze lange Panzergraben bei Kühbach, 1½ km lang und 3 m breit, wimmelte von fleißigen Leuten, 150 gefangene Frauen der Strafanstalt, das Wehrertüchtigungslager, die Aichacher HJ, der Oberwittelsbacher und Kühbacher Volkssturm, die Aichacher 2. Volkssturm-Kompanie, und viele Frauen und Mädchen. Ein komisches Gefühl, wenn man bedenkt, man schanzt hier zum Schutze unseres Städtchens. Bin ja gespannt, wann der erste amerikanische Panzer drinhängt in unserem Graben. 3½ m tief muß er werden. In der Mittagspause schenkte ich trotz meines Wolfshungers alle meine Brote her, weil mir die Gefangenen so leid taten. Sie bettelten mit Augen und Händen ... zwei waren schon umgefallen vor Erschöpfung, viele weinten –. Eine war sehr krank, saß auf dem nassen Boden und weinte ... Die Aufseherin erzählte, daß die Gefangenen nur 3 Kartoffeln am Tag bekämen, alles übrige sei Wasser.*

2.4.

Ostermontag. Im Dienst.

*5.4.*

*Wie jetzt alle Tage so auch heut wieder Hochbetrieb im Amt. Heute nacht kamen noch Wiener, und auf dem Hauptbahnhof steht ein Transportzug mit Stuttgartern. Nun sag mir bloß ein Mensch, wo die vielen, vielen Menschen alle untergebracht werden sollen. Die Bürgermeister der Landgemeinden sind ganz verzweifelt.*

*7.4.*

*Es heißt, Aichach soll Lazarettstadt werden. Das wäre ja prima.*

*8.4.*

*Ich fragte Oberleutnant K., ob es stimmt, daß Aichach Lazarettstadt werde. Er meinte, ich solle mir bloß keine falschen Hoffnungen machen. Aichach ist weit davon entfernt. Vielmehr kommt jetzt ein Heeresgruppenstab in unsere Stadt, das ist der Stab von drei Armeen.*

*Nach dem Dienst mit Mama und Onkel spazieren. Plötzlich Tief-*

*flieger über uns. Wir verstecken uns im Wald. Die Flieger flogen ganz nieder über uns hinweg.*
9.4.
*Ab morgen verkehren alle Züge nur noch bei Nacht.*
10.4.
*Ich darf nun nicht mehr beim Schnelltrupp antreten, sondern muß im Amt bleiben, denn es muß auch bei Alarm weitergearbeitet werden. Walter ist heute fortgekommen ins Wehrertüchtigungslager. Wohin wissen wir nicht. Abends mit Marie spazieren. Sie gab mir amerikanische Flugblätter zu lesen.*
12.4.
*Ständig Kleinalarm, Fliegeralarm, akute Luftwarnung, man wußte oft gar nicht mehr, was für ein Zustand gerade war. Den ganzen Tag war die Sirene in Betrieb.*
13.4.
*Von Friedl aus Augsburg ein Brief. In der Regierung, bei der sie angestellt ist, räumen sie auch fleißig auf mit allem Kram, daß alles piekfein ist, wenn der Onkel aus Amerika kommt. Nachts im Keller.*
16.4.
*Es wird immer ungemütlicher. Man kann nicht mehr spazierengehen. Ständig kreisen Tiefflieger.*
19.4.
*Von Erna aus M. ein Brief. Sie ist ganz hoffnungslos und verzweifelt. Alle Brücken dort sind bereit zum Sprengen, schreibt sie. Nachmittags packte ich Wäsche und Kleidung zusammen und brachte alles zum Nachbarn in die großen Keller. Viele Familien aus der Nachbarschaft schlugen dort Betten auf, brachten Kissen, Kleidungsstücke, Lebensmittel, alles was man braucht, um notfalls 4–5 Tage im Keller verbringen zu können. Mir kam das trotz allem komisch vor, wie die Leute dort werkten, sich Wohn- und Schlafstätten im Keller richteten, wie seinerzeit die ersten Christen in den Katakomben.*
*Zur Zeit beherbergt unser Städtchen ganz hohe Gäste: Gen.-Feldm. Kesselring gastiert bei Haselberger und Gen.-Feldm. Keitel bei*

*Zu nebenstehendem Bild:*
*Die Alliierten hatten nicht genug Lager, um die jeder Erwartung spottende Menge der Gefangenen unterzubringen. Auf eingezäunten Wiesen, ohne Dach und so gut wie unversorgt, harrten die PW's tagelang auf den Abtransport.*

Heeres-Fernschreibnetz **Geheim!**

| Aufgen. den | Weiter an | Tag | Uhrzeit | R.-Nr. | durch | Dringlichkeitsvermerk: |
|---|---|---|---|---|---|---|
| 2.5. um HPPX Uhr | 611 | 2.5. | 2400 | | | |

+2205 EINS GOLLER HKHB+
MIT VORRANG BEFOERDERN -- GEHEIM --

+KR - BLITZ - HPPX 9912/23 2.5. 2130=
KAMPF-KDT. HAMBURG=
W.KR.KDO.ROEM. 10=
GAULEITER KAUFFMANN=

1) HAMBURG WIRD AB SOFORT VOM VERTEIDIGUNGSBEREICH ZUR OFFENEN STADT UEBERFUEHRT. MITTEILUNG AN DEN FEIND ERFOLGT DURCH EINE KOMMISSION DES OBERSTEN BEFEHLSHABERS DER WEHRMACHT.-

2) AUFGABE DES GEN MAJOR WOLZ IST ES, DIE TRUPPEN ALLER WEHRMACHTTEILE BESCHLEUNIGT, ABER IN VOLLER ORDNUNG UND DISZIPLIN AUS HAMBURG HERAUSZUZIEHEN UND IN DIE LINIE ELMSHORN - BARNSTEDT - AVESLOHE, DIE ZU HALTEN IST, ZURUECKZUFUEHREN.-

3) DER VOLKSSTURM IST ZU ENTWAFFNEN, SEINE WAFFEN UND GERAET EBENFALLS ZURUECKZUFUEHREN.-

4) GEN MAJOR WOLZ IST IN VERBINDUNG MIT O QU/NW UND W KR KDO ROEM. 10 DAFUER VERANTWORTLICH, DASS DIE IN HAMBURG BEFINDLICHEN LAGER AUSSER DEN VERPFLEGUNGSBESTAFNDEN. DIE DER STADT HAMBURG ZU UEBERGEBEN SIND, NACH MOEGLICHKEIT ZURUECKGEFUEHRT WERDEN=

DER OBERBEFHABER NORDWEST (BUSCH) GENERALFELDMARSCHALL
ROEM. 1 A NR. 964/45 GEH.+

*Weinmiller. Noch ein 3. General und Ritterkreuzträger ist hier.*
*20. 4.*
*Kleinalarm, Fliegeralarm, akute Luftwarnung, Kleinalarm usw. So ging es fort den ganzen Tag über. Es geht einem so auf die Nerven und macht einen so mürbe.*
*22. 4.*
*Pünktlich um 7 Uhr sind die Tiefflieger wieder da wie jeden Tag um diese Zeit. 8 Stück sind es, die unser Kreisgebiet unsicher machen, in verschiedenen Ortschaften Brandbomben abwerfen. Heut waren es wieder 8, die ganz nieder über Aichach hinwegbrausten und auf die Leute schossen. Eng an die Häuser gedrückt lief ich zur Kirche, Soldaten, die in einem Hauseingang standen, warnten mich. Da kamen sie auch schon wieder herangebraust, ungefähr in Kirchturmhöhe. Abends kamen sie nochmals und feuerten wieder wie toll. Im Kino, vielleicht das letztemal in diesem Krieg.*
*23. 4.*
*Müde bin ich, müde. Ich mag nicht mehr arbeiten, alles ist mir so zuwider. Aber es bleibt mir nichts anderes übrig, denn die Leute wollen Geld von uns, Geld, Geld. Alles will plötzlich Geld. Sie rennen uns schier die Bude ein. Sie fürchten alle, daß sie es morgen schon nicht mehr bekommen werden. Eine Nachricht jagt die andere. Die Amerikaner stehen vor Augsburg. Vielleicht sind sie bis abends schon bei uns. Ich wäre fast froh, wenn es endlich soweit wäre. Denn dieses Warten und Warten und Hoffen und Bangen kostet mehr Nervenkraft als die Wirklichkeit, und sei sie auch noch so furchtbar. Abends kam Marie zu mir. Sie wollte mich nochmals sehen, bevor die Besatzung hier ist, sagte sie. Alles ist so aufgeregt. Um 8 Uhr mußte ich in eine Besprechung der Einzelhandelsgeschäfte. Es wurde uns gesagt, daß ab morgen sämtliche Punkte fällig sind, daß verschiedene Waren frei verkauft werden usw. – Ein Leben herrschte abends auf der Straße, direkt unheimlich. Eine Komp. Volkssturmsoldaten, frisch zusammengestellt, feldmarschmäßig ausgerüstet, war vor dem Rathaus angetreten, in der ersten Reihe zwei Frauen. Die Straßen wimmelten nur so von Soldaten, Feldgendarmerie usw. Sie hielten heute in allen Häusern eine Razzia nach*

*Zu nebenstehendem Bild:*
*Mit diesem Fernschreiben wurde Hamburg gerettet; es wurde zur »Offenen Stadt« erklärt. Durch Tage hatten sich die Verhandlungen hingezogen, in denen nach dem Willen des OKW die Verteidigung beschlossen werden sollte.*

*Fahnenflüchtigen. Die ganze Nacht rollten Fahrzeuge durch, dazu war öfters Kleinalarm, und die Flieger flogen ganz nieder. Vater ist eingeteilt zur Brückenbewachung im Harthof. Was war das bloß für eine Aufregung heute vormittag, als der Volkssturm einberufen wurde. Die Frauen weinten, und den Männern war es auch nicht ganz geheuer. Es kam aber nur ein ganz kleiner Teil weg nach Ingolstadt.*

24.4.

*Zugehen tut's in unserm Städtchen, ich finde keinen Ausdruck dafür. Die Leute sind wie toll. Jeder will noch ergattern und einkaufen was zu haben ist. Am frühen Morgen schon standen sie Schlange vor den Bäcker- und Lebensmittelgeschäften. Sie wollen alle noch Brot vor allem, denn es soll in nächster Zeit kein Brot mehr geben. Alles rennt und läuft und hetzt. Schorl verriet uns, daß ab 9 Uhr bei K. Taschen verkauft würden. Natürlich rannten wir gleich hin und konnten noch ein schönes Exemplar ergattern. Die unvernünftigen Leute hätten beinahe den Laden gestürmt, geschwitzt habe ich. Eine Frau ist hingefallen, man ließ sie einfach liegen und stieg über sie hinweg. Meinen Bezugschein II konnte ich gegen ein Paar nette Sommerschuhe eintauschen. In jedem Geschäft geht es zu, ein paar Schaufenster wurden eingeschlagen. Ganz kopflos und aufgescheucht laufen die Leute alle herum, man ist vor lauter Autos und Fuhrwerken und Leuten seines Lebens nicht mehr sicher. Zwischendurch kommen wieder Tiefflieger, die Leute laufen auseinander, suchen Deckung. Der Deutsche Rundfunk verbreitet die Nachricht, daß Hitler in Berlin ist und mit der Reichshauptstadt steht oder fällt. Die allermerkwürdigste Nachricht kam gegen Abend. Es ging das Gerücht, Amerika habe Rußland den Krieg erklärt. Ganz Aichach räumt fleißig auf mit allem Nazi-Kram. Im Amt nahmen wir das Hitlerbild von der Wand. Der HJ-Bann machte im Hof gestern ein offenes Feuer und verbrannte Akten usw. Wir verbrannten auf unserer Altane auch allerhand Bücher usw.*

25.4.

*Morgens wieder Schlangen vor den Geschäften, ebenso bei uns im Amt. Wir können nur noch einen bestimmten Betrag auszahlen, denn die Sparkasse hat kein Geld mehr, und von München kommt nichts. Nun hört man bereits den Kampflärm von der Front, besonders abends. Da bumst die Artillerie, es kracht in einem fort. Nachts Jourdienst. Ich hing ständig am Telephon, der Ortskommandant telephonierte in der Weltgeschichte herum, es war überhaupt sehr aufregend. Sämtliche Lebensmittelgeschäfte des Kreises bekamen Anweisung für eine Eierzuteilung morgen. Die Landgemeinden wurden angewiesen, alle Akten, die dem Feind irgendwie nützen könnten, sofort zu verbrennen. Die ganze Nacht wurden Akten verbrannt, daß der Ofen nur so glühte. Das KZ Dachau wurde angerufen und ersucht, die 800 Schwerverbrecher aus Kaisheim, die unser Zuchthaus hat aufnehmen müssen, zu übernehmen. Der Obersturmbannführer lehnte das jedoch ab, weil sie in den nächsten Tagen mit Mann und Maus nach dem Süden ziehen. Gegen Morgen schlief ich etwas, wurde aber bald wieder durch das Rollen der Artillerie aufgeschreckt, die Pendeltüre im Gang schlug immer auf und zu und die Fenster klirrten.*

*26.4.*

*Frühmorgens eine tolle Schießerei. Zwei Mädels kamen in die Kanzlei und trockneten ihre patschnassen Kleider. Sie erzählten, sie waren BDM-Führerinnen aus Nürnberg, mit der HJ im Einsatz, mit Panzerfäusten haben sie gekämpft.*

*Die Leute raufen sich vor den Geschäften. Es gibt verschiedene Raritäten, vieles auch ohne Punkte und ohne Geld. Einfach geschenkt. So gut ist es uns in dieser Beziehung schon lange nicht mehr gegangen. Unsere Henkersmahlzeit wird gar nicht so schlecht. Eine pfundige Schihose ergatterte ich und einen schneidigen Offiziersmantel.*

*27.4.*

*Kein Mensch will mehr arbeiten. Die meisten Betriebe haben die Arbeit eingestellt. Alles ist nervös und aufgeregt. Aichach soll verteidigt werden. Alle Brücken sind bereit zum Sprengen. Marie traf ich mittags. Wir verabschiedeten uns, weil wir uns vielleicht nicht mehr wiedersehen. Mein Gott, ist das eine Zeit. Im Grunde eigentlich sehr interessant, wenn man sie überlebt. Nachmittags die gleiche Tieffliegergaudi wie gestern, nur noch toller.*

*28.4.*

*Morgens ½4 Uhr läutete jemand Sturm bei uns. Jeder sprang aus dem Bett, schnürte es zum Bündel und richtete es griffbereit. Gabriele lief gleich in die Stadt zum Hamstern. Schlange standen die Leute schon überall an den Verteilungsstellen. Es gab u. a. Fleischkonserven. Ich beobachtete den Betrieb eine Zeitlang vom Fenster aus. Unwillkürlich fiel mir das Gedicht von Eppelein von Geilingen ein: »Die ganze Stadt war toll und voll, und was an Gift und was an Groll ...« Alles schimpfte über die Nazis, alle wollten sofort weiße*

*Tücher hissen. Plötzlich eine neue Stimme aus dem Radio: »Hier spricht der Sender der Freiheitsaktion Bayern!« Immer wieder diese Stimme. Das machte die Leute fertig. In vielen Häusern hörte man den Sender, die Leute waren voller Freude und Revolutionsgeist. Nun ist es aus, nun ist Friede, unser schönes Bayernland ist gerettet! Am liebsten wären sie sich alle um den Hals gefallen. Ich dachte nur immer: Jetzt wird's interessant. Und es wurde interessant. Walter, der sich ständig in der Stadt herumtrieb, erzählte, daß ein paar Burschen den Bannführer erschießen wollen. An der Brücke nach Ecknach haben Feldgendarmen einen Soldaten aufgehängt wegen Fahnenflucht. Auf dem Marktplatz großer Tumult. Sie verprügeln den Ortskommandanten, hieß es, der die Stadt verteidigen will. Vormittags zog die geschlagene deutsche Wehrmacht durch die Stadt, einzeln, müde und abgekämpft, viele ohne Gewehr. Etwas SS ging mit Panzerfäusten Richtung Unterwittelsbach, sie wollen dort den Feind stellen. Plötzlich große Aufregung. Am Unteren Tor flatterte eine weiße Fahne. Die ganze Stadt lief zusammen und schaute hinauf zu dem weißen Tuch, wie ein Weltwunder wurde es bestaunt. Einer forderte den anderen auf, es an seinem Haus ebenso zu machen, aber keiner getraute es sich. Eine Stunde ungefähr hing die Fahne oben, dann war sie verschwunden. SS hatte sie entfernt. Gegen Mittag fing die Ari zu schießen an, Tiefflieger kamen wieder, ein tolles Theater. Um 4¼ Uhr das erste amerikanische Fahrzeug in der Stadt. Und abends kamen sie. Panzer um Panzer und Wagen um Wagen voller Soldaten. Der Krieg ist aus.* *(Nach dem Manuskript gedruckt)*

## GUDERIAN: MIR WAR KLAR...

Mir war klar, daß sowohl Hitler als auch Himmler sich diesen Vorschlägen widersetzen würden, weil sie im Unterbewußtsein beide vor dem Entschluß Angst hatten, dessen Ausführung die Unfähigkeit Himmlers offenbaren mußte. Himmler vertrat denn auch vor Hitler die Ansicht, der Angriff müsse noch aufgeschoben werden, weil ein geringer Teil der Munition und des Brennstoffes noch nicht ausgeladen und in der Hand der Truppe sei. Entgegen dieser Ansicht machte ich meinen oben gekennzeichneten Vorschlag. Er stieß auf heftigen Widerstand Hitlers.
Ich: »Wir können nicht warten, bis das letzte Faß Benzin und die letzte Granate ausgeladen sind. Bis dahin wird der Russe zu stark.«

Hitler: »Ich verbitte mir, daß Sie mir vorwerfen, ich wolle warten.«
Ich: »Ich mache Ihnen gar keine Vorwürfe, aber es hat keinen Zweck, die Ausladung der letzten Nachschubgüter abzuwarten und darüber den geeigneten Zeitpunkt zum Angriff zu verpassen.«
Hitler: »Ich habe Ihnen eben gesagt, daß ich mir verbitte, daß Sie mir vorwerfen, ich wolle warten.«
Ich: »Ich habe Ihnen eben gemeldet, daß ich Ihnen keine Vorwürfe machen will, aber ich will auch nicht warten.«
Hitler: »Ich verbiete Ihnen, mir noch einmal vorzuwerfen, daß ich warten will.«
Ich: »Der General Wenck muß in den Stab des Reichsführers kommandiert werden, sonst besteht keine Gewähr, daß der Angriff gelingt.«
Hitler: »Der Reichsführer ist Manns genug, um den Angriff allein zu führen.«
Ich: »Der Reichsführer hat nicht die Erfahrung und nicht den geeigneten Stab, um den Angriff selbständig zu führen. Die Anwesenheit des Generals Wenck ist dazu unerläßlich.«
Hitler: »Ich verbiete Ihnen, mir vorzuwerfen, daß der Reichsführer seiner Aufgabe noch nicht gewachsen ist.«
Ich: »Ich muß darauf bestehen, daß der General Wenck in den Stab der Heeresgruppe kommandiert wird, um die Operation sachgemäß zu leiten.«
So ging es durch zwei Stunden in unverminderter Heftigkeit. Mit zorngeröteten Wangen, mit erhobenen Fäusten stand der am ganzen Leibe zitternde Mann vor mir, außer sich vor Wut und völlig fassungslos. Nach jedem Zornesausbruch lief Hitler auf der Teppichkante auf und ab, machte dann wieder dicht vor mir halt und schleuderte den nachsten Vorwurf gegen mich. Er überschrie sich dabei, seine Augen quollen aus den Höhlen, und die Adern an seinen Schläfen schwollen. Ich hatte mir fest vorgenommen, mich durch nichts aus der Ruhe bringen zu lassen und nur immer wieder meine unerläßlichen Forderungen zu wiederholen. Das tat ich nun mit eiserner Konsequenz.

In diesen Tagen suchte mich Speer auf, der immer skeptischer dem Ablauf der Ereignisse gefolgt war. Er brachte die Mitteilung, daß Hitler die Absicht habe, alle Fabriken, Wasser- und Elektrizitätswerke, Bahnen und Brücken vor Eintreffen des Feindes zerstören zu lassen. Mit Recht wies Speer darauf hin, daß dieser Wahnsinn ein

Massenelend und Sterben der Bevölkerung zur Folge haben müsse, das in der Weltgeschichte seinesgleichen nicht habe. Er bat um meine Mitwirkung bei der Abwehr dieser Absicht. Ich sagte ihm dies gerne zu und machte mich sofort an die Arbeit, einen Befehlsentwurf auszuarbeiten, der die im ganzen Reichsgebiet zu haltenden Widerstandslinien kennzeichnete und Zerstörungen jeglicher Art nur im Vorfeld dieser wenigen Verteidigungslinien erlaubte. Im übrigen Deutschland sollte überhaupt nichts zerstört werden.

Um einen Begriff von der deutlichen Sprache Speers zu geben, zitiere ich aus der Denkschrift, die er am 18. März 1945 Hitler vorlegte, als er mit mir die Zerstörung der Brücken und Fabriken verhindern wollte:

»Es muß sichergestellt werden, daß, wenn der Kampf weiter in das Reichsgebiet vorgetragen wird, niemand berechtigt ist, Industrieanlagen, Kohlenbergwerke, Elektrizitätswerke und andere Versorgungsanlagen, sowie Verkehrsanlagen, Binnenschiffahrtsstraßen zu zerstören. Mit einer Sprengung der Brücken in vorgesehenem Ausmaß würden die Verkehrsanlagen nachhaltiger zerstört, als es die Fliegerangriffe der letzten Jahre vermochten. Ihre Zerstörung bedeutet die Beseitigung jeder weiteren Lebensmöglichkeit des deutsche Volkes ...«

»Wir haben kein Recht dazu, in diesem Stadium des Krieges von uns aus Zerstörungen vorzunehmen, die das Leben des Volkes treffen könnten. Wenn die Gegner dieses Volk, das in einmaliger Tapferkeit gekämpft hat, zerstören wollen, so soll ihnen diese geschichtliche Schande ausschließlich zufallen. Wir haben die Verpflichtung, dem Volk alle Möglichkeiten zu lassen, die ihm in fernerer Zukunft wieder einen neuen Aufbau sichern können.«

Hitlers Auffassung zu dieser Denkschrift Speers, mit deren Inhalt ich mich identifiziere, gipfelte in den Worten: »Wenn der Krieg verlorengeht, wird auch das Volk verloren sein. Dieses Schicksal ist unabwendbar. Es ist nicht notwendig, auf die Grundlagen, die das Volk zu einem primitiven Weiterleben braucht, Rücksicht zu nehmen. Im Gegenteil, es ist besser, selbst diese Dinge zu zerstören, denn das Volk hätte sich als das schwächere erwiesen und dem stärkeren Ostvolk gehöre dann ausschließlich die Zukunft. Was nach dem Kampf übrigbleibt, sind ohnehin nur die Minderwertigen, denn die Guten sind gefallen.« *(H. Guderian, Erinnerungen eines Soldaten)* *

## BERLINER TELEPHONATE

*Eine Männerstimme: »Meine Frau läßt dir sagen, du hättest ihr doch die Übergardinen aus dem Herrenzimmer versprochen, wenn du sie jetzt abnimmst! Sie will sie sich dann gleich einfärben lassen ...«*
*Die Stimme eines Nazi: »Habe aus ganz zuverlässiger Quelle, daß noch nicht alles verloren ist! Kann natürlich Näheres nicht übers Telephon sagen.«*
*Die Stimme eines Kindes: »Nun, weine nicht, Mutter. Ich bin ja nur ein paar Straßen weit von dir an der Front! Wenn ich tot wäre, könnte ich nicht telephonieren!«*
*Eine Frau: »Wie, um Gottes willen, soll man Sauerampfer kochen? Einfach dünsten? Sie sagen, ein bißchen Essig dazu geben? Wer hätte je geglaubt, daß man Sauerampfer essen müßte ...«*

*(Curt Riess, »Berlin – Berlin«)**

## NEUE WAFFEN

»Und was die Frage der neuen Waffen und ihren Einsatz betrifft« – so heißt es in dem heutigen Leitartikel –, »so ist klar, daß auch wir keine Antwort darauf geben können, selbst wenn wir eine wüßten. Wir stellen nur ganz sachlich fest, daß eine V 1 und eine V 2, eine Panzerfaust und andere Waffen gerade in Augenblicken gekommen sind, da niemand mehr daran glauben wollte.«

*(In der Tagespresse am 4. April, mitgeteilt von H. Bernhard in Finis Germaniae)**

## AKTION »GEBURTSTAGSGESCHENK«

Im Frühjahr 1945 – es mag Ende Februar gewesen sein – wurde ich, 15 Jahre alt, zu einem »Vormilitärischen Kurzkurs« in das HJ-Bann-Ausbildungslager 328 Neubeuern am Inn einberufen. Er dauerte nur vom Dienstag- bis zum Mittwochnachmittag. Nach dem Abendessen hielt der Flak-Wachtmeister, der das Lager befehligte, eine Ansprache. Er redete vom harten Kampf des Führers und davon, daß es auf jeden Mann ankomme, und daß wir das »Zünglein an der Waage« seien. Deshalb habe sich, so sagte er mit erhobener Stimme, die Reichsjugendführung entschlossen, dem Führer zu seinem Geburtstag am 20. April 1945 den ganzen Jahrgang der HJ zu »schenken«. Wir, das »Geschenk«, sollten, freiwillig natürlich, in einer SS-Armee »Hitlerjugend« zusammengefaßt werden. Der Flak-Wachtmeister versprach uns eine garantiert einjährige Ausbildung durch hervorragende SS-Unterführer und dabei immer den Luftwaffenverpflegungssatz I! Hernach mußte jeder von uns fünfzehn-(oder gerade sechzehn-)jährigen Burschen allein zu dem Wachtmeister in ein Zimmer und erhielt den Meldeschein vorgelegt. Fast alle unterschrieben. Ein Chiemgauer Bauernbub sagte zu mir: »Mir wär's ja wurscht, holen tun s' dich, ob du di meldst oder net. Aber mei Vater derschlagt mi mit der Mistgabel, wenn er derfragt, daß i mi zu der SS g'meldet hab'!« Er und etliche andere, die in der gleichen Lage waren, weigerten sich, den Meldezettel zu unterzeichnen. Sie mußten vor versammelter Mannschaft antreten, und der Wachtmeister sagte: »Seht sie euch an, das sind die Feiglinge, die unserem Führer in den Rücken fallen!«

Die meisten von uns besaßen schon Freiwilligen-Annahmescheine für Heer oder Luftwaffe. »Die sind ab sofort alle ungültig!« hatte uns der Wachtmeister versichert. Einige berichteten dies den Offizieren beim Wehrbezirkskommando und mußten dort genaue Schilderungen zu Protokoll geben. Am Sonntag nach der Kirche teilte einer von den »SS-Freiwilligen« die Einberufungsbefehle auf dem Dorfplatz aus. Tags darauf waren wir im Wehrertüchtigungslager Prien. Eine SS-Annahmekommission erschien nach wenigen Tagen. Auch der Heeresnachwuchsoffizier des WBK war dabei. Er ließ alle Inhaber von Annahmescheinen für die Wehrmacht antreten, eine knappe Stunde später waren sie nach Hause entlassen. Das Gerücht sickerte durch, im Oberkommando der Wehrmacht habe es Krach gegeben, weil die SS versucht hatte, der Armee ihre Freiwilligen, besonders die Offiziersbewerber, abspenstig zu machen. Die Aktion Geburtstagsgeschenk habe daher abgeblasen werden müssen. Diejenigen, die kein Wehrmachtspapier in Händen hatten, mußten im Lager bleiben, wurden später in Berchtesgaden geschliffen, in SS-Uniformen gesteckt und, mit Volkssturm-Soldbüchern versehen, an die Front geschickt, die schon unweit von München verlief.

*(Raimund Eberle, Bernau am Chiemsee, brieflich mitgeteilt)*

## DIE MAGISCHE ANGELPARTIE

*Kirchhorst, 11. April*

*Ich stehe am Fenster und blicke über den noch kahlen Garten auf die Chaussee hinaus. Das mahlende Geräusch nähert sich. Dann gleitet langsam, wie ein Augentrug, ein grauer Panzerwagen mit leuchtendem Stern vorbei. Ihm folgen, dicht aufgeschlossen, Kriegswagen in ungeheurer Zahl, die Stunden um Stunden vorüberziehen. Kleine Flugzeuge überschweben sie. Das Schauspiel macht einen hochautomatischen Eindruck in seiner Verbindung von militärischer und mechanischer Uniformität – als rollte eine Puppenparade vorbei, ein Zug von gefährlichen Spielzeugen. Zuweilen pflanzt sich ein Halt durch die Kolonne fort. Dann sieht man die Marionetten, wie von Faden gezogen, vornüberschwanken, während sie beim Anfahren wieder zurückneigen. Wie immer unser Blick an gewissen Einzelheiten haftet, so fallen mir besonders die zum Funken ausgeschwenkten Ruten auf, die über den Panzern und Begleitfahrzeugen schwanken: es bildet sich in mir der Eindruck einer magischen Angelpartie, vielleicht zum Fange des Leviathans.*

*(E. Jünger, Strahlungen)**

## SPARTA ALS VORBILD

*In der Reihe der Abendvorträge der Universität München spricht Universitätsprofessor Dr. Helmut Berve am Mittwoch, dem 2. Mai, über Sparta.* *(Völkischer Beobachter, letzte Ausgabe, 28. April 1945)*

## OFFENE KRIEGSERKLÄRUNG IM KZ

Die entscheidende Belastungsprobe war der 5. April. Die SS-Führer hatten in den Tagen vorher die wichtigsten Papiere vernichtet. SS-Sturmbannführer Dr. Schuler kam noch einmal in das Lager zurück und teilte mir mit, daß von der Gestapo Weimar der Befehl ergangen sei – er wisse es von Dr. Schiedlausky –, 46 Politische am nächsten Tag zu exekutieren, ehe das Lager evakuiert würde. Die Parallele zu Ohrdruf! Schuler wußte nur vier Namen, den Kapo des Reviers und seinen Stellvertreter, den Kapo von Block 46 und mich. Die Warnung war von unschätzbarem Wert, denn sie gewährte beinahe acht Stunden Vorsprung. Im Nu war der gesamte Apparat der internen

Lagerleitung alarmiert. Es wurde der Beschluß gefaßt, Ernst zu machen, die Auslieferung der 46 Mann zu verweigern, selbst wenn es darüber zum offenen Kampf kommen sollte. Aber wer waren die 46 außer den bereits bekannten? Am Abend kam die Liste vom Rapportführer zur Schreibstube – »zum Tor« am nächsten Morgen! Die Zusammensetzung der Liste war ziemlich ungleich, sie entsprach nicht in jeder Hinsicht der wirklichen Bedeutung der Leute; wichtige Namen fehlten, andere waren ohne Belang – eine echte Gestapo-Maßnahme, die ihren Untergrund sichtbar in einer dem Lager bekannten Denunziation hatte: Monate vorher hatte jener Duda, der zu Dirlewanger gegangen war, »gezinkt«. Nun zeigte sich, daß er alle Namen angegeben hatte, die ihm bedeutend erschienen waren, teils zu Recht, teils zu Unrecht. Wahrscheinlich hatte der Lagerarzt, Dr. Schiedlausky, die Aufstellung ergänzt, denn er war zwei Tage vorher gesehen worden, wie er einen handgeschriebenen Brief dem Leiter der Weimarer Gestapo übergab, als dieser eben das Lager verließ. Im übrigen ging auf Schiedlausky die Information Schulers zurück! Daß fast kein einziger Funktionär der neueren illegalen Lagerleitung auf der Liste stand, beweist immerhin, welch gute konspirative Arbeit geleistet worden war.
Noch in der gleichen Nacht tauchten alle Bedrohten bis auf den französischen Fabrikanten Bloch, von dem kein Mensch wußte, wie er auf die Liste geraten war, in sicheren Verstecken unter. Außer Bloch erschien, als am nächsten Morgen der Namensaufruf erfolgte, niemand am Tor. Bloch wurde nach einiger Zeit wieder weggeschickt, offenbar aus taktischen Erwägungen, um seine Mitopfer einzuschläfern. Der Kommandant ließ sich nach dieser zweiten Weigerung des Lagers, SS-Befehle zu befolgen, den LA I rufen und verlangte die Ausfindigmachung der Fehlenden durch den Lagerschutz. Dieser »suchte« hierauf volle acht Stunden, ohne natürlich irgendeinen der Untergetauchten zu finden. Nun bestand die Gefahr eines allgemeinen Zählappells. Die interne Leitung beschloß, auch zu ihm nicht mehr zu erscheinen, wenn er anbefohlen würde. Das KL ohne Appell! Damit kam für die SS das wichtigste Kontrollinstrument in Wegfall. Von da ab ging niemand mehr zum Tor, wenn irgendeine geschlossene Gruppe oder ein »Prominenter« des Lagers gerufen wurde und Gefahr vermutet werden mußte. Es war eine offene Kriegserklärung. Als die Nacht kam, wagte sich die SS nur mehr mit schwerster Bewaffnung ins Lager; sie sah, daß die Politischen entschlossen waren, zu kämpfen. *(E. Kogon, Der SS-Staat)**

## LEKTÜRE HINTER STACHELDRAHT

*In Stars and Stripes finde ich eine Luftaufnahme von Würzburg, Innenstadt, Überschrift: Die tote Stadt Würzburg liegt in der Frühlingssonne. Jedes Haus, jedes ehemalige Haus ist zu erkennen. Wände ohne Dächer, ohne Geschosse, die Kirchen ausgebrannt, die Türme ohne Dach. Die Stadt, heißt es in der Überschrift, sei von der Bevölkerung verlassen.* *(Aufzeichnungen eines Kriegsgefangenen, 13. April 1945)*

## DIE PENZBERGER MORDNACHT

Xaver und Agathe Fleißner, Johann und Therese Zenk und Albert Grauvogl wurden kurz nach ihrer Verhaftung durch Erhängen ermordet.
Sebastian Tauschinger wurde durch unbekannte Werwölfe ebenfalls aufgehängt. Da jedoch der Strick riß und mehrere auf ihn abgefeuerte Schüsse danebengingen, kam er mit dem Leben davon. Franz Schwab konnte sich ebenfalls durch Flucht trotz mehrerer Schußverletzungen noch retten.
Diese traurigen Szenen spielten sich vor dem Rathaus und auf dem Hauptplatz ab. Franz Biersack und Gottlieb Belohlawek wurden auf dem Balkon bei Reithofer aufgehängt.
Xaver Fleißner hing am Lindenbaum zwischen Gattinger und der Bäckerei Fischer, Summerdinger, Frau Fleißner und Hans Zenk mit Frau hingen an den ersten Bäumen der Gustavstraße, Grauvogl und Tauschinger wurden an den Bäumen am Hauptplatz gehängt. Jeder Erhängte trug ein von den Mördern angefertigtes Schild mit der Aufschrift »Werwolf Oberbayern«. In der Mordnacht selbst wurde ein Flugblatt folgenden Inhalts im Stadtgebiet verteilt:
»Warnung an alle Verräter und Liebediener des Feindes!
Der Oberbayerische Werwolf warnt vorsorglich alle diejenigen, die dem Feinde Vorschub leisten wollen oder Deutsche und deren Angehörige bedrohen oder schikanieren, die Adolf Hitler die Treue hielten. Wir warnen!
Verräter und Verbrecher am Volke büßen mit dem Leben und ihrer ganzen Sippe. Dorfgemeinschaften, die sich versündigen am Leben der Unseren oder die weiße Fahne zeigen, werden ein vernichtendes Haberfeldtreiben erleben, früher oder später. Unsere Rache ist tödlich! Der Werwolf.«

Am 29. April 1945 wude im Kameradschaftshaus ein Appell des Volkssturms abgehalten, in dem der Ortsgruppenleiter Martin Rebhahn der Penzberger Bevölkerung weiterhin seinen Schutz angeboten hat, was er mit folgenden Worten zum Ausdruck brachte:
»Ich werde unter euch sein, euch mit Rat und Tat beistehen und der Werwolf wird das Seine tun und das, was jetzt war, war die Tat des Werwolfes, dieser wird auch weiterhin arbeiten, wenn die Besatzung schon da ist.« *(Georg Lorenz, Die Penzberger Mordnacht)*

## BERLINER TELEPHONATE

*Eine Frau: »Hast du die Hitlerbilder weggebracht?« »Ja, wir auch ...«*
*Ein Mann: »Ich möchte dir nur Lebewohl sagen, denn ich glaube nicht, daß wir uns noch einmal wiedersehen ...«*
*Eine Frau: »Stellen Sie sich vor, mein Crêpe-de-Chine-Nachthemd haben die Russen auch genommen ... Jetzt habe ich gar nichts mehr anzuziehen, ich meine, im Bett ...«*
*Ein Mann: »Wissen Sie, was hier passiert ist? Unser Sturmführer hat sich nebst Frau und Kind erschossen. Was sollen wir mit den Leichen anfangen?«* *(Mitgeteilt von Curt Riess in »Berlin – Berlin«)**

## JEDER SIEGT ODER FÄLLT

Mag das schnelle Vorpreschen amerikanischer Panzerkeile hier und da zunächst Verwirrung angerichtet haben, weil die Bevölkerung der angegriffenen Landstriche sich den neuen Situationen erst anpassen mußte, so kann doch nicht der mindeste Zweifel daran bestehen, daß der deutsche Kampfeswille doch nun um so mehr aufflammen wird. Darüber hinaus muß jeder Deutsche seine Haltung straffen und sich bewußt sein, daß auch an ihn jederzeit der Aufruf zu höchster Bewährung ergehen kann. Was dann zu geschehen hat, ist in dem Aufruf des Leiters der Parteikanzlei zu lesen.
Jeder bleibt auf seinem Platz, jeder kämpft, jeder siegt oder fällt. So gebietet es das Gesetz dieses härtesten aller Kriege, und es wird und muß erfüllt werden, damit Deutschland lebe.

*(Völkischer Beobachter, 3. April 1945)*

## FAST ALLE GINGEN DRAUF

Wir fragten ihn, wie er denn mit seinen 13 Jahren überhaupt dazu kommt, mitzukämpfen. Und er zeigt auf seine Kameraden, die zum Teil aus Oranienburg sind. »Wir wurden von dem Standortführer, Hauptbannführer Frischefsky, durch Polizei aus den Häusern geholt und mußten in den Kasernen der SS und auf dem Schloßplatz antreten. Dann wurden die einzelnen Fähnlein aufgeteilt und Gruppen der SS und dem Volkssturm zugeteilt. Nördlich und östlich der Stadt wurden unsere Gruppen eingesetzt. Die meisten von uns wurden vom Infanteriefeuer getötet, denn wir mußten über freiem Feld angreifen. Später tobte der Kampf in der Stadt. Zwei Tage. In zwei Tagen und zwei Nächten wechselte Oranienburg viermal den Besitzer. Und dabei gingen eben fast alle von uns drauf. Dann schoß der Russe noch mit der Stalinorgel in die Stadt. Und als wir Schluß machen wollten und nach Hause gingen, wurden wir angehalten und mußten mit, nach Eden zu, über den Kanal flüchten. Mein Jungzugführer, der sich weigerte, wurde von ein paar SS-Männern und einem SA-Mann am nächsten Baum aufgehängt. Er war ja auch schon 15 Jahre. Da ging dann der Rest von unserem Fähnlein, acht Mann – früher waren wir 120 –, mit. Als dann die Kanalbrücke gesprengt wurde, hatten wir Ruhe. Ich traf noch ein paar Schulfreunde, die mir sagten, daß der Hauptbannführer mit seiner Freundin und dem Stammführer Schiller von der Fliegertechnischen Vorschule schon vor zwei Tagen mit Fahrrädern nach dem Westen abgehauen sind. Ich bin dann nach Velten gelaufen und wollte nach Henningsdorf, wo ich eine Tante habe. Aber unterwegs, kurz vor dem Ort, wurde ich aufgegriffen. Dann kämpfte ich in Reinickendorf. An der Straße nach Spandau. Und dann sind wir zurückgegangen. Heute morgen wurden wir neu gesammelt und sollen hier eingesetzt werden.

»... Gib mir noch eine Zigarette«, bittet er mich. Ich drücke ihm die Schachtel in die Hand. Ruhig zündet er sich eine Zigarette an, zieht tief den Rauch ein. Dann steht er auf, läuft davon, setzt sich zu seinen Kameraden. *(H. Altner, Totentanz Berlin)**

## AN DEN KASERNEN SOLLT IHR SIE ERKENNEN

*Aber werden wir auch für diese riesigen Bauvorhaben eine ähnliche stilbildende Kraft aufbringen wie die Barockmenschen? Diese Fra-*

*ge kann niemand sicherer beantworten als die Zukunft selbst. Die Ansätze, die wir in den letzten Friedensjahren beobachten konnten, sind jedenfalls hoffnungsvoll. Man hat in Deutschland gelernt, stoffgerechter, lichter und gesünder, mit feinsinniger Anpassung an Landschaft und bodenständiger Tradition zu bauen. Am bezeichnendsten scheint mir, auch wenn es nur ein Beispiel ist, wie man heute und wie man in der wilhelminischen Zeit Kasernen baute.*

*(Aus der letzten Ausgabe der Münchner Neuesten Nachrichten, 28. April 1945)*

## IN BUCHENWALD 80 000

Die Lagerstärke war in dem vergangenen Jahr ständig verschieden. Sie betrug am 1. April 1945 80 813 Häftlinge. Hiervon waren zirka 34 000 in Rüstungsbetrieben außerhalb des Lagers. Nach Annäherung der alliierten Streitkräfte versuchte die SS das gesamte Häftlingslager in rückwärtige Gebiete zu verschleppen. Es gingen:
am 3. April 1945 1500 Häftlinge angeblich auf Transport Theresienstadt,
am 5. April 1945 3105 Juden mit unbekanntem Ziel; über ihren Verbleib ist nichts bekannt,
vom 6. bis 10. April 1945 22 680 Kriegsgefangene und Häftlinge aller Nationen mit dem Ziel nach Konzentrationslager Flossenbürg in Bayern und nach Konzentrationslager Dachau-München.
In Dachau wurden bei der Besetzung durch amerikanische Truppen 80 Waggons mit Leichen angetroffen. Nach der Besetzung des Konzentrationslagers Buchenwald durch die 3. amerikanische Armee waren noch rund 21 000 Häftlinge verblieben. Unter diesen befanden sich in stationärer Behandlung des Reviers 3150. An Invaliden, Alten, Kindern zirka 4300. *(W. A. Bechert, Die Wahrheit über KZ Buchenwald)**

## EIN ZUG FÄHRT IN DEN ABGRUND

*Obergefreiter berichtet von seinen Fahrten mit dem Sonderzug Hitlers*

*Das, was immer wieder das Unbehagen aufrührt, ist der Vergleich mit der entsprechenden Fahrt im vorigen Jahr. Äußerlich gleichen sich die beiden Fahrten ganz unheimlich; man kann sie kaum auseinanderhalten, das Wetter und die Jahreszeit, die Route, den Fahr-*

*plan und die Besäufnis. Alles war damals genau so, das Frühstück hat er auch verpaßt, der Koller von Bulli und die Narbe vom Spieß, alles haargenau dasselbe. Und doch, in Wirklichkeit war eben alles völlig anders: damals war zwar auch schon alles beschissen, Tunis im Eimer, die Pleite von Pantelleria usw. Aber wir hatten eben noch eine Masse auf Lager, das Gesetz des Handelns im Packwagen, der ganze Zug war gleichsam noch prall von Initiative und verschwiegener Kraft. Da waren nicht nur die ganzen »Alarich«-Planungen, von denen sich kein Sterblicher etwas träumen ließ außer dem hiesigen engen Personenkreis; da war die »Zitadelle«, die in wenigen Tagen losgehen sollte, deswegen erfolgte ja die ganze Verlegung, sie löste dann die Sizilienlandung aus und die russische Sommeroffensive vom 13. Juli. Wir waren nicht mehr frei, gewiß nicht, aber wir hatten noch eine Reihe von Möglichkeiten, hatten klar gewählt zwischen ihnen. Wir konnten noch den ersten Zug tun und die ganze Lawine ins Rollen bringen, ihr den Weg vorzeichnen; sie rollte dann freilich etwas anders. Jedenfalls konnten wir noch etwas in die Waagschale werfen, meine Herren; was war das damals noch für ein Aufmarsch bei Kursk und Orel! Wenn man aus dem Zug rausguckte auf die ausgemergelten Zivilistenvisagen auf den Bahnsteigen, hatte man das Gefühl, ich bin voll und ihr seid leer und habt überhaupt keine Ahnung.*

*Der Zug, in dem wir sitzen, verdrängt die Luft ja auch noch wie vor einem Jahr, der Flakwagen hat sogar Stromlinienform, aber in Wirklichkeit sind seine Flanken eingefallen, der Bug eingedrückt. Vor den Gesichtern auf den Bahnsteigen möchte man am liebsten immer gleich die Rouleaus runterlassen; zum Glück wissen die allermeisten ja nicht, was das für ein Zug ist. Aber manchmal juckt es ihn, den Leuten auf dem Bahnsteig draußen kurz ins Gesicht zu schauen, mit den Achseln zu zucken, sich womöglich an die Stirn, an den Hinterkopf zu tippen: Bitte, meine Herrschaften, hier ist nichts mehr drin, wie ein Zauberkünstler, das Kunststück bleibt man allerdings dann schuldig. Das Gefälle ist jedenfalls nicht mehr da, vom Zug auf den Bahnsteig hinunter. Eher ist es schon umgekehrt. Die auf dem Bahnsteig wissen womöglich schon mehr über die Lage, jedenfalls, von uns hier können sie nicht mehr viel erfahren. Unsere Meldungen sind zum größten Teil überholt, wir haben den Anschluß verpaßt und eine zunehmende Verspätung. Wir geraten immer mehr in Rückstand, holen es nicht mehr ein, wenn wir auch einen Regierungsbezirk nach dem anderen zum Operationsgebiet erklären und vorsorglich rückwärtige Stellungen bauen lassen, mit den Mitteln eines Volksaufgebotes. Die Sprünge sind immer zu kurz, wir holen es nicht mehr ein. Wie eine zu spät alarmierte Feuerwehrkolonne rasen wir zu den einzelnen Brandherden, hetzen sie gegeneinander auf; wirklich helfen können wir ihnen nicht. Und dann weiter zum nächsten Brand, und bitte, die Oberbefehlshaber und die Chefs her und vielleicht ein Tausch, ein kleiner Wechsel im Oberbefehl, und wieder weiter, immer schneller.*

*(Aus den Aufzeichnungen des Obergefreiten Felix Hartlaub, der im Führerhauptquartier am Kriegstagebuch arbeitete und seit April 1945 verschollen ist)**

## GEFÄHRTEN

Als ich in dumpfes Träumen heut versank,
sah ich die ganze Schar vorüberziehn:
Die Yorck und Moltke, Schulenburg, Schwerin,
die Hassell, Popitz, Helfferich und Planck –
nicht einer, der des eignen Vorteils dachte,
nicht einer, der gefühlter Pflichten bar,
in Glanz und Macht, in tödlicher Gefahr,
nicht um des Volkes Leben sorgend wachte.
Den Weggefährten gilt ein langer Blick:
Sie hatten alle Geist und Rang und Namen,
die gleichen Ziels in diese Zellen kamen –
und ihrer wartete der Strick.
Es gibt wohl Zeiten, die der Irrsinn lenkt.
Dann sind's die besten Köpfe, die man henkt.

*(A. Haushofer, Moabiter Sonette)**

## TAG DER ENTSCHEIDUNG IRGENDWO

*16. April 1945 / abends*

*Die Entscheidung ist gefallen, das Unfaßliche Wirklichkeit geworden. Übervoll von den Ereignissen des heutigen Tags, verzeichne ich nur dies, erschüttert und bewegt; ich schreibe es nieder bei dem heraufhallenden Trott Hunderter und aber Hunderter deutscher Soldaten, die drunten in der Dämmerung unter den Rohren amerikanischer Panzer in die Kriegsgefangenschaft ziehn.*

*17. April 1945 / Dienstag*

*Die Schicksalsstunde, die wir alle seit Monaten zwischen Bangen und Hoffen erwartet hatten, kam gestern vormittag völlig überraschend. Das Störungsschießen hatte seit drei Stunden aufgehört, doch umlief den Horizont in engem Halbkreis das unregelmäßige Feuer schwerer und kleiner Kaliber, wogegen wir aber – nach einem psychologischen Gesetz voller Weisheit – mit der wachsenden Annäherung der Gefahr immer gleichgültiger geworden waren und uns jetzt um so aufmerksamer verhielten, als ja die ganze Stadt mit Truppen vollgestopft lag und vor allem die Hauptstraße mit immer neu eintreffenden Resten abgekämpfter Verbände den Anblick eines Feldlagers bot. Wie die vorigen Tage war auch dieser sommerlich warm und strahlend vor Sonne und Himmelsbläue und weißen Wolken der Baumblüte in allen Gärten; das Bild der abgerackerten Frontsoldaten freilich, die entschlußlos, schon wie halb entwaffnet, mit Resten armseliger Fahrzeuge, teils ohne Führung, auf etwas warteten, von dem sie selber nicht wußten, was es war: Entlassung oder Flucht, Kampf oder Übergabe, oder Verwundung und Tod – dieses trostlose Bild irdischer Verwirrung stand freilich zu dem frühlings-herrlichen des unbeirrbaren kosmischen Wandels in grausamem Kontrast. Und doch sollte es in wenigen Augenblicken einen wahrhaft furchtbaren Ausdruck annehmen!*

*Ich war eben dabei, in mein Taschenbuch zu schreiben, mit bezähmter Nervosität noch meinen Schlußsatz zu Ende bringend, während eine gleichsam durch die Luft sich verbreitende Unruhe rasch anwuchs und bald dem Herannahen eines stürmischen Rauschens unterm Knattern ferner Blitze glich. Schreckensrufe lösten sich heraus, taumelten, sich straßaufwärts fortpflanzend, mit Heftigkeit an mein Ohr. Zugleich setzte ein wildes Rennen tausender Füße ein und der Braus jagender Fahrzeuge, und wie aus einer Brandung warf sich ein wirrer Chor von Stimmen in die Lüfte: »Die Panzer kommen! Die Panzer sind da! Straße frei! In die Keller!« – dunkle, hallende, warnende Rufe von Männern, hohe Schreie aus Frauenkehlen und das kleine vogelhaft schrille Geschrei von Kindern. Seit diesem Augenblick weiß ich, was Panik heißt.*

*Ich stürzte ans Fenster, halb hin-, halb weggerissen und doch von*

*dem Anblick drunten gebannt. Die Straße glich dem Bett eines reißenden Stromes, bis auf die Bürgersteige überschwemmt von Massen flüchtender Menschen, die in blinder Angst um ihr Leben liefen, von der schon nahe heranlangenden Peitsche knatternder Maschinengewehre gehetzt. Keinem Ruf mehr zugänglich außer dem einen, der den Einbruch des toddrohenden Sturmwinds verkündete, den man von der Bahnhofsgegend herauf unwiderstehlich erbrausen hörte, wälzte sich der tobende Menschenwildbach unter wütenden Stauungen straßauf, Zivilpersonen jedes Alters und Geschlechts vermengt mit den in panischer Auflösung fortgerissenen Truppen, Soldaten aller Waffengattungen und jedes Ranges, von denen einzelne sich die Zeit nahmen, mit einem wütend-hoffnungslosen Schlag gegen einen Bordstein oder eine Mauerecke ihr Gewehr zu zerbrechen, andere im Laufen, im Überklettern von Gartenzäunen, im Stürzen und Sichwiederaufraffen ihre Stahlhelme oder Mützen vom Kopf rissen, ihre Pistolen fortschleuderten, sich des Koppels entledigten, ja in nicht geringer Zahl ihren Waffenrock abstreiften, worunter bereits das Blau eines Monteuranzugs oder sonstiges Zivilzeug zum Vorschein kam. Wie gleich hochgehenden Wogen aber und die reißende Kraft unaufhaltsam beschleunigend, drängten inmitten des Stroms fortwährend hupend Wehrmachtautos voran, peitschten stehend die Fahrer von Fouragewagen unter Hetz- und Warnrufen ihre Pferde, fegten, preschten, galoppierten herrenlose Gespanne und ledige Gäule mit hocherhobenen, apokalyptischen Köpfen dahin. Es war ein Bild entfesselter Naturkräfte. Ich sah es, ich faßte es auf, empfing es in tausend zusammenströmenden Momentbildern »wie mit der Nadel ins Weiße des Auges gestochen« – so pflegen die arabischen Märchenerzähler zu sagen, wenn sie das schlechthin Unglaubwürdige, Phantastische, Wunderbare als in sichtbarer Wirklichkeit erlebt bezeugen wollen –; aber ich war wie geistesabwesend und riß mich erst von dem Anblick los, als ich im Hause rufen hörte. Dies also war der Augenblick, der unser Schicksal besiegeln würde? Solche Züge trug er und hieß uns noch gnädig? Unsre Augen gestanden es einander, als wir uns bei der Treppe trafen, mit einem Aufleuchten, das bei aller Jähe und*

*Zu nebenstehendem Bild:*
*Von Deutschland war schließlich kein unbesetzter Fleck übrig geblieben. Aber noch gab es, in allen Winkeln Europas verstreut, deutsche Truppenteile, die auf den Märschen in die Lager von den Siegern vor der Wut der einheimischen Zivilbevölkerung geschützt werden mußten. (Unser Bild: Frankreich)*

*Unberechenbarkeit des eintretenden Ereignisses die Ahnung glücklichen Überstehens austauschte. Und während dann drunten die Frauen noch ein paar Fremde hereinließen, die gegen die Haustür trommelten, und mit ihnen eilends den Keller aufsuchten, trat ich noch einmal an ein Fenster zur Straße: sie war schon fast leer. Nur einzelne Soldaten flüchteten noch zur Seite in irgendeinen Hausflur oder Hof. Und vor dem eisernen Brausen der heranrollenden Panzerwagen, das bereits die Scheiben klirren machte, vor dem Knattern der Maschinengewehre, das dunkle Stöße schwererer Waffen durchschlugen, jagten als letzte Nachhut des wilden Stromes der Flucht zwei Rossegespanne mit schleppender Deichsel und halbzertrümmerten, sich weiter auflösenden Wagen vorüber: Rappen, schweißnaß mit flockigem Schaum bedeckt, und falbe schwere Kaltblutpferde mit wehenden blonden Mähnen und feuerschlagenden Hufen – Entsetzen auch in den Augen der Kreatur!*
*Während ich den Keller erreichte, kamen die ersten Panzer auf der Höhe unsres Hauses an, fortwährend feuernd. Einige Minuten vergingen in äußerster Spannung, da sich von der Spitze der vorüberdröhnenden Kampfwagen her stärkere Feuerschläge in das pausenlose Geknatter der Kleinkalibergeschosse mischten. Sollte die Panzersperre doch noch geschlossen und besetzt worden sein? Würde es den Fanatikern der Vernichtung gelingen, sich durchzusetzen? Aber rasch zog der Kampflärm stadteinwärts weiter. Da fühlte ich in fast wilder, ungestümer schmerzhafter Bewegung aus jahrestiefer Nacht der namenlosen Bedrücktheit und des überpersönlichen Grams sich die Hoffnung im Herzen erheben wie eine umflorte Sonne; und während zum Dröhnen der nicht abreißenden Panzerkolonnen die Maschinengewehrgarben prasselten, umarmten wir alle einander in überströmendem Dankesgefühl und küßten uns – unsäglicher Kuß, der das Ende der blind-sinnlosen Herrschaft von Tod und Vernichtung besiegelte und ein erster Anhauch der Süße des Friedens war.*
*Das Schießen in der Straße ließ endlich nach, doch unaufhörlich dröhnte das Rollen der Kampfwagen vorüber. Es fiel schwer, bei solchen Vorgängen die ganze Zeit bloß auf den Sinn des Ohres angewiesen zu sein; und obwohl nun verstreutes Gewehrfeuer in*

*Zu nebenstehendem Bild:*
*Eine deutsche Gruppe auf der Flucht im Spätwinter 1945 in den baltischen Randstaaten, kurz vor der Gefangennahme. Die Ausrüstung wird noch mitgeschleppt.*

*den Gärten knällerte und Rufe in fremder Sprache durch die Luft hallten – wir hatten die Kellertür schon seit einer Weile geöffnet, Wolken von Birnbaumblüten schwebten im Rahmen des Türausschnitts wie überirdisch in der sonnigen Bläue –, liefen wir rasch nach oben, um wenigstens mit* einem *Blick die Begierde des Sehens zu stillen.*

*Ich muß Atem holen. Die ganze Schmählichkeit des Regimes, das unser Volk in den Staub erniedrigt hat, kam in dem bitterlichen Bilde zum Ausdruck, welches sich da draußen unsren Augen bot – diesem, nach allem was vorhergegangen, zuletzt nur mehr furchtbar-organischen Bild ungeordneter Übergabe der Soldaten eines an Leib und Seele gebrochenen Volkes. Barhäuptig, waffenlos, niedergeschlagenen Blicks oder Augen voll blanker Todesangst hin und her wendend, beide Hände erhoben oder über dem Scheitel, dem Nacken zusammengelegt – in einer Gebärde von unvergleichlicher Ausdruckskraft: das Joch der Unterwerfung symbolisierend –, so kamen einzeln oder in Zweier- und Dreiertrupps deutsche Soldaten aus Kellern und Höfen hervor und bewegten sich unsicher und zögernd unter den drohend auf ihre Brust, in ihren Rücken gerichteten Maschinenpistolen und Gewehren der Amerikaner dicht an den Zäunen der Vorgärten und den Häuserfronten entlang straßabwärts, entgegen der immer noch unaufhaltsam brausenden Strömung von Panzer- und Kampfwagen: kreatürlich-wehrloses, von langer Verfolgung erschöpftes Menschenwild, von Ungeheuern der stockwerkhohen Panzerungetüme erdrückend überschattet, im letzten, innersten Ring eines Treibjagdkessels endlich gestellt! Nicht einen Tag lang während dieses ganzen entsetzlichen Kriegs, ja, auch vor seinem mit dämonischer Lust planmäßig entfesselten Ausbruch nicht, hatte ich geglaubt, daß es zu anderem führen werde als zu einer vernichtenden Niederlage unsres Volkes; aber daß man es so weit mit uns würde treiben können, wie es geschehen, daß man in wenigen Jahren die Substanz von Jahrhunderten opfern und willens sein würde, uns bis zum letzten Tropfen ausbluten zu lassen, ein solcher Grad von Ruchlosigkeit war mir allerdings nicht vorstellbar gewesen. Das war es, was einem das Herz im Leib hätte umdrehen mögen: unser unseliges Volk nicht von einem äußeren Feinde, sondern durch sich selber in diese Lage gebracht zu sehen – durch die wahnhafte Aufblähung seiner nationalen Schwächen Großmannssucht und Sklavensinn unter der Gewaltherrschaft von Minderwertigen.*

*Erschüttert begaben wir uns in den Keller zurück. Ein leichterer Kampfwagen war eben im Begriff, sich aus der vorüberbrausenden Kolonne zu lösen und in den Nachbarhof, ein zweiter auf den Gehsteig neben unsrer Eingangspforte aufzufahren; die khakigelben Gestalten im Stahlhelm, die sie besetzt hielten, sprangen ab, um sich unter lauten Rufen in den Höfen und Gärten hinter den Häusern zu verteilen. Und noch hielt ich die Kerze, an der ich mir eben eine Zigarette anrauchte, in der Hand, als das Rufen auch hinter unsrem Haus laut ward und oben auf der Kellertreppe eine und noch eine behelmte Gestalt, Schnellfeuergewehre aus der Hüfte im Anschlag, das zauberhafte Frühlingsbild verdunkelten. »Come up!« riefen sie und winkten uns herauf. Und so brachten auch wir, Männer wie Frauen, der Stunde unsern Tribut mit erhobenen Händen, von einem dritten Soldaten draußen empfangen und mit leicht gesenkter Maschinenpistole in eine Reihe beordert, unterdes die andern beiden den Keller nach etwa versteckten deutschen Soldaten durchsuchten. Und während wir auf Befragen erklärten, weder Waffen noch Militärpersonen befänden sich im Haus – die Frauen wandten ihr Englisch gleich ausführlicher an –, besah ich mir den ersten dieser Fremden von jenseits des Ozeans, der ebensogut einer meiner Vettern hätte sein können. Groß, breitschultrig, braungebrannten Gesichts unterm ungezwungen zurückgeschobenen Stahlhelm, mit einem prächtigen Gebiß Gummi kauend und seine Worte malmend, so bot er in seinem leinenartigen sandfarbenen Dreß mit den heraufgerollten Hemdärmeln den Anblick von Kraft und Lässigkeit: einer Lässigkeit, wie mir schien, des unbefangenen Selbstbewußtseins und der demokratischen Freiheit seines großen Landes, jenes seltsamen Abkömmlings Europas, dessen künftiger Charakter es wesentlich bestimmen wird, sich durch zwei Kriege in diesem alten, rückständig-zwieträchtigen Mutter-Erdteil zur mächtigsten Nation entwickelt zu haben.*

*Als wir dann endlich zur Straße hinaustreten konnten – von anderen Ortsteilen herüberwehend, hing die Luft noch voll von den Schußketten der automatischen Waffen, dumpfe Feuerschläge der Panzerkanonen hallten ringsumher, über der Mitte unsres Ortes stiegen Brandwolken auf –, da begann eben einige Schritte oberhalb unsres Hauses eine abscheuliche Szene zu spielen, die in meiner Erinnerung für immer das tragische Bild dieser Stunde beflecken wird. Ein von Geschossen getötetes Pferd lag am Straßenrand, noch in der Deichsel des Jauchewagens, der halb über den Bürgersteig aufgefahren stand; und binnen weniger Minuten umwimmelten den Kadaver Weiber und Männer bei dem blutigsten Geschäft. Eimer oder Wannen in der Linken tragend, mit der Rechten ein weißes Taschen- oder Küchentuch neben ihren zugleich von Angst und von Begierde erregten Gesichtern schwenkend, so kamen sie aus den Häusern gelaufen und rissen sich um die Beute unter den Rohren der Panzerwagen, während mehr und mehr deutsche Soldaten in Gruppen und kleineren, schon geordneten Formationen mit über dem Kopf zusammengelegten Händen straßabwärts den bitteren Weg in die Kriegsgefangenschaft zogen. Begreiflicherweise wurde die Szene sofort von den Amerikanern photographiert. Zwei Männer hatten eine ganze Hinterkeule erbeutet und schleppten sie eilends und mühsam, so daß der Huf auf dem Pflaster klapperte, noch dicht vor der Spitze einer von Offizieren geführten größeren Gefangenenkolonne über die Straße. Was für ein Elendsbild, dieser blutige Klumpen Fleisch im aufgerissenen braunen Fell wie der Fleck einer scheußlichen Fahne vor dem Zug der zu Tode erschöpften Truppe, die, von einem langsam fahrenden Kampfwagen eskortiert und Mann für Mann unterm symbolischen Joch der überm Nacken zusammengelegten Hände, mit gesenkten oder starr geradeaus gerichteten Augen, unter dem Blick ihrer schweigenden Landsleute über die mit Uniformstücken und Waffentrümmern besäte Straße, das letzte Stück ihres unseligen Weges dahinzieht, gebeugt nicht nur von der Einsicht in die Endgültigkeit ihrer Niederlage, sondern von der Ahnung der unausdenkbaren Infamie, die binnen einem Dutzend Jahren zu dieser Stunde geführt und namenloses Unglück über die Erde, Ruin und Schande über ein großes Volk gebracht hat! Kein redliches Herz wird dem Mann die Träne verargen, die er in einem solchen Augenblick dem Unglück des Vaterlandes zollt.*

*Die Schnelligkeit des Panzervorstoßes hatte das Aushängen weißer Fahnen erübrigt, nur vor der Sperre, die zum Glück nicht mehr hatte geschlossen werden können, hingen einige Laken aus den Fenstern herab. In den Seitenstraßen und vor allem im oberen Ortsteil wurden unterdessen die Kampfhandlungen fortgesetzt; und nichts war phantastischer als diese Entrückung des Krieges in eben demselben Augenblick, da er sich kaum ein paar hundert Meter entfernt in Einzelgefechten verörtlichte. Noch feuerte von der Heide her deutsche Artillerie, in der Richtung der Anmarschstraße reihten sich die Rauchsäulen brennender Autos und Panzerwagen, immer wieder drückte der Bausch unferner Detonationen gegen Mund*

*und Ohren, und das Knattern der Kleinkaliber wanderte hin und her. Aber hier auf der Straße war der Krieg zu Ende. Die leichten Kampfwagen und die überschweren Ungetüme mit dem weißen Stern im Kreis und allerlei grotesken Bemalungen im Kabarettstil standen in Ruhe, die Bemannung war abgesessen, bis auf einzelne Posten hinter den die Straße beherrschenden Maschinengewehren; manche verzehrten ihr Büchsengericht, andere durchsuchten ziemlich planlos die Häuser nach Waffen, wobei zugleich Ferngläser und photographische Apparate beschlagnahmt wurden, der und jener aber auch als privaten Tribut eine Armbanduhr oder einen Füllfederhalter mitgehen ließ. Durchsickernde Nachrichten aus der Stadtmitte erzählten indessen von Plünderungen der Lebensmittel- und Textilgeschäfte durch die Massen der aus dem Osten verschleppten Arbeiter, die sich aus ihren Lagern aufgemacht hatten: Auflösungserscheinungen, die zu erwarten gewesen waren und denen hier die hemmungslose Ausschlachtung des gefallenen Pferdes entsprochen hatte. Längst lag nur noch ein Haufe blutigen Unrats und irisierender Eingeweide in der Gosse. Endlich aber erschienen jene zwei Männer wieder, die den Hauptanteil davongetragen hatten, und machten sich ans Werk, die Straße zu säubern: an eisernen Stangenhaken schleppten sie die Reste des Kadavers zu dem nahen Panzerschützenloch, stießen sie hinein und warfen etwas Erde darüber. So endete an dieser Stelle der große Krieg mit der Miniatur einer Schindanger-Szene.* (E. Barth, Lemuria, Aufzeichnungen und Meditationen)*

## AUFZEICHNUNGEN EINER BERLINERIN

*Anbei einige Blätter aus meinem Tagebuch. Ich hätte mir eigentlich das Tagebuch einer Frau ganz anders vorgestellt, es sieht mehr nach den Aufzeichnungen eines Frontsoldaten aus…*

*21. April 1945 (Samstag)*

*Verkehrsmittelsperre (nur Stufe III, Spezialausweis zugelassen!). Letzter Tag im Betrieb… Ab Mittag starker Artilleriebeschuß in Stadtmitte, zahlreiche Tote.*

*24. April 1945 (Dienstag)*

*Starker Artilleriebeschuß (Stalinorgel). Ab 5 Uhr morgens zittert und dröhnt das ganze Haus zwei Stunden lang. Lankwitzer Kasernen zurückerobert. Den ganzen Tag im Keller. Ohne Licht, ohne Wasser.*

*27. April 1945 (Freitag)*
*... Versuch einzukaufen muß wieder wegen Beschuß abgebrochen werden. Russischer Kommissar holt wieder alle aus dem Haus, Uhr abgenommen ... Schießerei rund um den Bunker, in dem vorwiegend werdende Mütter und Mütter mit Kindern sind ... schwere Schießerei, ... Tag und Nacht im Keller.*
*1. Mai 1945 (Dienstag)*
*Leichter Beschuß. Maifeier der Russen. Im Keller belästigt – Herr Witte geht dazwischen, konnte davonlaufen. Mittags zwei Kommissare – Herr Oberländer versucht es zu verhindern, im letzten Augenblick davongelaufen, Frau Thümmler läuft hinterher. Zu P. geflüchtet, werde dort gesucht. Weitergelaufen. Meist auf dem Boden versteckt. Nachts bei Brandenburgs geschlafen. Unruhige Nacht, überall Hilferufe.*
*4. Mai 1945 (Freitag)*
*Vormittag ruhig – keine Lebensmittel bekommen ... Täuberts ausgeplündert. Ununterbrochen kommen Truppen ins Haus. Meist auf dem Boden oder in sonstigen Verstecken ... Erst gegen 22 Uhr etwas Ruhe und zum Essen gekommen, nachts bei Fechner geschlafen. Unruhige Nacht, Haustüren werden eingeschlagen, Hilferufe!*
*6. Mai 1945 (Sonntag)*
*... Nachts bei Frau Fechner, schreckliche Nacht, überhaupt nicht geschlafen, ununterbrochen wird versucht, die Haustüre einzuschlagen, Veronika flüchtet zu uns, fürchterliche Angst.*
*8. Mai 1945 (Dienstag)*
*Ruhiger Morgen. Deutschland kapituliert. Nachmittags Wasser getragen. Abends versuchen Russen einzudringen. Türen verbarrikadiert. Die ganze Nacht wird gefeiert. Hilferufe!*
*13. Mai 1945 (Sonntag)*
*Wohnung und Keller weiter aufgeräumt. Alles ruhig. Die erste Nacht seit dem 22. April richtig ausgezogen geschlafen.*

*(Von Frau D. K., München, der Redaktion zur Verfügung gestellt. Auszug.)*

## LETZTES GESPRÄCH MIT BERLIN

Am 29. April tobt im Stadtkern von Berlin Tag und Nacht der Häuserkampf.
Um 0.30 fordert Generaloberst Jodl bei dem stellvertretenden Chef des WFSt., General Winter, umgehend die Meldung über Meuterer

an, die über Rundfunksender Erding Aufruf des bayerischen Befreiungskomitees erließen. Um 3.40 trifft von General Winter Meldung ein, daß über die Welle München die Nachricht verbreitet werde, der Führer sei gefallen.
Um 5.10 wird General Winter dahingehend orientiert, daß die Nachricht falsch sei, da zu dieser Stunde noch Fernsprechverbindung mit der Reichskanzlei besteht. Generaloberst Jodl erwartet die Durchführung befohlener Maßnahmen gegen Verrätergesindel in Erding.
Um 7.35 meldet General Winter über die Lage in München: »Verhalten Ritter von Epp ungeklärt. Putschender Führer Dolmetscherkompanie mit seinen Offizieren entkommen. Wirkung der Münchner Ereignisse auf Fronttruppe vereinzelt erkennbar. Schärfstes Durchgreifen sichergestellt.«
Um 11.00 Anruf Großadmiral, daß Feind bei Lauenburg Brückenkopf über die Elbe gebildet hat.
Um 12.35 letztes Gespräch mit Berlin (mit Kampfkommandant Weidling, nicht mehr mit Reichskanzlei). *(J. Schultz, Die letzten 30 Tage)**

## ALTER MANN IN THERESIENSTADT

*Er liegt auf seinem nackten Bette,*
*Ein spärlich' Kissen im Genick,*
*Und starrt ins Licht mit totem Blick. –*
*An monotoner Bilderkette*

*Ziehn Heimat, Sorgen, Kampf und Schmerz,*
*Verwaschene Erinnerungen,*
*Ein Lied, das man ihm einst gesungen,*
*Durch sein zersprungnes altes Herz.*

*In ausgefahrner Räderspur,*
*Zu schwach zum Sterben wie zum Leiden,*
*Liegt er im Graben zwischen beiden.*
*Er lebt nicht mehr, er atmet nur.*

*(G. Spies, Theresienstadt)**

## ERLAUBNISERTEILUNG

*Konzentrationslager Auschwitz III*
*Abteilung III*
*An das Arbeitslager Golleschau*
*Dem Häftling Nr. 62 866, Kierspel, Josef, ist vom Lagerkommandanten das Tragen langer Haare gestattet.*

*Der 1. Schutzhaftlagerführer*
*gez.: Schöttl, SS-Obersturmführer*

*(Nico Rost, Goethe in Dachau)**

## VERZWEIFLUNGSAKTE

27. April 1945
In Berlin wird erbittert um den inneren Verteidigungsring gekämpft. Trotz des Hauptführungsproblems Berlin werden durch das OKW auch noch Entscheidungen an anderen Fronten getroffen.
So meldet die Armee Ostpreußen, daß bei Nichteintreffen von Munition in kurzer Frist trotz aller Pflichttreue der Widerstand auf der Kurischen Nehrung und im Westraum des Weichseltiefs in wenigen Tagen vom Feind gebrochen sein wird.
Dennoch erhält die Armee Ostpreußen den Befehl, wonach ihr zur Aufgabe gemacht wird, nach Verlust der Seefestung Pillau stärkere Feindkräfte zu binden und damit die Voraussetzungen für Versorgung der Heeresgruppe Kurland zu erhalten. Daher müsse der Raum um die Putzinger Nehrung weiter verteidigt werden.
Inzwischen trifft noch ein »Führerbefehl« ein, mit der Maßgabe, die Angriffsgruppe Oranienburg (verstärkte 25. Panzergrenadierdivision) dem XXXXI. Panzerkorps General Holste bei Rathenow zu unterstellen und das Unterstellungsverhältnis unter SS-Obergruppenführer Steiner aufzuheben. Anscheinend hat der Führer zu dem SS-Führer Steiner kein Vertrauen mehr, da dessen befohlener Angriff auf Berlin nicht ins Rollen kommt.
Der Befehlshaber im norddeutschen Raum, Großadmiral Dönitz, sucht das Hauptquartier OKW auf, um sich zu orientieren und im Hinblick auf künftige Ereignisse eine enge Verbindung herzustellen.
Im Zuge des fast ausschließlichen Einsatzes der obersten Führung für den Kampf um Berlin glaubt Keitel noch durch einen »heroischen Aufruf« an die Heeresgruppe »Weichsel« sowie 9. und 12.

Armee, diese Verbände zum stärkeren, hingebungsvollen Einsatz anspornen zu müssen, indem er darauf hinweist, »daß die Schlacht um Berlin ihren Höhepunkt erreicht habe, und nur bei Vereinigung von 9. und 12. Armee, mit ›Vorstürmen‹ nach Norden und ›Vorbrechen‹ der verstärkten 25. Panzergrenadierdivision auf Tegel die Schlacht um Berlin noch gerettet werden könne.«
Keitel gibt anschließend an einem Besuch beim Kampfkommandanten in Rathenow diesem den strikten Befehl, unter allen Umständen die westlich Berlin vordringenden Russen zu halten. Es werden scharfe Maßnahmen gegen alle aus Rathenow zurückflutenden Truppen befohlen. Die Truppenteile sind nach Rathenow zurückzuführen. Mit allen Mitteln soll die Fiktion aufrechterhalten werden, als werde General Holste aus dem Raum um Rathenow noch gegen Berlin antreten. Doch alles dies sind Verzweiflungsakte, die im Enderfolg ohne Einfluß auf die Gesamtlage bleiben.

*(J. Schultz, Die letzten 30 Tage)**

## KRIEG MIT KINDERN

In den flachen Gräben vor der Pichelsdorfer Brücke, beiderseits der Heerstraße, lagen in kleineren oder größeren Abständen Hitlerjungen mit Panzerfäusten allein oder zu zweien. Die Morgendämmerung war bereits so weit fortgeschritten, daß sich die dunklen Umrisse schwerer russischer Panzer in der Nähe des Bahnhofs Heerstraße deutlich vom dunkleren Hintergrund abhoben. Sie standen mit Schußrichtung auf die Brücken. Zu dritt rannten wir mit äußerster Kraftanstrengung über die lange, schmale Brücke und waren herzlich froh, als wir uns auf der anderen Seite im Schutz der Straßenböschung verschnaufen konnten. Nach einigen Stunden Suchen in dem kleinen Waldstück, das sich der Straße entlangzieht, fanden wir den Führer der sich dort verteidigenden Kampfgruppe in einem mit Holz abgestützten Erdbunker, der in den ansteigenden Hang einer kleinen Senke gebaut war. Nachdem wir uns ausgewiesen hatten, erfuhren wir aus seinem Munde vom Schicksal seiner Leute. »Als vor etwa fünf Tagen die Kämpfe hier begannen«, erzählte er, »waren es rund 5000 Jungen der Hitlerjugend und einige Soldaten, die den verzweifelten Kampf gegen die erdrückende Übermacht aufnahmen. Die nur mir Gewehren und Panzerfäusten notdürftig ausgerüsteten Jungen hatten durch die Wirkung des verheerenden

Artilleriefeuers furchtbare Verluste erlitten. Von den 5000 Jungen waren nur noch etwa 500 kampffähig. Keine Reserven, keine Ablösungen trafen ein, um den ermüdeten Jungen auch nur kurze Zeit Schlaf zu gönnen.« *(G. Boldt, Die letzten Tage der Reichskanzlei)**

## WANN WAR DAS?

*An einer Pressevorführung des Filmes »Der letzte Akt« im Sommer 1955 nahm auch der ehemalige Chauffeur Hitlers, Kempka, der sich bei dieser Gelegenheit als der Chef des Kraftfahrwesens des Führers bezeichnete, teil. Er bestritt, daß die Darstellung des Filmes mit der Wirklichkeit übereinstimmt. »Es gab keinerlei Aufregung im Bunker«, erklärte er, »bis zum letzten Augenblick hat der Apparat tadellos geklappt.« »Bis zu welchem Augenblick glaubten die Menschen im Bunker, der Führer, die Generalität, Goebbels, Bormann usw., daß die Sache noch gut gehen könne?« wurde Kempka gefragt. »Bis wir hörten, daß der General Wenck nicht käme«, antwortete Kempka. »Wann war das?« wurde Kempka gefragt. »Ein paar Tage vor Hitlers Tod«, antwortete Kempka.* (Mitgeteilt von E. K.)

## DAS HISTORISCHE HAUS

*Es war das Haus, wo in der Nacht vom 23. zum 24. April 1945 mein Zusammentreffen mit Himmler stattgefunden hatte, die Zusammenkunft, bei welcher der Reichsführer, wie nunmehr eine am Eingang angebrachte Tafel verkündet, sich zur Übergabe vor den Westmächten bereit erklärt hatte. Draußen vor dem Eingang lag noch immer das zerbrochene Eisengitter und erinnerte an das kleine, sinnbildliche Zwischenspiel, als Himmler nach der Verhandlung darauf bestand, sich selbst ans Steuer zu setzen, und dann in seinem überreizten Zustand in das Gitter fuhr. Der Raum, wo die Verhandlung stattgefunden hatte, diente nunmehr dem Roten Kreuz als Geschäftsstelle. Dort standen noch immer die beiden ziemlich unbequemen Sessel, in denen Himmler und ich uns niedergelassen hatten, um unser Gespräch zu beginnen. Das Haus an der Eschenburgstraße in Lübeck hat seinen festen Platz in der deutschen Geschichte. In dieser Villa, die in ihrem einigermaßen billigen Jugendstil wie Tausende anderer bürgerlichen Villen in deutschen Vor-*

*stadtvierteln aussieht, wurde zum ersten Male das Bekenntnis abgelegt, daß das Tausendjährige Reich, wie es der Nazismus zwölf Jahre lang gepredigt hatte, eine Illusion und eine einzige Seifenblase war.* *(F. Bernadotte, An Stelle von Waffen)* *

## HIMMLER VERSUCHT, SICH ZU RETTEN

(Flensburg, Nacht vom 23./24. April 1945)

Himmler:
»In der Lage, die nun entstanden ist, habe ich freie Hand. Um möglichst große Teile Deutschlands vor der russischen Invasion zu bewahren, bin ich bereit, an der Westfront zu kapitulieren, damit die Truppen der Westmächte so schnell wie möglich nach Osten vorrücken können. Dagegen bin ich nicht bereit, an der Ostfront zu kapitulieren. Ich bin immer ein geschworener Feind des Bolschewismus gewesen und werde es allzeit bleiben. Zu Beginn des Krieges habe ich verbissen gegen den deutsch-russischen Pakt gekämpft. Sind Sie bereit, eine Mitteilung dieser Art an den schwedischen Außenminister weiterzuleiten, damit er die Westmächte über meinen Vorschlag orientieren kann?«
Bernadotte:
»Meines Erachtens ist es ganz unmöglich, eine Kapitulation an der Westfront durchzuführen und dann den Kampf an der Ostfront fortzusetzen. England und Amerika werden sich bestimmt auf keine Sonderabmachung mit Deutschland einlassen.«
Himmler:
»Ich begreife, wie unerhört schwierig das ist. Aber ich will auf alle Fälle einen Versuch machen, Millionen Deutsche vor einer russischen Besetzung zu retten.«
Bernadotte:
»Ich bin nur bereit, dem schwedischen Außenminister Ihre Anfrage zu übermitteln, wenn Sie versprechen, daß auch Dänemark und Norwegen in die Kapitulation einbezogen werden.«
Himmler antwortete, ohne sich zu bedenken, er sei dazu bereit. ...
Er machte nur einen einzigen Vorbehalt: Dänemark und Norwegen dürften nicht von russischen Truppen besetzt werden.
Ich fragte Himmler, was er zu tun gedenke, wenn sein Angebot zurückgewiesen werde.
»In diesem Falle«, erwiderte er, »übernehme ich das Kommando

eines Bataillons an der Ostfront und falle im Kampf.«
Es ist allgemein bekannt, daß er diese Absicht nicht verwirklicht hat.

*(F. Bernadotte, Das Ende)**

## GENERAL KOLLER BERICHTET

*Der letzte Generalstabschef der Luftwaffe befindet sich am 22. April in Berlin*

22. April, 20.45 Uhr: Christian ist bei mir eingetroffen. Sein Bericht und seine Meldung: »Der Führer ist zusammengebrochen, er sieht den Kampf nun als aussichtslos an. Er will aber aus Berlin nicht heraus, sondern im Bunker bleiben und Berlin verteidigen. Wenn die Russen kommen, will er die Konsequenz ziehen und sich erschießen. Keitel, Jodl, Bormann, Dönitz, Himmler, die beiden letzteren fernmündlich, haben versucht, in umzustimmen und zu bewegen, aus Berlin herauszugehen, weil man dort doch nicht mehr führen könnte. Das war alles vergeblich. Der Führer hat seine Akten, Dokumente und Papiere aus seinen Räumen zum Verbrennen auf den Hof hinausbringen lassen. Das geschieht jetzt gerade. Der Außenminister ist auch erschienen, aber Hitler wollte ihn nicht sehen. Er hat sich Goebbels, dessen Frau und die sechs Kinder bestellt, die sitzen nun alle mit ihm im Bunker.«
»Wozu das?« frage ich. Christian antwortet: »Die Kinder werden sie töten und die Erwachsenen werden Selbstmord begehen.«
»Wie«, frage ich, »stellt man sich denn das Weitere vor? Was machen die Oberkommandos?« – »Der Führer hat gesagt«, gibt Christian zur Auskunft, »er bleibe da, die andern sollen herausgehen aus Berlin, können alle hingehen, wohin sie wollen. Nun will das OKW, Keitel und Jodl, die Führung an sich nehmen, die Truppen an der Elbe herumdrehen und sie gegen den Osten werfen. Das OKW geht aus Berlin heraus, versammelt sich heute nacht in Krampnitz.« Er fügt hinzu: »Mir ist heute in meinem Innern so viel zerbrochen, daß ich es noch gar nicht fassen kann. Die Stimmung in dem Bunker ist erschütternd, ich kann den Eindruck nicht wiedergeben. Und da trinken sich die kleinen Leute in der Umgebung des Führers nun Mut an, auch die Frauen und Mädchen.«
Meine Frage, ob noch Befehle für die Luftwaffe gegeben worden seien, verneint Christian.

Ich muß volle Klarheit über die Vorgänge und die Absichten des OKW haben, um zu entscheiden, ob ich selbständig handeln kann, und beschließe, mit Jodl zu sprechen. Mit Christian unterhalte ich mich über die Folgen von Hitlers Entschluß. Er bedeutet praktisch Ausfall der gesamten Reichsregierung, Wegfall der obersten militärischen Führung. Zu frühes Durchsickern dieses Entschlusses kann gefährliche Rückwirkungen an allen Fronten bringen und ein Chaos heraufbeschwören.
Ich sage Christian: »Hitler hat uns in das größte Unglück gebracht, und nun läßt er uns alle sitzen, das ganze Volk läßt er im Stich.«

### *General Koller fliegt auf Befehl des OKW zu Göring nach Berchtesgaden*

23. April: Auf der Flugleitung in Neubiberg sitzt der dicke Morell, Hitlers Leibarzt. Er ist mit der Führerkuriermaschine aus Berlin gekommen, mit ihm acht Frauen und sieben Kinder; die Babys schreien im Nebenraum. Morell will nach München, er habe dort einen wichtigen Auftrag Hitlers zu erledigen. Ich soll ihm zu einem Kraftwagen verhelfen; dabei ist für mich selbst, da mein Eintreffen überraschend erfolgt ist, nur ein Holzgaser von der Wetterwarte vorhanden.
Bei den Meteorologen kann ich etwas zu essen erhalten, inzwischen telephoniere ich mit dem Vorkommando des OKL in Berchtesgaden, Oberst v. Greif. Dann fahre ich mit dem Holzgaser los nach Glonn.
Dort finde ich meinen Kraftwagen vor, und da ich keine Zeit zu einem Aufenthalt habe, nehme ich meine Frau, die in Glonn ist, nach Berchtesgaden mit. Ich muß ihr unbedingt für sich und die Kinder Verhaltensmaßregeln geben. Morgen soll sie dann wieder nach Glonn zurück.
Unterwegs habe ich aber wegen der Anwesenheit des Kraftfahrers keine Möglichkeit zu einer Aussprache. Die Ereignisse in Berlin müssen vor der Öffentlichkeit noch geheim bleiben.
In Berchtesgaden lade ich meine Frau im Haus Geiger, wo auch mein Gefechtsstand eingerichtet ist, ab und fahre zum Reichsmarschall auf den Berg. Ich bin gegen 12 Uhr da.
Auf dem Obersalzberg bei Göring treffe ich außer dem Chefadjutanten von Brauchitsch noch den Reichsleiter Bouhler. Ich bemerke,

daß ich ganz entscheidende Meldungen überbrächte, Göring sagt aber: »Der Bouhler kann ruhig hierbleiben, er kann alles hören.«
Ich referiere, und zwar den Bericht von Christian und wortgetreu die Unterredung mit Jodl. Göring scheint betroffen, doch habe ich den Eindruck, daß er ähnliches erwartet hat. Er und Bouhler äußern sich sehr heftig gegen Hitler. Sie bezeichnen sein Verhalten als eine »abgrundtiefe Gemeinheit«. Besonders Bouhler ergeht sich in sehr heftigen Ausdrücken.
Göring fühlt sich in einer sehr schwierigen Lage, er überlegt, was zu tun sei und vor allem, was er jetzt tun müsse. Er bittet mich um eine genaue Schilderung der militärischen Situation in und um Berlin, überhaupt im Norden. Ich trage den Tatbestand an Hand von Karten vor.
Göring will darauf wissen, ob Hitler noch lebt, ob er seinen Entschluß nochmals ändern könnte und ob er nicht inzwischen Bormann zu seinem Nachfolger bestimmt hätte. Ich erwidere:
»Bei meinem Start in Berlin hat Hitler noch gelebt. Es bestand auch noch auf der Erde Verbindung über Potsdam auf der Avus und über die Heerstraße nach Berlin. In der Stadt sollte der Russe bis zum Alexanderplatz vorgedrungen sein, doch wurde diese Nachricht kurz danach widerrufen. Inzwischen sind aber rund zehn Stunden vergangen, in denen verschiedenes passiert sein kann. Ich rechne persönlich nicht damit, daß Berlin so schnell fällt, es wird sich bis zum Ende etwa sieben bis acht Tage halten. Doch muß man auf eine rasche Sperrung der letzten Zufahrten über die Avus und Heerstraße gefaßt sein. Ich bin aber nicht der Ansicht, daß diese Zufahrten bereits jetzt geschlossen sind. Möglich ist jedoch, daß Hitler auf Grund einer Tartaren-Post, wie sie in solchen Lagen immer einmal entstehen, bezüglich seines Lebens einen voreiligen Entschluß trifft, so daß ich darüber, ob er im Augenblick wirklich noch lebt, keine bindende Auskunft geben kann. Ganz ausgeschlossen ist es auch nicht, daß er seinen Entschluß wieder ändert, er hat schon oft derartige Plötzlichkeiten gezeigt.
Dennoch ist es an Ihnen, Herr Reichsmarschall, nun zu handeln. Durch seine Entscheidung von gestern nachmittag hat sich Hitler

*Zu nebenstehendem Bild:*
*Heute führen in Reims (Frankreich) große Wegschilder zu der Industrieschule, in der Generalfeldmarschall Jodl (rechts) die Bedingungslose Kapitulation unterzeichnete. Jodl trug bei dieser Gelegenheit das Goldene Parteiabzeichen der NSDAP. Später wurde er im Nürnberger Prozeß zum Tode verurteilt und hingerichtet.*

zum Kommandanten von Berlin gemacht und sich damit von der Staatsführung wie von der obersten Führung der Wehrmacht praktisch selbst ausgeschaltet.«
Bouhler unterstützt diese Auffassung. Göring teilt gleichfalls die Meinung, ist aber trotzdem voller Bedenken. Seine größte Sorge ist dabei, daß Hitler bei ihrem schon lange bestehenden gespannten Verhältnis Bormann zu seinem Stellvertreter oder Nachfolger erklärt haben könnte. »Bormann ist mein Todfeind«, sagt Göring. »Der wartet nur drauf, mich umzulegen. Handle ich jetzt, stempelt man mich zum Verräter, handle ich nicht, macht man mir den Vorwurf, daß ich in den schwersten Stunden versagt habe.«
Er holt aus einer Stahlkassette das Gesetz vom 29. Juni 1941 und liest uns den Text vor. Ich habe vor Jahren bei der damaligen Veröffentlichung von dem Gesetz gehört, doch ist mir sein Inhalt nicht mehr so genau im Bewußtsein. Nun vernehme ich ihn, der wichtigste Satz lautet etwa:
»Wenn ich in meiner Handlungsfreiheit beschränkt sein oder durch irgendwelche Ereignisse ausfallen sollte, so ist der Reichsmarschall Hermann Göring mein Stellvertreter bzw. Nachfolger in allen Ämtern von Staat, Partei und Wehrmacht.«
Wir sind alle drei des Glaubens, daß damit die Sache eigentlich eindeutig geklärt ist. Göring hat aber immer noch die Befürchtung, daß Hitler mittlerweile anders bestimmt haben könnte. Unterdessen hat er den Reichsminister Lammers (Chef der Präsidialkanzlei), der in Berchtesgaden weilt, zu sich bestellt. Lammers trifft jetzt ein und wird unterrichtet. Die Debatte beginnt neuerdings, das Gesetz wird wieder gelesen. Auf ausdrückliche Befragung Görings bestätigt nun Lammers:
»Das Gesetz vom 29. Juni 1941 ist voll in Kraft und rechtmäßig, einer neuen Veröffentlichung bedarf es nicht mehr. Das Gesetz ist voll gültig. Der Führer hat nichts anderes bestimmt. Wenn er etwas anderes bestimmt hätte, müßte ich das wissen. Ohne mich hätte er das nicht rechtskräftig durchführen können.«
Göring hat aber weiterhin Besorgnis, er meint, daß er nur dann selbständig handeln könne, wenn zu Hitler tatsächlich keine Verbindung herzustellen sei.

*Zu nebenstehendem Bild:*
*Rechts und links ein GI, am Ende der Kolonne ein Jeep – so ziehen ganze Divisionen in Gefangenschaft. Nach Kriegsende befand sich der größte Teil der männlichen Bevölkerung Deutschlands vorübergehend hinter Stacheldraht.*

Die Zeit drängt, es muß etwas geschehen. Ich schlage daher Göring folgendes vor: »Wenn Sie ganz sichergehen wollen, schicken Sie Hitler einen Funkspruch und stellen Sie ihm die klare Frage. Eine Frage kann er nicht übelnehmen, er hat Sie ja selbst in diese Situation gebracht.«
Göring greift das sofort auf; auch die Anwesenden sind dafür. Göring diktiert daraufhin selbst einen langen Funkspruch, etwas schwülstig und mit vielen Beteuerungen. Um abgesetzt werden zu können, wird er zu umfangreich.
Ich unterbreche daher und weise darauf hin, daß unter den gegenwärtigen Umständen nur ein kurzer und prägnanter Funkspruch durchkommen könnte. Göring beauftragt Brauchitsch und mich, gleich je einen Entwurf zu machen. Der Text, den ich niederschreibe, lautet: »Mein Führer, sind Sie einverstanden, daß ich nach Ihrem Entschluß, in Berlin zu bleiben und Berlin zu verteidigen, auf Grund des Gesetzes vom 29. Juni 1941 nunmehr die Gesamtführung des Reiches übernehme?« Göring verlangt, daß ich hinzufüge: »Mit allen Vollmachten nach innen und außen.«
Wir müssen außerdem, überlege ich mir, die Antwort an eine Zeitbegrenzung binden, da die militärische Entwicklung das dringend erfordert und wir einen Zeitpunkt brauchen, von dem ab Göring auf jeden Fall selbständig handeln kann. Ich berechne kurz, was für Verschlüsseln und Absetzen hier, für Entschlüsseln in Berlin, Hitlers Entscheidung, Rückantwort, Verschlüsseln und wieder Dechiffrieren bei uns gebraucht wird und komme mit berücksichtigtem Saustallkoeffizienten auf spätestens 22 Uhr. Infolgedessen endet der obige Spruch jetzt mit dem Satz: »Wenn ich bis 22 Uhr keine Antwort erhalte, nehme ich an, daß Sie Ihrer Handlungsfreiheit beraubt sind und werde ich nach eigenem Ermessen handeln.«
Göring fügt noch einen Zusatz an. Dieser lautet etwa: »Was ich in dieser schwersten Stunde meines Lebens empfinde, kann ich nicht aussprechen. Der Herrgott schütze Sie, und ich hoffe, daß Sie doch noch aus Berlin hierherkommen.«
Der Spruch wird durch die Funkstellen des OKL, die eigens dazu mit einem Generalstabsmajor besetzt wurden, an den Bunker der Reichskanzlei abgesetzt.
(Hitler hat noch die Macht, von Berlin aus Göring auf dem Obersalzberg als »Verräter« verhaften zu lassen.) *(K. Koller, Der letzte Monat)**

Mein politisches Testament:
Seit ich 1914 als Freiwilliger meine bescheidene Kraft im ersten, dem Reich aufgezwungenen Weltkrieg einsetzte, sind nunmehr über dreißig Jahre vergangen. In diesen drei Jahrzehnten haben mich bei all meinem Denken, Handeln und Leben nur die Liebe und Treue zu meinem Volk bewegt. Sie gaben mir die Kraft, schwerste Entschlüsse zu fassen, wie sie bisher noch keinem Sterblichen gestellt worden sind. Ich habe meine Zeit, meine Arbeitskraft und meine Gesundheit in diesen drei Jahrzehnten verbraucht.
Es ist unwahr, daß ich oder irgend jemand anderes in Deutschland den Krieg im Jahre 1939 gewollt habe. Er wurde gewollt und angestiftet ausschließlich von jenen internationalen Staatsmännern, die entweder jüdischer Herkunft waren oder für jüdische Interessen arbeiteten. Ich habe zu viele Angebote zur Rüstungsbeschränkung und Rüstungsbegrenzung gemacht, die die Nachwelt nicht auf alle Ewigkeiten wegzuleugnen vermag, als daß die Verantwortung für den Ausbruch dieses Krieges auf mir lasten könnte. Ich habe weiter nie gewollt, daß nach dem ersten unseligen Weltkrieg ein zweiter gegen England oder gar gegen Amerika entsteht. Es werden Jahrhunderte vergehen, aber aus den Ruinen unserer Städte und Kunstdenkmäler wird sich der Haß gegen das letzten Endes verantwortliche Volk immer wieder erneuern, dem wir das alles zu verdanken haben: Das internationale Judentum und seine Helfer.
Ich habe noch drei Tage vor Ausbruch des deutsch-polnischen Krieges dem britischen Botschafter in Berlin eine Lösung der deutsch-polnischen Probleme vorgeschlagen – ähnlich der im Falle des Saargebietes unter internationaler Kontrolle. Auch dieses Angebot kann nicht weggeleugnet werden. Es wurde nur verworfen, weil die maßgebenden Kreise der englischen Politik den Krieg wünschten, teils der erhofften Geschäfte wegen, teils getrieben durch eine vom internationalen Judentum veranstaltete Propaganda.
Ich habe aber auch keinen Zweifel darüber gelassen, daß, wenn die Völker Europas wieder nur als Aktienpakete dieser internationalen Geld- und Finanzverschwörer angesehen werden, dann auch jenes Volk mit zur Verantwortung gezogen werden wird, das der eigentliche Schuldige an diesem mörderischen Ringen ist: Das Judentum. Ich habe weiter keinen darüber im unklaren gelassen, daß dieses Mal nicht nur Millionen Kinder von Europäern der arischen Völker

verhungern werden, nicht nur Millionen erwachsener Männer den Tod erleiden und nicht nur Hunderttausende von Frauen und Kindern in den Städten verbrannt und zu Tode bombardiert werden dürften, ohne daß der eigentliche Schuldige, wenn auch durch humanere Mittel, seine Schuld zu büßen hat.
Nach einem sechsjährigen Kampf, der einst in die Geschichte trotz aller Rückschläge als die ruhmvollste und tapferste Bekundung des Lebenswillens eines Volkes eingehen wird, kann ich mich nicht von der Stadt trennen, die die Hauptstadt dieses Reiches ist. Da die Kräfte zu gering sind, um dem feindlichen Ansturm gerade an dieser Stelle noch länger standzuhalten, der eigene Widerstand aber durch ebenso verblendete wie charakterlose Subjekte allmählich entwertet wird, möchte ich mein Schicksal mit jenem vereinen, das Millionen anderer auch auf sich genommen haben, indem ich in dieser Stadt bleibe. Außerdem will ich nicht Feinden in die Hände fallen, die zur Belustigung ihrer verhetzten Massen ein neues, von Juden arrangiertes Schauspiel benötigen.
Ich habe mich daher entschlossen, in Berlin zu bleiben, und dort aus freien Stücken in dem Augenblick den Tod zu wählen, in dem ich glaube, daß der Sitz des Führers und Kanzlers selbst nicht mehr gehalten werden kann. Ich sterbe mit freudigem Herzen angesichts der mir bewußten unermeßlichen Taten und Leistungen unserer Soldaten an der Front, unserer Frauen zu Hause, der Leistungen unserer Bauern und Arbeiter und des in der Geschichte einmaligen Einsatzes unserer Jugend, die meinen Namen trägt.
Daß ich ihnen allen meinen aus tiefstem Herzen kommenden Dank ausspreche, ist ebenso selbstverständlich wie mein Wunsch, daß sie deshalb den Kampf unter keinen Umständen aufgeben mögen, sondern ganz gleich wo immer, ihn gegen die Feinde des Vaterlandes weiterführen, getreu den Bekenntnissen des großen Clausewitz. Aus dem Opfer unserer Soldaten und aus meiner Verbundenheit mit ihnen bis in den Tod, wird in der deutschen Geschichte so oder so einmal wieder der Samen aufgehen zur strahlenden Wiedergeburt der nationalsozialistischen Bewegung und damit zur Verwirklichung einer wahren Volksgemeinschaft.
Viele tapferste Frauen und Männer haben sich entschlossen, ihr Leben bis zuletzt an das meine zu binden. Ich habe sie gebeten und ihnen endlich befohlen, dies nicht zu tun, sondern am weiteren Kampf der Nation teilzunehmen. Die Führer der Armeen, der Marine und der Luftwaffe bitte ich, mit äußersten Mitteln den Wider-

standsgeist unserer Soldaten im nationalsozialistischen Sinne zu verstärken unter dem besonderen Hinweis darauf, daß auch ich selbst als der Gründer und Schöpfer dieser Bewegung den Tod dem feigen Absetzen oder gar einer Kapitulation vorgezogen habe.

Möge es dereinst zum Ehrbegriff des deutschen Offiziers gehören – so wie dies in unserer Marine schon der Fall ist –, daß die Übergabe einer Landschaft oder einer Stadt unmöglich ist, und daß vor allem die Führer hier mit leuchtendem Beispiel voranzugehen haben in treuester Pflichterfüllung bis in den Tod.

Ich stoße vor meinem Tode den früheren Reichsmarschall Hermann Göring aus der Partei aus und entziehe ihm alle Rechte, die sich aus dem Erlaß vom 29. Juni 1941 sowie aus meiner Reichstagserklärung vom 1. September 1939 ergeben könnten. Ich ernenne an seiner Statt den Großadmiral Dönitz zum Reichspräsidenten und Obersten Befehlshaber der Wehrmacht.

Ich stoße vor meinem Tode den früheren Reichsführer SS und Reichsminister des Innern Heinrich Himmler aus der Partei sowie aus allen Staatsämtern aus. Ich ernenne an seiner Stelle den Gauleiter Karl Hanke zum Reichsführer SS und Chef der Deutschen Polizei und den Gauleiter Paul Giesler zum Reichsminister des Innern.

Göring und Himmler haben durch geheime Verhandlungen mit dem Feinde, die sie ohne mein Wissen und gegen meinen Willen abhielten, sowie durch den Versuch, entgegen dem Gesetz die Macht im Staate an sich zu reißen, dem Lande und dem gesamten Volk unabsehbaren Schaden zugefügt, gänzlich abgesehen von der Treulosigkeit gegenüber meiner Person. Um dem deutschen Volk eine aus ehrenhaften Männern zusammengesetzte Regierung zu geben, die die Verpflichtung erfüllt, den Krieg mit allen Mitteln weiter fortzusetzen, ernenne ich als Führer der Nation folgende Mitglieder des neuen Kabinetts:

| | |
|---|---|
| Reichspräsident: | Dönitz |
| Reichskanzler: | Dr. Goebbels |
| Parteiminister: | Bormann |
| Außenminister: | Seyß-Inquart |
| Innenminister: | Gauleiter Giesler |
| Kriegsminister: | Dönitz |
| Oberbefehlshaber des Heeres: | Schörner |
| Oberbefehlshaber der Kriegsmarine: | Dönitz |
| Oberbefehlshaber der Luftwaffe: | Greim |

| | |
|---|---|
| Reichsführer SS und Chef der Deutschen Polizei: | Gauleiter Hanke |
| Wirtschaft: | Funk |
| Landwirtschaft: | Backe |
| Justiz: | Thierack |
| Kultus: | Dr. Scheel |
| Propaganda: | Dr. Naumann |
| Finanzen: | Schwerin-Krosigk |
| Arbeit: | Dr. Hupfauer |
| Rüstung: | Saur |
| Leiter der Deutschen Arbeitsfront und Mitglied des Reichskabinetts: | Reichsminister Dr. Ley |

Obwohl sich eine Anzahl dieser Männer, wie Martin Bormann, Dr. Goebbels usw. einschließlich ihrer Frauen, aus freiem Willen zu mir gefunden haben und unter keinen Umständen die Hauptstadt des Reiches verlassen wollten, sondern bereit waren, mit mir hier unterzugehen, muß ich sie doch bitten, meiner Aufforderung zu gehorchen und in diesem Falle das Interesse der Nation über ihr eigenes Gefühl zu stellen. Sie werden mir durch ihre Arbeit und ihre Treue als Gefährten nach dem Tode ebenso nahestehen, wie ich hoffe, daß mein Geist unter ihnen weilen und sie stets begleiten wird. Mögen sie hart sein, aber niemals ungerecht, mögen sie vor allem nie die Furcht zum Ratgeber ihres Handelns erheben, und mögen sie die Ehre der Nation über alles stellen, was es auf Erden gibt. Mögen sie sich endlich dessen bewußt sein, daß unsere Aufgabe des Ausbaues eines nationalsozialistischen Staates die Arbeit kommender Jahrhunderte darstellt, die jeden einzelnen verpflichtet, immer dem gemeinsamen Interesse zu dienen und seine eigenen Vorteile demgegenüber zurückzustellen.

Von allen Deutschen, allen Nationalsozialisten, Männern und Frauen und allen Soldaten der Wehrmacht verlange ich, daß sie der neuen Regierung, ihrem Präsidenten treu und gehorsam sein werden bis in den Tod. Vor allem verpflichte ich die Führung der Nation und die Gefolgschaft zur peinlichen Einhaltung der Rassegesetze und zum unbarmherzigen Widerstand gegen den Weltvergifter aller Völker, das internationale Judentum.

Gegeben zu Berlin, den 29. April 1945, 4 Uhr. gez. Adolf Hitler

Als Zeugen: gez. Dr. Joseph Goebbels, Martin Bormann, Wilhelm Burgdorf, Hans Krebs.

## GOEBBELS' NACHTRAG ZUM POL. TESTAMENT HITLERS

(gem. Presseveröffentlichungen vom Januar 1946)

Der Führer hat mir den Befehl gegeben, im Falle des Zusammenbruchs der Verteidigung der Reichshauptstadt, Berlin zu verlassen und als führendes Mitglied an einer von ihm ernannten Regierung teilzunehmen. Zum erstenmal in meinem Leben muß ich mich kategorisch weigern, einem Befehl des Führers Folge zu leisten. Meine Frau und meine Kinder schließen sich dieser Weigerung an. Im anderen Falle würde ich mir selbst – abgesehen davon, daß wir es aus menschlichen Gründen und solchen der persönlichen Treue niemals über das Herz bringen könnten, den Führer in seinen schwersten Stunden allein zu lassen – für mein ganzes ferneres Leben als ein ehrloser Abtrünnling und gemeiner Schuft vorkommen, der mit der Achtung vor sich selbst auch die Achtung seines Volkes verlöre, die die Voraussetzung eines weiteren Dienstes meiner Person an der Zukunftsgestaltung der deutschen Nation und des Deutschen Reiches bilden müßte.

In dem Delirium von Verrat, das in diesen kritischen Tagen des Krieges den Führer umgibt, muß es wenigstens einige geben, die bedingungslos und bis zum Tode zu ihm halten, auch wenn das einem formalen, sachlich noch so begründeten Befehl, den er in seinem politischen Testament zum Ausdruck bringt, widerspricht.

Ich glaube, damit dem deutschen Volk für seine Zukunft den besten Dienst zu erweisen, denn für die kommenden schweren Zeiten sind Vorbilder noch wichtiger als Männer. Männer werden sich immer finden, die der Nation den Weg ins Freie zeigen, aber eine Neubildung unseres völkisch-nationalen Lebens wäre unmöglich, wenn sie sich nicht auf der Grundlage klarer und jedem verständlicher Vorbilder entwickelte.

Aus diesem Grunde bringe ich mit meiner Frau und im Namen meiner Kinder, die zu jung sind, um sich selbst äußern zu können, die sich aber, wenn sie das nötige Alter dazu besäßen, vorbehaltlos dieser Entscheidung anschließen würden, meinen unverrückbaren Entschluß zum Ausdruck, die Reichshauptstadt, auch wenn sie fällt, nicht zu verlassen und eher an der Seite des Führers ein Leben zu beenden, das für mich persönlich keinen Wert mehr besitzt, wenn ich es nicht im Dienste für den Führer und an seiner Seite zum Einsatz bringen kann.

Berlin, den 29. April 1945, 5.30 Uhr. gez. Dr. Goebbels

*Da ich in den Jahren des Kampfes glaubte, es nicht verantworten zu können, eine Ehe zu gründen, habe ich mich nunmehr vor Beendigung dieser irdischen Laufbahn entschlossen, jenes Mädchen zur Frau zu nehmen, das nach langen Jahren treuer Freundschaft aus freiem Willen in die schon fast belagerte Stadt hereinkam, um ihr Schicksal mit dem meinen zu teilen. Sie geht auf ihren Wunsch als meine Gattin mit mir in den Tod. Er wird uns das ersetzen, was meine Arbeit im Dienste meines Volkes uns beiden raubte.*

*Was ich besitze, gehört – soweit es überhaupt von Wert ist – der Partei. Sollte diese nicht mehr existieren, dem Staat. Sollte auch der Staat vernichtet werden, ist eine weitere Entscheidung von mir nicht mehr notwendig.*

*Ich habe meine Gemälde in den von mir im Laufe der Jahre angekauften Sammlungen niemals für private Zwecke, sondern stets nur für den Ausbau einer Galerie in meiner Heimatstadt Linz a. d. Donau gesammelt. Daß dieses Vermächtnis vollzogen wird, wäre mein herzlichster Wunsch.*

*Zum Testamentsvollstrecker ernenne ich meinen treuesten Parteigenossen Martin Bormann. Er ist berechtigt, alle Entscheidungen endgültig und rechtsgültig zu treffen. Es ist ihm gestattet, alles das, was persönlichen Erinnerungswert besitzt oder zur Erhaltung eines kleinen bürgerlichen Lebens notwendig ist, meinen Geschwistern abzutreten, ebenso vor allem der Mutter meiner Frau und meinen, ihm genau bekannten treuen Mitarbeitern und Mitarbeiterinnen, an der Spitze meinen alten Sekretären, Sekretärinnen, Frau Winter usw., die mich jahrelang durch ihre Arbeit unterstützten.*

*Ich selbst und meine Gattin wählen, um der Schande der Absetzung oder Kapitulation zu entgehen, den Tod. Es ist unser Wille, sofort an der Stelle verbrannt zu werden, an der ich den größten Teil meiner täglichen Arbeit im Laufe eines zwölfjährigen Dienstes an meinem Volke geleistet habe.*

*Gegeben zu Berlin, den 29. April 1945, 4 Uhr.*

*gez. Adolf Hitler*

*Als Zeugen: Martin Bormann, Dr. Goebbels, Nikolaus von Below.*

*(Nach Photokopien der Originale gedruckt)*

Jetzt, als der Herrschertraum und der Inhalt seines Lebens dahinschwanden, stand das Volk und sein sinkendes Geschick nicht mehr vor seinen Augen. Er hat es seinem Schicksal überlassen, als es nicht mehr Objekt seines abenteuerlichen Strebens sein konnte und an seinem Willen zur Macht zugrunde gegangen war. Als seine Vorstellungen vom ausschließlich heroischen Dasein der Nation ihn mit seinen letzten Hoffnungen verlassen hatten, wandte er sich seinem eigenen persönlichen Leben zu und ließ das hervortreten, was an ihm sterblich war. Die letzten Tage waren seinem Abschied vom Leben gewidmet.

Eva Braun hatte die letzten zwei Monate mit ihm in Berlin im Bunker verbracht. Sie war auf eigene Initiative nach dort gekommen. Ihr menschliches und seelisches Verhältnis zu ihm nötigt Achtung ab. Ihre Haltung hat ihm diese letzten Tage und Stunden erleichtert. Um ihrem Andenken vor der Nachwelt Gerechtigkeit widerfahren zu lassen und den Anlaß zu übler Nachrede zu nehmen, bestimmte Hitler die Heirat vor seinem Tode. Bormann traf auch hier die Vorbereitungen, holte einen Standesbeamten herbei und war mit Goebbels zusammen Trauzeuge. Die Trauung fand formlos in der Nacht vom 28. zum 29. April im Bunker statt. In der gleichen Nacht hatte Hitler seine Testamente diktiert. Sie sind nach meiner Kenntnis seiner Gewohnheit, stimmungsmäßig Schriftstücke zu verfassen, das Ergebnis unkonzentrierter, ihm gewissermaßen als letzte Pflicht abgenötigte Maschinendiktate, die von seiner Umgebung seit Tagen erwartet wurden, und zu deren Niederschrift er sich dann plötzlich überstürzt, in einem Zuge und ohne sorgfältige Überlegung, entschloß. Das politische Testament hat die gleiche Anlage und den gleichen Stil seiner gewohnten Reden. Hier, in seinem »letzten Willen«, wird seine anormale innere Spaltung, der ungeheuere Zwiespalt völlig offenbar, den sein dämonisches Wesen zeit seines Lebens in sich barg.

In ihm nimmt Hitler von der zu erwartenden radikalen Veränderung der Lage des deutschen Volkes nach seinem Tode und nach seiner diktatorischen Führung überhaupt keine Notiz, sondern befiehlt weiteren Widerstand angesichts einer furchtbaren Situation, die ihn in ihrer Schwere selbst veranlaßte, aus dem Leben zu scheiden. Einer aufsteigenden, siegreichen Nation hatte er sein Leben geweiht, an einem im Lebenskampf gefallenen 80-Millionen-Volk

nahm er kein Interesse mehr! Er findet kein Wort des Mitempfindens, der Hilfe, der Beratung, der Ermahnung mehr für das, was vom deutschen Volke nach ihm in schwerster Bedrängnis zurückblieb, und keinen Gedanken an seine eigene Pflicht der Verantwortung für alles das, was er zu tun und zu lassen diktatorisch befohlen hat! Er wiederholt dagegen in seinem Testament die gleichen Lehren, die er dem Volke zeit seines Lebens gegeben hatte – auch jetzt noch in einem Augenblick, in dem es ihm zweifellos klargeworden war, daß es an ihnen gescheitert und zerbrochen war.
Er bestimmt ein Kabinett Goebbels, obwohl er weiß, daß Goebbels entschlossen ist, mit ihm aus dem Leben zu scheiden. In seiner Vorstellungswelt verharrt er auch angesichts des Todes und verschließt auch jetzt noch seine Augen vor der furchtbaren Wirklichkeit, obwohl er sie bald für immer schließen wird. Von der Verratspsychose befallen, verdächtigt er selbst seine treuesten Mitkämpfer und stößt sie mit Schimpf und Schande aus, um sich selbst hinter jenem »Delirium des Verrats«, von dem Goebbels in seinem eigenen Testament spricht, den Abgang zu verschaffen, der sein eigenes Bild vor der Nachwelt rein erhalten soll.
Dann macht er selbst, ohne Furcht und Schwanken, seinem Leben ein Ende. Den letzten Befehl an Bormann, seine sterblichen Überreste im Garten der Reichskanzlei zu verbrennen, hatte er vorher erteilt.

*(O. Dietrich, 12 Jahre mit Hitler)**

## ALS ER GEGANGEN WAR, SPIELTE DIE TANZMUSIK

*Als Hitler gegangen war, blieben die Teilnehmer an diesem seltsamen Auftritt eine Weile zurück, um seine Bedeutung zu besprechen. Sie stimmten darin überein, daß er nur einen Sinn gehabt haben konnte. Der Selbstmord des Führers stand bevor. Daraufhin geschah etwas Unerwartetes. Eine große schwere Wolke schien sich von den Geistern der Bunkerbewohner zu lösen. Der furchtbare Zauberer, der Tyrann, der ihre Tage mit unerhörter melodramatischer Spannung erfüllt hatte, würde bald nicht mehr da sein und einen kurzen Augenblick lang konnten sie im Zwielicht spielen. In der Kantine der Reichskanzlei, wo die Soldaten und Ordonnanzen ihre Mahlzeiten einnahmen, war eine Tanzunterhaltung im Gange. Die Nachricht wurde gebracht, aber keiner ließ zu, daß das Vergnügungsgeschäft dadurch gestört wurde. Eine Botschaft vom Führer-*

*bunker befahl ihnen, sich ruhiger zu verhalten, aber der Tanz ging weiter. Ein Schneider, der im Hauptquartier des Führers gearbeitet hatte und jetzt mit den anderen in der Reichskanzlei eingemauert war, war überrascht, als Brigadeführer Rattenhuber, das Oberhaupt der Polizeiwache und ein SS-General, ihm freundlich auf den Rücken klopfte und ihn mit demokratischer Leutseligkeit begrüßte. Bei der im Bunker herrschenden strengen Rangordnung fühlte sich der Schneider verwirrt. Es war, als ob er ein hoher Offizier gewesen wäre. »Es war das erstemal, daß ich einen hohen Offizier guten Abend sagen hörte«, sagte er, »und so merkte ich, daß sich die Stimmung vollkommen geändert hatte.« Dann erfuhr er von einem ihm Gleichgestellten den Grund dieser plötzlichen, regelwidrigen Freundlichkeit. Hitler hatte Abschied genommen.*

*(H. R. Trevor-Roper, Hitlers letzte Tage)**

## GOEBBELS' GLAUBE

»Könnte ich nur in jeden einzelnen Deutschen hineinkriechen, ich würde wie in der Kampfzeit ein Feuer in allen Seelen entfachen und würde jeden Deutschen mit dem fanatischen Glauben an den Endsieg in spätestens drei Monaten erfüllen ...«

*(Ansprache von Goebbels am 22. März 1945)*

## DER TOD SEINER KINDER

Zu Irmengard von Varo sagte Frau Goebbels nach der Tötung ihrer zwei ältesten Kinder: »Ich kann nicht mehr weiter, zwei sind schon tot. Geben Sie mir eine Zigarette!«

*(Mich. A. Musmano, In zehn Tagen kommt der Tod)**

## DER TOD FÜR DEN »NACHRUHM«

Am Volke konnte es also nicht liegen, wenn der Sieg nicht erfochten wurde. Woran denn sonst wohl? Goebbels beantwortete die Frage nicht. Sie hätte ihn in entscheidenden Konflikt mit Hitler bringen müssen, und den wollte er selbst jetzt noch nicht, als schon alles verloren war. Ihn, nicht »das Schicksal« hätte er anklagen müssen.

*Er* hatte versagt, nicht die »Vorsehung«, die auch der Propagandaminister so gern für seine Sache in Anspruch genommen hatte.
Indessen, Goebbels' »hybride Metaphysik« hielt auch der letzten Belastungsprobe stand. Er ging bis zum Ende mit seinem Führer, an dessen Seite ihn kein Heldentod erwartete. Hier konnte man nicht, wie im »Michael«-Roman, sich mit dem Helm schmücken, den Säbel ziehen und, Liliencronsche Verse auf den Lippen, in den Feind galoppieren. Ach nein, ihm war gar nicht nach Adjutantenritten oder etwas ähnlich Schneidigem zumute. Er hatte eine Rolle übernommen in dem grausigsten Drama der an furchtbaren Zusammenbrüchen reichen deutschen Geschichte. Diese Rolle spielte er mit wacher Intelligenz und zäher Energie zu Ende. Mit Heroismus hatte das nichts zu tun. Es war gar nicht heldisch, dieses Im-Keller-Hokken und Warten, wann man das rasch wirkende Gift herunterzuschlucken oder den SS-Begleitmann zu einem Fangschuß aus nächster Nähe zu veranlassen habe. Goebbels war physisch und psychisch nicht so ausgelaugt wie Hitler. Er hatte mehr geistige Substanz als dieser Hysteriker, dem zum Schluß die abgeschmackte Hochzeitsfarce einfiel – bei der Goebbels, gehorsam wie stets, als Treuzeuge assistierte. Aber auch er war völlig verkrampft. Seine Gedanken waren nur noch auf dieses eine Ziel gerichtet: auf den Effekt in der Geschichte. Seine Sorge galt jetzt z. B. der Sicherstellung seines Tagebuches, das vor der Nachwelt seine Gedanken und seine Haltung erklären und rechtfertigen sollte, auch wenn dadurch »Führungsgeheimnisse« preisgegeben wurden.
Wer den Goebbelsschen Nachruhm zu gefährden drohte, den suchte er zu vernichten, so Männer seines persönlichen Stabes, die unter Vorwänden das Weite suchten. Durch Polizeifunk befahl er, sie festzunehmen und sofort zu exekutieren. Bewußte Selbstaufopferung verlangte er von seiner Umgebung, die er als die Elite bezeichnete. »Komme, was kommen mag« – so hatte er ein gutes Jahrzehnt zuvor in seinem Tagebuch notiert –, »mit Hilter und hinter ihm werden wir als leuchtendes Beispiel deutscher Disziplin, Zähigkeit und Treue in die Geschichte eingehen.« Mancher, auf den er gerechnet hatte, ist ihm zum Schluß untreu geworden. Was er am 30. Januar 1933 im Tagebuch notiert hatte, wurde ganz und gar nicht wahr: »So wie wir jetzt zusammensitzen, werden wir bis zum letzten Atemzug nie voneinander lassen.« Viele alte Reichs- und Gauleiter liefen mit dem Rufe: »Rette sich, wer kann!« in Panik davon. Einfache Leute dagegen, auch Männer, die Hitler innerlich gar nicht

verpflichtet waren, haben bis zum bitteren Ende bei Goebbels in den Trümmern des Propagandaministeriums ausgehalten. Im ganzen ist es ihm gelungen, zu verhindern, daß seine Gefolgschaft auseinanderstob wie die anderer Minister und Parteigrößen. Er schweißte sie zu einem festen Block zusammen. Aber ein hoher Preis wurde dafür von ihm gefordert: Goebbels mußte seine ganze Familie opfern.

Seine Familie! Die Gattin – sie war tapfer und entschlossen und hatte nie aufgehört, den Unheimlichen, den Vielgestaltigen zu lieben. So blieb sie ihm in allem Wechsel der äußeren Lebensumstände, in allen harten Prüfungen der vierzehn Ehejahre treu verbunden. Taktlos genug dankte der Minister es ihr, indem er gegenüber den Abteilungsleitern rühmte, »wie fügsam die Frau sei, wenn man sie nur einen festen Willen spüren lasse«. Aber auch die Kinder wurden nicht geschont. Früher hatte er sie zur Propaganda für sich benutzt – in Kurzfilmen, die in allen Kinos laufen mußten. Oder indem er mit ihnen von seinem Ministerium durch die Wilhelmstraße zur Wohnung am Brandenburger Tor humpelte. Hunderte standen dann grüßend am Wege oder gingen langsam nebenher. Goebbels lachte und winkte. War er nicht doch populär? Mindestens erregte er Aufsehen, wohin er kam, und das machte ihn glücklich. Aber froh war er auch im Stolz auf die Kinder. Sie waren ja, entgegen den Behauptungen hämischer Gegner, gesund und hübsch, ohne äußere Gebrechen und Erbkrankheiten. In dem Haus am Tiergarten wohnten sie noch, als Tage und Nächte in Berlin von Bombenlärm erfüllt waren und die Russen an der Oder zum Sprung auf die Reichshauptstadt angesetzt hatten. In den ruhigen sonnigen Stunden des Vorfrühlings, der der Schlußkatastrophe vorausging, spielten sie harmlos in den Bombentrichtern des Ministergartens. Ihr Vater brachte es fertig, ihnen lächelnd zuzusehen und zu wissen, welches Schicksal sie an seiner Seite erwartete. Wer zu ihm kam, mußte an ihnen vorübergehen. Das Ministerium am Wilhelmplatz war ja, nachdem es alle Airraids unbeschädigt überstanden hatte, bei einem Mosquitoangriff Anfang März durch einen Zufallstreffer zerstört worden. Die üblichen Besprechungen und alle Empfänge fanden seitdem in der Dienstvilla statt. So konnten viele Menschen täglich feststellen, daß Goebbels seine Familie nicht fortgeschickt hatte, wie alle anderen Prominenten es längst getan hatten. Wer wollte da wagen, einem dienstlichen Auftrag nach außerhalb zu erbitten? Jeder wußte nun, daß Goebbels – und keineswegs nur für sich selbst! – zum äußersten entschlossen war.

So endet das Leben dieses ungewöhnlichen, dieses verhängnisvollen Menschen mit schrillen Dissonanzen. Berechnend und zähe, zynisch und rücksichtslos wie er lebte, hat er in Treue zu Adolf Hitler unter Einsatz alles dessen, was ihm verblieben war, diese Erde verlassen. Er hat seine Familie in den Untergang seiner Welt mit hineingezogen. Für die Wirkung nach außen waren ihm selbst Frau und Kinder nicht zu schade. Man stellt sich vor, daß er den Eindruck auf Mit- und Nachwelt kalkulierte, als er den Weg in das ewige Schweigen antrat. »Noch nach hundert Jahren« – so könnte er im raschen Erlöschen gedacht haben – »wird man an meinen Tod mit Schaudern denken, obgleich das Massensterben, gerade auch durch mein Auftreten, heute zu einer so selbstverständlichen Sache geworden ist.« *(W. Stephan, Joseph Goebbels)* *

## BILANZ DES ZWEITEN WELTKRIEGES

Im zweiten Weltkrieg reichen bereits die Verluste an deutscher Volkssubstanz, die durch unmittelbare Kriegseinwirkung hervorgerufen wurden, an die Sechseinhalbmillionengrenze heran. Die deutsche Wehrmacht des Reichsgebiets (in den Grenzen von 1937) hatte – wie alle folgenden Zahlen nach zuverlässigen Schätzungen – 3 050 000 Tote zu beklagen. Davon sind etwa 1 650 000 bis Oktober 1946 als tot beurkundet. Die übrigen – hier mit 1 400 000 angenommen – wurden auf Grund der Zahlen über die Vermißten und Kriegsgefangenen geschätzt. Ende 1946 wurden noch 1 900 000 Kriegsgefangene zurückerwartet, während die Zahl der Wehrmachtvermißten 1 600 000 betrug. Nach den Schätzungen der Sachverständigen des Suchdienstes wären von dieser letzten Zahl vielleicht 400 000 als gefallen und 800 000 als in Gefangenschaft verstorben anzusehen. Dadurch würden sich 2 850 000 Wehrmachtstote ergeben. Ein weiterer Teil der im Sowjetbereich kriegsgefangenen und vermißten Soldaten, der mit rund 200 000 anzunehmen ist, kann auf Grund des Verhaltens der Sowjetunion nicht lebend zurückerwartet werden.
Hinzu treten die Wehrmachtstoten der Sudetendeutschen und der übrigen Volksdeutschen, die durch Vertreibung seit 1944 unmittelbar Glieder des deutschen Volkskörpers geworden sind (Österreich ist in diesen Zahlen also nicht enthalten). Die gefallenen volksdeutschen Soldaten dürften mit 200 000 eher zu niedrig geschätzt sein.

Es ergibt sich somit eine Summe von 3 250 000 toten deutschen Wehrmachtsangehörigen des zweiten Weltkriegs.
Die Verluste der deutschen Zivilbevölkerung lassen sich in die Toten durch Feindeinwirkung, vor allem durch den Luftkrieg, und durch die Vertreibung der Reichs- und Volksdeutschen unterteilen. Über die Luftkriegstoten waren teilweise übertriebene Zahlen im Umlauf. Immerhin erreicht die Schätzung von 500 000 deutschen Toten durch feindliche Luftwaffeneinwirkung die Summe, die als Zahl der im ersten Weltkrieg in der ganzen Welt getöteten Zivilisten angenommen wird. Diese Zahl enthält jedoch nur die Toten aus den späteren vier Besatzungszonen. Nicht eingerechnet die Bewohner Ostdeutschlands, die auf der Flucht Luftangriffen zum Opfer fielen. Allein der Angriff auf Dresden am 13. Februar 1945 forderte nach Unterlagen des State Departments 250 000 Todesopfer. In dieser hohen Zahl getöteter Zivilpersonen spiegelt sich die grundlegende Veränderung der modernen Kriegführung.
Ungleich größer – und durch die Zusammenhänge noch tragischer – sind die Verluste, welche die deutsche Zivilbevölkerung der Ostprovinzen des Deutschen Reichs bei ihrer Vertreibung in den Jahren 1944–46 erlitten hat. Diesen 1 550 000 Verschollenen, die bis auf die in das sowjetische Hinterland Deportierten als verschollen anzusehen sind, steht wenig nach die auf mindestens 1 000 000 geschätzte Zahl der Deutschen aus Rumänien, Ungarn, Jugoslawien, der Tschechoslowakei und Polen, die bei der Vertreibung umgekommen oder in die Sowjetunion verschleppt wurden. Die deutsche Zivilbevölkerung erreichte demnach mit über 3 000 000 Toten und Verschollenen fast die Zahl der Wehrmachtstoten. Sie mag sie sogar noch übersteigen, wenn man die 300 000 Deutschen hinzurechnet, die in den Kriegsjahren ihr Leben aus rassischen, religiösen oder politischen Gründen durch Maßnahmen des »Dritten Reiches« verloren (darunter 170 000 deutsche Juden) – auch sie als Opfer des totalen Krieges. Ebenso sind in den vorstehenden Verlustzahlen der deutschen Zivilbevölkerung nicht die Opfer der Wolgadeutschen und der anderen bereits vor dem Kriege in der Sowjetunion siedelnden deutschen Volksgruppen enthalten, die auch nicht annähernderweise geschätzt werden können.
Von den etwa 16,5 Millionen Deutschen und Angehörigen der deutschen Volksgruppen, die bis 1944 in den deutschen Provinzen östlich der Oder und Neiße, in Danzig, dem Memelland, Polen, Rumänien, Ungarn, Jugoslawien und der Tschechoslowakei wohnten,

durften etwa zwei Millionen zunächst in der Heimat bleiben oder wurden zwangsweise zurückgehalten. Nach den neuesten Schätzungen beläuft sich die Zahl der Deutschen, die in den polnisch verwalteten Ostgebieten der Vertreibung und Vernichtung entgangen sind, auf 1 120 000, und zwar in

| | |
|---|---|
| Ostbrandenburg | 45 000 |
| Schlesien | 450 000 |
| Pommern | 175 000 |
| Südostpreußen | 200 000 |
| Westpreußen | 140 000 |
| Wartheland | 110 000 |

Im sowjetisch verwalteten nördlichen Teil Ostpreußens befinden sich anscheinend fast keine Deutschen mehr.

Die deutsche Volkssubstanz büßte also durch den zweiten Weltkrieg mehr als 6 500 000 Menschen ein; zum sehr erheblichen Teil unentbehrliche Menschen der besten Jahrgänge. Auch von den 2 010 000 Soldaten und Zivilpersonen, die verwundet oder dauernd kriegsbeschädigt wurden, ist ein großer Teil nicht mehr zu vollen Leistungen fähig. Im Gebiet der Bundesrepublik allein leben genau zwei Millionen Kriegsbeschädigte; davon nur 470 000, deren Versehrung unter 25 % liegt.

Die Zahl von 6 500 000 Toten ist, wie ausgeführt, geschätzt. Es muß daher betont werden, daß die Einzelzahlen unter den verschiedensten Gesichtspunkten überprüft wurden. Die tatsächliche Zahl dürfte eher höher als niedriger sein.

Der Versuch, wie bei den Toten des ersten Weltkriegs den deutschen Verlusten die der übrigen Welt gegenüberzustellen, stößt auf die große Schwierigkeit, daß eindeutige Zahlen aus der Sowjetunion fehlen. Da die Sowjetunion an den blutigen Verlusten des Krieges in erheblichem Umfang beteiligt ist und die Schätzungen sich im Gegensatz zu Deutschland auf keine schlüssigen Beweismittel stützen können, ist die Möglichkeit einer nicht unbeträchtlichen Fehlerquelle im Gesamtergebnis nicht auszuschließen. Die Schätzungen schwanken zwischen 7 und 40 Millionen, wobei militärische und zivile Verluste nicht klar unterschieden werden.

Nach Ansicht Frumkins (Population Changes in Europe, London 1951, S. 160–164), der auch nach Meinung des Statistischen Bundesamtes über das beste zur Zeit greifbare Material verfügt, sind

## BILANZ DES ZWEITEN WELTKRIEGES

Für die europäischen Teilnehmerländer des zweiten Weltkrieges (außer Deutschland und der Sowjetunion) ergibt sich folgender Bevölkerungsvergleich:

| | Bevölkerung 1938 | Geburten 1938–47 | Normale Sterbefälle 1938–47 | Wehrmachts-tote (durch Kriegseinwirkung) | Zivil-tote (durch Kriegseinwirkung) | Sonst. Bevölkerungsveränderungen, Verschleppte usw., nicht heimgekehrte Kriegsgefangene usw., bis 1947 | Bevölkerung 1947 |
|---|---|---|---|---|---|---|---|
| Belgien | 8 386 000 | 1 111 000 | 960 000 | 12 000 | 76 000 | 62 000 | 8 511 000 |
| Bulgarien | 6 700 000 | 1 350 000 | 820 000 | 10 000 | 10 000 | 320 000 | 7 100 000 |
| Dänemark | 3 794 000 | 750 000 | 362 000 | 400 | 1 000 | 58 000 | 4 239 000 |
| Finnland | 3 697 000 | 760 000 | 434 000 | 82 000 | 2 000 | 4 000 | 3 935 000 |
| Frankreich | 41 680 000 | 5 844 000 | 5 741 000 | 250 000 | 350 000 | 422 000 | 41 605 000 |
| Griechenland | 7 180 000 | 1 610 000 | 1 040 000 | 20 000 | 140 000 | – | 7 590 000 |
| Großbritannien | 47 814 000 | 7 360 000 | 5 220 000 | 326 000 | 62 000 | 87 000 | 49 653 000 |
| Italien | 43 780 000 | 8 590 000 | 5 600 000 | 330 000 | 80 000 | 750 000 | 45 510 000 |
| Jugoslawien | 15 490 000 | 3 500 000 | 1 850 000 | 300 000 | 1 400 000 | 260 000 | 15 700 000 |
| Luxemburg | 301 000 | 40 000 | 31 000 | 4 000 | 1 000 | 16 000 | 289 000 |
| Niederlande | 8 729 000 | 1 929 000 | 772 000 | 12 000 | 198 000 | 38 000 | 9 714 000 |
| Norwegen | 2 926 000 | 513 000 | 269 000 | 6 000 | 4 000 | – | 3 160 000 |
| Österreich | 6 653 000 | 1 070 000 | 872 000 | 230 000 | 104 000 | 512 000 | 7 029 000 |
| Polen | 34 800 000 | 4 400 000 | 3 600 000 | 100 000 | 4 200 000 | 7 600 000 | 23 700 000 |
| Rumänien | 19 850 000 | 3 620 000 | 2 910 000 | 200 000 | 260 000 | 4 350 000 | 15 750 000 |
| Tschechoslowakei | 15 310 000 | 2 656 000 | 1 823 000 | 150 000 | 215 000 | 3 515 000 | 12 263 000 |
| Ungarn | 9 200 000 | 1 612 000 | 1 199 000 | 140 000 | 280 000 | 5 000 | 9 188 000 |

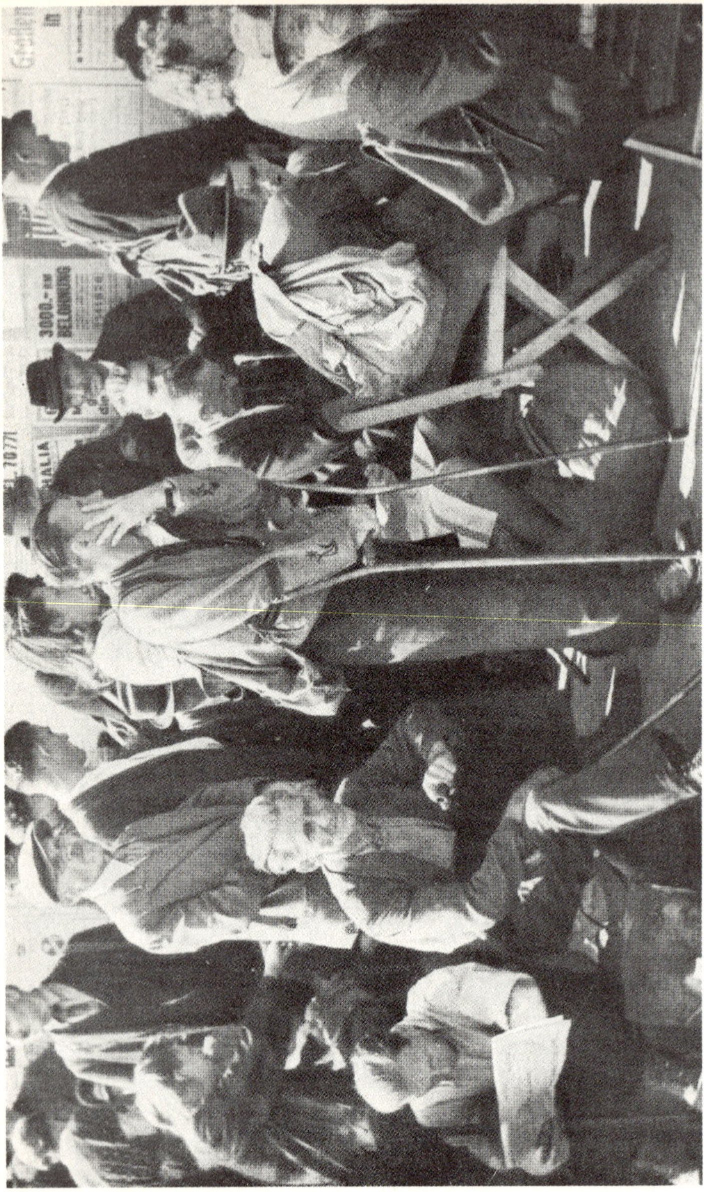
3000.-
BELOHNUNG

von den verfügbaren Unterlagen nur die Angaben des Obersten Kalinow als mehr denn eine Schätzung zu werten, da dieser Oberst, der dem sowjetischen Hauptquartier in Berlin bis 1949 angehörte, Zugang zu unveröffentlichten amtlichen Unterlagen hatte. Kalinow gibt 13 600 000 Tote in folgender Aufteilung an:

| | |
|---|---|
| gefallen oder vermißt . . . . . . . . . . . | 8 500 000 |
| an Verwundungen gestorben . . . . . . . | 2 500 000 |
| in Kriegsgefangenschaft verstorben . . . . | 2 600 000 |

Aus dieser Aufteilung ergibt sich, daß es sich um die Verluste der sowjetischen Wehrmacht handelt. Die Verluste der russischen Zivilbevölkerung können wiederum nur geschätzt werden. Wahrscheinlich nennt aber die Angabe Stalins vom 13. Dezember 1946, daß die Sowjetunion im Kriege mit Deutschland durch die Besetzung und durch Deportation insgesamt sieben Millionen Menschen verloren habe, die gesuchte Zahl. Zivile Verluste in dieser Höhe wären glaubhaft, da die Verluste der Zivilbevölkerung der ost- und südosteuropäischen Länder von 1939–1945 mit 8 010 000 angegeben werden können. Ungeklärt wird allerdings bleiben, wieweit die zivilen Verluste in den von der Sowjetunion 1939 annektierten ostpolnischen Gebieten, die erheblich waren, auch in der Zahl von sieben Millionen enthalten sind. Eine runde Zahl von etwas über 20 Millionen Toten des zweiten Weltkriegs in der Sowjetunion dürfte nach der derzeitigen Quellenlage der Wahrheit mithin am nächsten kommen. Die Verlustzahlen des deutschen und russischen (im weiten Sinne) Volkes reichen somit jeweils an die zehn Prozent der Bevölkerung heran. Darüber liegen Polen mit 5 900 000 und Jugoslawien mit 2 000 000 Wehrmachts- und Ziviltoten (Bevölkerung 1938: 34 800 000 bzw. 15 490 000).

Die Wehrmacht Italiens und Österreichs verlor 560 000, die Zivilbevölkerung 190 000 Tote, die Wehrmacht der europäischen westlichen Alliierten 610 000, die Zivilbevölkerung dieser Länder 690 000 und die Wehrmacht der ost- und südosteuropäischen Länder (ohne die Sowjetunion) 1 000 000 Tote. Europa hatte im zweiten Weltkrieg also – wiederum ohne die Sowjetunion – 17 910 000 Tote zu beklagen.

Zum Vergleich: Europa hatte (ohne die Sowjetunion) Ende 1938

*Zu nebenstehendem Bild:*
*Vor einem Fleischerladen warten die Kunden auf den Beginn des Verkaufs. Die Männer haben Zeit; ihr Krieg ist aus. Der Krieg der Frauen mit der Not beginnt. Sie gewinnen ihn!*

eine Bevölkerung von rd. 393 900 000, Ende 1945 von rd. 377 450 000 Menschen. Der Geburtenzugang betrug in dieser Zeit 50 200 000, der Abgang durch normale Sterblichkeit 37 900 000 Menschen. Ohne Krieg, Gebietsverluste (und Wanderung, die aber nicht erheblich gewesen wäre) hätte die Bevölkerung Europas in diesen Jahren also um 12 300 000 Menschen zuzüglich der durch den Krieg verhinderten Geburten, also 410 000 000 mit Sicherheit überschritten.

Die Summe der aufgeführten 17 Länder ergibt eine Bevölkerung von 294 936 000 (1947) gegenüber 275 860 000 (1938), also eine Bevölkerungsabnahme von fast elf Millionen (= mehr als 3,5 %) als Folge von 2 172 000 Wehrmachts-, 7 383 000 Ziviltoten und 14 481 000 Abgängen durch sonstige Bevölkerungsveränderungen als Folgen des Krieges. In dieser Verlustbilanz Europas fehlen die beiden hauptsächlichen Träger der menschlichen Opfer des Krieges: Deutschland und der europäische Teil der Sowjetunion. Wie stark das Bevölkerungsbild Europas durch den zweiten Weltkrieg beeinflußt worden ist, ergibt ein Vergleich mit Ländern, die am Krieg nicht teilgenommen haben (Irland, Portugal, Schweden, der Schweiz und Spanien). Ihre Bevölkerung betrug 1938: 46 542 000, 1947 dagegen 49 715 000, hatte also um 3 173 000 oder mehr als 6,5 % zugenommen.

Die Vereinigten Staaten von Nordamerika hatten 229 000 Wehrmachtstote, davon 174 000 auf dem europäischen und nordafrikanischen und 55 000 auf dem ostasiatischen Kriegsschauplatz.

Für die übrige Welt, insbesondere Ostasien, werden 7 600 000 tote Wehrmachtsangehörige und 6 000 000 Tote unter der Bevölkerung geschätzt. Diese Zahl von 13 600 000 Toten basiert auf der Auswertung des zur Zeit vorliegenden Quellenmaterials. Einen Anspruch auf absolute Genauigkeit kann sie begreiflicherweise nicht erheben, schon deshalb nicht, weil der Krieg in Ostasien 1945 nicht an allen Stellen zu Ende ging (China, Malaya usw.) und weil die Zurechnung der an Seuchen usw. Verstorbenen im Zusammenhang mit militärischen Ereignissen oft unsicher bleibt. Zu diesen Totenzahlen treten die Vermißten des zweiten Weltkrieges, die ohne die bereits oben

*Zu nebenstehendem Bild:*
*Was mit Tonnen von Sprengstoffen zerschlagen wurde, wird mit der Schaufel in der Hand aufgeräumt. Es gibt weder Maschinen noch Brennstoff. Es gibt aber auch fast nichts zu essen. Jahre hindurch besteht das Frühstück aus trockenem Brot.*

angeführten deutschen Vermißten mit etwa fünf Millionen anzusetzen sind.
Die Gesamtverluste von rund 55 Millionen Toten verteilen sich also zum überwiegenden Teil auf drei große Schwerpunkte: Europa, die Sowjetunion und Ostasien.
Die Zahl der Kriegsbeschädigten (im ersten Weltkrieg 21 100 000 Verletzte) wird für den zweiten Weltkrieg mit 35 000 000 angegeben. In beiden Weltkriegen standen 170 Millionen Menschen unter den Waffen. Mehr als 36 Millionen fielen, 5 Millionen sind noch vermißt. Über 56 Millionen wurden verwundet. In der gleichen Zeit hatte die Zivilbevölkerung über 25 Millionen Tote durch Kriegs- und Feindeinwirkung. *(Bilanz des zweiten Weltkrieges)**

## SELBST DIE TODESMELDUNG WIRD ZU LÜGEN MISSBRAUCHT

Rundfunkmeldung vom 1. Mai 1945, 22.30 Uhr:

»Aus dem Führerhauptquartier wird gemeldet, daß unser Führer Adolf Hitler heute nachmittag in seinem Befehlsstand in der Reichskanzlei, bis zum letzten Atemzug gegen den Bolschewismus kämpfend, für Deutschland gefallen ist. Am 30. April hat der Führer den Großadmiral Dönitz zu seinem Nachfolger ernannt.«

## HITLER BEGEHT SELBSTMORD

Inzwischen hatte Hitler sein Mittagessen beendet, und seine Gäste waren verabschiedet worden. Eine Zeitlang blieb er allein, dann tauchte er, von Eva Braun begleitet, aus seinen Räumlichkeiten auf, und eine weitere Abschiedszeremonie fand statt. Bormann und Goebbels waren dabei, mit Burgdorf, Krebs, Hewel, Naumann, Voß, Rattenhuber, Högl, Günsche, Linge und den vier Frauen, Frau Christian, Frau Junge, Frl. Krüger und Frl. Manzialy. Frau Goebbels war nicht anwesend. Durch den bevorstehenden Tod ihrer Kinder aus der Fassung gebracht, blieb sie den ganzen Tag in ihrem Zimmer. Hitler und Eva Braun schüttelten allen die Hand und kehrten dann in ihre Räume zurück. Die übrigen wurden weggeschickt, alle außer den Hohenpriestern und jenen wenigen anderen, deren Dienste notwendig sein würden. Diese warteten im Gang. Ein ein-

zelner Schuß fiel. Nach einer gewissen Zeit betraten sie die Räumlichkeiten. Hitler lag auf dem Sofa, das mit Blut getränkt war. Er hatte sich in den Mund geschossen. Auch Eva Braun lag auf dem Sofa. Ebenfalls tot. Ein Revolver lag neben ihr, aber sie hatte keinen Gebrauch von ihm gemacht. Sie hatte Gift genommen. Es war halb vier.
Während Axmann grübelnd bei den Leichen stand, betraten zwei SS-Männer, von denen einer Hitlers Diener Linge war, das Zimmer. Sie wickelten Hitlers Körper in eine Decke, um so den blutbefleckten, zerschmetterten Kopf zu verbergen, und trugen ihn in den Gang hinaus, wo ihn die anderen Zuschauer unschwer an den wohlbekannten schwarzen Hosen erkannten. Dann trugen zwei andere SS-Offiziere die Leiche die vier Treppen zum Notausgang hinauf und auf diesem Weg in den Garten hinaus. Danach betrat Bormann das Zimmer und lud sich Eva Brauns Körper auf. Ihr Tod war säuberlicher gewesen, und man brauchte keine Decke, um den Anblick zu verbergen, Bormann trug die Leiche in den Gang und übergab sie dann Kempka, der sie zum Fuß der Treppe trug. Dort wurde sie ihm von Günsche abgenommen, und Günsche wiederum übergab sie einem dritten SS-Offizier, der sie die Treppe hinauf in den Garten trug. Als zusätzliche Vorsichtsmaßregel waren die andere Türe des Bunkers, die in die Reichskanzlei führte, und einige der Türen, die aus der Reichskanzlei in den Garten führten, in Eile abgesperrt worden, um mögliche Eindringliche fernzuhalten.
Die beiden Leichen wurden nebeneinander hingelegt, ein paar Schritte von der Eingangstür, und mit Benzin aus den Kannen übergossen. Eine russische Beschießung trug zur Fremdartigkeit der Zeremonie bei, und die Leidtragenden zogen sich, um einigen Schutz zu finden, unter den Türbogen zurück. Dort tauchte Günsche einen Hadern in Benzin, zündete ihn an und warf ihn auf die Leichen. Sie waren sofort in Flammen gehüllt. *(H. R. Trevor-Roper, Hitlers letzte Tage)**

## ...ER HAT UNS IM STICH GELASSEN

»Am 30. April 1945 hat der Führer uns, die wir ihm die Treue geschworen hatten, im Stich gelassen. Auf Befehl des Führers glaubt ihr noch immer, um Berlin kämpfen zu müssen, obwohl der Mangel an schweren Waffen, an Munition und die Gesamtlage den Kampf als sinnlos erscheinen lassen. Jede Stunde, die ihr weiterkämpft, verlängert entsetzlich die Leiden der Zivilbevölkerung und unserer Verwundeten. Im Einvernehmen mit dem Oberkommando der sowjetischen Truppen fordere ich euch daher auf, sofort den Kampf einzustellen.« *(Befehl des letzten Stadtkommandanten von Berlin, General Weidling, zur Einstellung des Kampfes und zur Kapitulation von Berlin, 2. Mai 1945)*

## MUSSOLINI VON PARTISANEN ERSCHOSSEN

The New York Times

Mailand, 29. April 1945

In der vergangenen Nacht kehrte Benito Mussolini in die Stadt zurück, in der der Faschismus geboren wurde. Er kehrte in einem Möbelwagen auf den Leichen seiner Geliebten und zwölf anderer Männer zurück, die mit ihm erschossen wurden. Sie wurden alle von Partisanen hingerichtet. Die Geschichte seines Sturzes, seiner Flucht und seiner Gefangennahme ist wenig erhebend, aber dieser Epilog auf der Piazza Loretto ist grauenhaft und abstoßend. Er wird als das Ende eines Tyrannen in die Geschichte eingehen, wie es schrecklicher kaum vorstellbar ist. Kein gestürzter Herrscher wurde so würdelos von seinen Feinden behandelt.

Wir kamen um 9 Uhr 30 auf den Platz. Mussolinis Leichnam lag neben dem Leichenberg, um den sich der ständig anwachsende Pöbel drängte. Jeder wollte einen letzten Blick auf den Mann tun, der einmal sozialistischer Redakteur in dieser Stadt gewesen war. Der Pöbel schrie, schlug und stieß sich. Einige Partisanen versuchten, die Menge zurückzudrängen, aber sie hatten keinen Erfolg. Selbst als sie einige Warnschüsse abgaben, wich niemand vom Fleck.

Mussolini hat sich im Tode verändert, aber nicht genügend, um ihn unkenntlich zu machen. Sein kahler, glattrasierter Kopf, sein Stiernacken sind beide unverkennbar. Sein Körper wirkt kleiner und zusammengeschrumpft, aber wahrscheinlich ist das eine Täuschung, denn er war nie groß. Eine Kugel hat seinen Kopf durchschlagen. Sie ist einige Zentimeter hinter dem rechten Ohr wieder herausgetreten. Ein weiteres kleines Loch ist neben der Schläfe zu sehen.

Aus der Menge drängten sich zwei junge Männer hervor und versetzten seinem Kopf ein paar Tritte, als sei Mussolini noch nicht tot und geschändet genug. Der erste Tritt gleitet ab, der zweite trifft mit voller Wucht den Unterkiefer und entstellt das einst so stolze Gesicht mit gräßlichem Knirschen.

Mussolini war in die Uniform der faschistischen Miliz gekleidet, eine graubraune Jacke und graue Hosen mit roten und schwarzen Streifen. An den Füßen trug er stark beschmutzte schwarze Stiefel, ein Fuß war halb verdreht, als sei er gebrochen. Seine kleinen Augen waren offen. Es wirkte wie bittere Ironie, daß ein Gewehrkolben das gelbliche Gesicht des Mannes, der vor den Photographen so gern sein Kinn vorgeschoben und eine Pose eingenommen hatte, in die Sonne drehen mußte, als die zwei einzigen alliierten Berichterstatter eine Aufnahme machen wollten.

Als der Partisan seinen Gewehrkolben fortnahm, schlug der Kopf wieder nach links. Ich mußte über eine der Leichen steigen, um das Licht für die Aufnahme nicht zu verdecken. Mehrere von uns wurden von den rasenden Mailändern, die noch keine Amerikaner gesehen hatten, fast zu Boden gerissen. So standen wir hilflos im Bannkreis des Todes, es war einer der schrecklichsten Augenblicke unseres Lebens, aber so sind wir wenigstens in der Lage, einen unbestechlichen Augenzeugenbericht von den furchtbaren Ereignissen zu geben.

## NOCH AM 12.4. 1945 OPTIMISTISCH

Aus seinem krankhaften Mißtrauen – zum Schluß eigentlich mehr oder weniger gegen alle – übernahm sich Hitler, indem er alle Reichsgeschäfte selbst erledigte. In der Auswahl seiner persönlichen Umgebung hatte er eine denkbar unglückliche Hand. Beides wirkte sich auch auf die Wehrmacht und Kriegsführung ungünstig aus.

Noch am 12. April 1945, bei meinem letzten Vortrag bei Hitler, hatte er eine optimistische Auffassung: inwieweit er dabei schauspielerte, ist schwer zu ergründen. Rückblickend möchte ich sagen, daß er von der Idee irgendeiner Rettungsmöglichkeit geradezu besessen war, daß er sich daran klammerte wie ein Ertrinkender an einen Strohhalm. Er glaubte m. E. mit Sicherheit an einen erfolgreichen Kampf im Osten, er glaubte an seine in Aufstellung begriffene 12. Armee, an verschiedene neue Waffen und vielleicht auch an das Zusammenbrechen der feindlichen Koalition.

Alle diese Annahmen trogen; vom Beginn des russischen Angriffs an lebte Hitler, immer mehr sich selbst abschließend und vereinsamt, nur mehr in einer irrealen Welt.

Der Volkssturm war ein totgeborenes Kind; ich hatte in ihm von

Anfang an mehr einen propagandistischen Zweck gesehen. Wenn er militärischen Wert bekommen sollte, so mußten Aufstellung, Ausbildung, Ausrüstung und Einsatz in militärischen Händen, also bei den Wehrkreiskommandos, liegen. Es durfte nicht auf die Zahl der Verbände, sondern allein auf die Güte, d.h. die Einsatzfähigkeit, ankommen. Für eine bewegliche Verwendung waren sie nicht brauchbar. Nur wenige Bataillone waren als einsatzfähig anzusprechen.

*(A. Kesselring, Soldat bis zum letzten Tag)**

## DÖNITZ AN DAS DEUTSCHE VOLK

Deutsche Männer und Frauen!
Soldaten der deutschen Wehrmacht!

Unser Führer Adolf Hitler ist gefallen. In tiefster Trauer und Ehrfurcht verneigt sich das deutsche Volk. Frühzeitig hatte er die furchtbare Gefahr des Bolschewismus erkannt und diesem Ringen sein Dasein geweiht. Am Ende dieses seines Kampfes und seines unbeirrbaren geraden Lebensweges steht sein Heldentod in der Hauptstadt des Deutschen Reiches. Sein Leben war ein einziger Dienst für Deutschland. Sein Einsatz im Kampf gegen die bolschewistische Sturmflut galt darüber hinaus Europa und der gesamten Kulturwelt.
Der Führer hat mich zu seinem Nachfolger bestimmt. Im Bewußtsein der Verantwortung übernehme ich die Führung des deutschen Volkes in dieser schicksalsschweren Stunde. Meine erste Aufgabe ist es, deutsche Menschen vor der Vernichtung durch den vordrängenden bolschewistischen Feind zu retten. Nur für diesen Zweck geht der militärische Kampf weiter. Soweit und solange die Erreichung dieses Zieles durch die Briten und Amerikaner behindert wird, werden wir uns auch gegen sie weiter verteidigen und weiterkämpfen müssen. Die Anglo-Amerikaner setzen dann den Krieg nicht mehr für ihre eigenen Völker, sondern allein für die Ausbreitung des Bolschewismus in Europa fort.

*(Keesing, Archiv der Gegenwart, 1945)*

## DIE »FASANENJAGD« DER FREIHEITSAKTION BAYERN

### Gespräch mit Hauptmann Gerngroß

*Was hat Sie zur Durchführung der »Freiheitsaktion Bayern« am 27. April 1945 bewogen?*

*Es war die Überzeugung, daß die nationalsozialistische Regierung und ihre Schergen gewillt waren, zugleich mit ihrem Abtreten das deutsche Volk restlos bis zum letzten Dorf und Volkssturmmann zu vernichten. Der Aufstand in München sollte »dem anderen Deutschland« und der Welt zeigen, daß es vaterlandsliebende Männer gab, die es wagten, der Vernichtungspolitik entgegenzutreten, um noch soviel von der Heimat zu retten, als zu retten war. Der 20. Juli 1944 hatte gezeigt, daß eine ganz Deutschland umfassende Aktion unter einer absoluten Diktatur sich nicht mehr durchführen ließ. Meinen Freunden und mir verblieb die Möglichkeit der Vorbereitung einer Aktion im süddeutschen Raum.*

*Frage: Wie ist die Aktion durchgeführt worden?*

*Der Aufstand der »Freiheitsaktion Bayern« mußte, um den gewünschten Erfolg, nämlich Verhinderung weiterer Zerstörung im süddeutschen Raum, herbeizuführen, einen entsprechenden Umfang haben. Die zunächst in der Vorbereitungszeit hierfür gesammelten Kräfte reichten aber nur zur Durchführung der unbedingt erforderlichen örtlichen Sicherungsmaßnahmen. Ein früher gefaßter Gedanke, eine Anti-Chaos-Truppe zu schaffen, um nach einem Zusammenbruch die letzte Substanzvernichtung zu verhindern, mußte in der Planung umgestellt werden auf den Einsatz von Widerstandsgruppen, um das nazistische Machtgebäude einzustürzen. Gleichzeitig mußten aber die Voraussetzungen erfüllt werden, welche die Alliierten für einen Waffenstillstand erwarteten. Eine solche Kapitulation konnte nur der bis dahin politisch oder militärisch verantwortliche NS-Verantwortliche erklären. Es wurden daher Einheiten bestimmt, um die militärischen Kommandostellen und den Gauleiter auszuschalten und zu versuchen, daß der Reichsstatthalter in Bayern, General Ritter von Epp, die formale Kapitulation erklärte. Die Aktionen begannen auf das Stichwort »Fasanenjagd«. Die von mir geführte Dolmetscherkompanie VII wurde aufgeteilt, um verschiedene wichtige Nachrichten- und Versorgungszentren zu besetzen. Gruppen des Gren.-Ers.-Batl. 61 wurden angesetzt, um das Rathaus, den Befehlsbunker in Pullach und Versorgungsanlagen zu übernehmen. Gruppen des Gren.-Ers.-Batl. 19 wurden an-*

*gesetzt, um den Gauleiter und seinen Befehlsstand auszuschalten. Zivile Einsatzgruppen hatten die Brücken und Fabrikanlagen vor Sprengungen und Vernichtung zu schützen. Gruppen der Panzerjäger-Ers.-Abt. 17 in Freising sollten die Isarübergänge bis Freising sichern und den Großsender in Erding besetzen. Mit zwei anderen nahm ich selbst den Reichsstatthalter, General Ritter von Epp, als Schlüsselfigur gefangen. Von der durch meine Dolmetscherkompanie besetzten Sendeanlage in Freimann und später am Morgen des 28. April von Erding aus begannen die Sendungen der FAB, um damit die ganze Bevölkerung in Bayern zur Teilnahme an der Selbstbefreiung aufzurufen und der übrigen Welt Aufklärung zu geben über die Vorgänge in München. Mit dem erzielten Erfolg, der restlosen Auflösung einer zusammenhängenden Verteidigungsfront, beendeten wir die Aktion am Nachmittag des 28. April 1945.*

*Frage: Welche militärischen und politischen Konsequenzen hat sie nach sich gezogen?*

*Die militärischen Konsequenzen der Freiheitsaktion Bayern mögen darin gesehen werden, daß die in aufgelöstem Rückzug oder sonst auf verlorenem Posten befindlichen Wehrmachtsteile nicht mehr dazu mißbraucht werden konnten, eine nutzlose Verteidigung fortzusetzen. Die westlichen Alliierten konnten ohne Aufenthalt weiter vorstoßen und so die Linie ihres Zusammentreffens mit ihren östlichen Alliierten weitestmöglich nach Osten vorschieben.*

*Als politische Konsequenz des Aufstandes besteht die Tatsache, daß das deutsche Volk mit dieser Tat der FAB darauf hinweisen kann, daß seine vaterlandsliebenden Bürger in Bayern aus dem Inneren heraus und aus eigenen Kräften ohne jegliche Mitwirkung des Auslandes, zur Selbstbefreiung und damit zur echten »Entnazifizierung« geschritten sind.*

## »LIFE« ÜBER DAS MÜNCHEN VON 1945

*München ist heiter, fast pariserisch. Hier begrüßten die Menschen die Amerikaner als Befreier, und sie meinten es wirklich ernst damit. Immer wieder sagten die Deutschen: »Wir haben so lange auf euch gewartet«, oder: »Ihr habt aber lange gebraucht!« Etwas angewidert gaben die Amerikaner gewöhnlich zurück: »Na ja, es war auch ein weiter Weg bis hierhin.« In München hatten die Panzerbesatzungen Flieder auf ihren Fahrzeugen. Die Frauen waren sehr* zahlreich, sehr zugänglich und oft sehr hübsch. Es war erstaunlich, wie viele Frauen in München mit kleinen Zetteln ankamen, die ungefähr besagten, »Bitte nehmen Sie sich Fräulein Anna Blanks an. Sie war sehr gut zu mir und half mir bei der Flucht. Sie ist allen Amerikanern freundlich gesinnt.« Unterschrieben von einem amerikanischen Kriegsgefangenen.

Das berühmte Münchner Bier war sehr kümmerlich. Aber die Lagerhauskeller waren so mit Sekt vollgepackt, daß die Soldaten und die befreiten Gefangenen noch Tage nach Münchens Fall die Flaschen herausschleppten. Die »Befreiten« hatten ein ausgezeichnetes System für die Abfertigung der Menschenschlangen, die in die Keller drängten und etliche Minuten später mit Taschen und Kisten, gefüllt mit Spirituosen aller Art, wieder heraufkamen. Gewöhnlich errichteten sie einen kleinen Schalter am oberen Ende der Treppe und nahmen sich dort der Schlange an, die mit geradezu bestürzendem Gepäck zurückkehrte. Soldaten und Russen, Franzosen, Polen usw. konnten ihre Beute ohne Anstände davonschleppen. Alle deutschen Zivilisten hingegen wurden unbarmherzig ihrer Lasten erleichtert.

Sechs Tage bevor München genommen wurde, flüchteten zwei amerikanische Gefangene zur 42. Division. Sie berichteten uns, daß ihr Lagerkommandant, ein Nazi namens Hauptmann Mühlheim, guten amerikanischen Slang spräche und ein umgänglicher Bursche sei. Sie erzählten, er habe mehrere Male, in beinahe genau folgenden Worten eine Rede gehalten: »Es werden jetzt eine Menge von euch versuchen abzuhauen. Viele werden dabei Glück haben. Ich möchte euch nur eins klarmachen. Wenn ihr schon abhaut, dann packt die Sache richtig an und bleibt dabei. Bleibt tagsüber in den Wäldern, marschiert bei Nacht, und zwar in Richtung auf den Rhein. Mit aller Wahrscheinlichkeit erwischen wir euch schon. Aber was ich euch sagen wollte, ist folgendes: Diese Art abzuhauen ist anständig und für den, der sich Mühe gibt, ist es nicht schwierig. Aber geht um Gottes willen nicht einfach nach München rein und kriecht bei einer von diesen Münchner Huren unter. Ihr könnt euch drauf verlassen, daß sie euch über kurz oder lang verpfeifen. Wenn wir einen erwischen, der sich bei so einem Flittchen verkrochen hat – der kann sich auf was gefaßt machen.«

Die Ausgekniffenen meinten, daß man sich auf sein Wort hätte verlassen können. Sie erzählten auch, daß Zigaretten die tatsächliche Währung in dem Münchner Lager gewesen seien. Sie schworen, *daß man für eine Zigarette ein Stück Seife eintauschen könnte, 20 Zigaretten seien der Kurs für eine Frau gewesen, für 50 gäbe es schon ein gehöriges Quantum Alkohol und für 2000 ließe sich in München ein Treffen mit einem Mann arrangieren, der einen sicher bis an die schweizerische Grenze führen würde. Sie bestanden darauf, daß dies der Wahrheit entspreche und gaben auch den Namen eines amerikanischen Luftwaffenoffiziers an, der folgendes anbot: 500 Dollar für 500 Zigaretten. Die brauchte er noch, um auf die 2000 zu kommen, die für die Flucht nötig waren. Die Kriegsgefangenen erhielten ihre Zigaretten durch Rotkreuzpakete, die sie zweimal wöchentlich bekamen.* *(In: Life am 14. Mai 1945)*

## »VÖLLIGER WAHNSINN«

8. Mai: Greim erscheint noch vor 8 Uhr morgens; sein Anblick erschüttert mich. Er geht an zwei Krücken, und wir bringen ihn kaum aus dem Wagen. Das verletzte Bein bereitet ihm Schmerzen, sein Gesicht ist eingefallen und ganz gelb. Er wird von zwei Offizieren und Hanna Reitsch begleitet. Ich lasse rasch ein Frühstück, vor allem starken Kaffee, servieren. Die beiden Offiziere bleiben im Vorzimmer, aber Greim will Hanna Reitsch bei sich haben.

Er ist zutiefst bestürzt, als ich ihm über die Gesamtkapitulation berichte; er sagt: »Ich habe Dönitz als dem Nachfolger Hitlers Treue versprochen, aber nur für den Kampf. Ich kann Dönitz nicht begreifen. Ich bin bei Schörner gewesen, wir haben uns verabredet, daß eine Kapitulation gar nicht in Frage kommt. Schörner wird das nie mitmachen, er wird weiterkämpfen.«

Ich erwidere, daß das ein völliger Wahnsinn sei und Greim keine andere Aufgabe habe, als sofort in ein Lazarett zu gehen. Es ist nicht leicht, mit dem Oberbefehlshaber der Luftwaffe derart zu sprechen und ihn zu überzeugen, um so schwieriger, als ich Hanna Reitsch nicht aus dem Zimmer entfernen kann, was ich möchte, Greim aber nicht duldet.

Um abzulenken, erkundige ich mich nach den letzten Ereignissen von Berlin. Greim erzählt, daß Hitler ihn und Hanna Reitsch herausgeschickt habe, sie hätten dann mit einer Arado 96, die als letzte, brauchbare Maschine am Brandenburger Tor stand, noch knapp herausfliegen können. Beide – Greim und Hanna Reitsch – wiederholen mehrfach: »Es ist das größte Leid unseres Lebens, daß es uns

nicht vergönnt war, mit dem Führer zusammen zu sterben.« Dann fügen sie hinzu, und Hanna Reitsch laufen dabei Tränen über die Wangen: »Man muß knien in Ehrfurcht vor dem Altar des Vaterlandes und beten.«
»Was ist der Altar des Vaterlandes?« frage ich ganz verblüfft. Sie sagen: »Der Führerbunker in Berlin.«
Ich erwähne, daß ab Mittag mit dem Einmarsch der Amerikaner zu rechnen sei. Greim sagt darauf: »Dann können Sie nicht hier bleiben und müssen verschwinden.«
»Ich kann doch nicht meinen ganzen Stab und die gesamte Luftwaffe im Stich lassen«, erwidere ich. »Es muß Ordnung herrschen, die Ruhe bewahrt werden und die Truppen sind zu versorgen. Was sollen denn unsere Soldaten anfangen, wenn wir alle weglaufen?«
Greim: »Das Ende ist dann, daß Sie gefangen werden. Sie können nicht in Gefangenschaft gehen, dann müssen Sie sich erschießen.«
Hanna Reitsch: »Das finde ich auch. Dann müssen Sie sich erschießen. In Gefangenschaft gehen ist ehrlos.« *(K. Koller, Der letzte Monat)**

## KEINE MITSPRACHE IN DER WELTPOLITIK

Viele Jahre, vielleicht eine Generation, werden vergehen, bevor die 70 Millionen Menschen im eroberten Deutschland wieder in der Lage sein werden, in der Weltpolitik mitzureden oder versuchen können, sich selbst zu regieren. Die deutsche Nation sieht sich einer schweren Zeit der Disziplin gegenüber, wie sie seit der Frühgeschichte außer durch die Nazi selbst wohl noch nie einem geschlagenen Volk auferlegt wurde.
Dies scheint jedenfalls der Kern der Pläne der Militärregierung für Deutschland zu sein, über die sich General Lucius D. Clay, stellvertretender (deputy) Militärgouverneur für Deutschland unter General Eisenhower, in Paris jetzt äußerte.

*(Richard S. Lewis, Stars and Stripes Staff Writer, 18. Mai 1945)*

## VON 1600 HÄFTLINGEN BLIEBEN 168

In dem Beitrag »In Buchenwald 80 000« in Ihrer Dokumentenserie, 4. Mai, Nr. 105, hieß es, daß »am 5. April 1945 aus dem Lager Buchenwald 3105 Juden mit unbekanntem Ziel abtransportiert wurden. Über ihren Verbleib ist nichts bekannt«. Ich war einer von diesen 3105 jüdischen Häftlingen. Wir marschierten an einem Samstagmorgen von Buchenwald ab. Kurze Zeit nach dem Abmarsch wurde der Transport zu etwa zwei gleichgroßen Gruppen geteilt. Das Ziel unserer Gruppe war Bayern. Wir waren 27 Tage unterwegs. Gerastet und übernachtet wurde nur, wenn die SS-Bewachung müde war. Als Verpflegung erhielten wir lediglich jeweils abends eine Handvoll gekochter Kartoffeln, welche die SS-Leute bei den Bauern gesammelt hatten. Wer nicht mehr gehen konnte, wurde an abgelegenen Stellen erschossen. Es kam auch vor, daß die Bewachungsmannschaften unterwegs die letzten Reihen unserer Kolonne stehenbleiben hieß und sie tötete. Mehrmals gefielen sich die SS-Leute auch darin, sich aus der Kolonne die Gesichter herauszusuchen, die ihnen nicht gefielen und diese Unglücklichen zu erschießen.

Die Bevölkerung zeigte sich oft hilfsbereit. Frauen weinten, als sie unseren Elendszug sahen, sie brachten uns Wasser, obwohl die SS das nicht erlaubte. Bauern warfen da und dort Brot in unsere Kolonne, und wir rauften uns darum, unbekümmert um die Kolbenschläge der Bewachung. Mit Vorliebe aßen wir verfaulte Kartoffeln, die auf dem Abfall um die Bauernhöfe lagen, weil ihr säuerlicher Geschmack den Durst stillen half. Es kam jedoch auch vor, daß wir in den Ortschaften höhnische Bemerkungen hören mußten, wie: »Das sind die richtigen, die sollte man gleich erschießen.«

Am 3. Mai kamen wir in Lebenau an. Es waren noch 168 Häftlinge, also ein Zehntel der Gruppe von 1600, die am 5. April den Todesmarsch aus Buchenwald angetreten hatten. Die SS übergab uns dem Leiter des dortigen Frauengefängnisses und verschwand. Der Gefängnisleiter behandelte uns human, wir erhielten zum ersten Male seit vier Wochen wieder warme Verpflegung, Suppe, Kaffee und Brot. Von uns 168 Überlebenden hatten 105 durch die starke Verlausung, gegen die wir uns nicht wehren konnten, Fleckfieber bekommen. Einige starben noch daran. Zwei deutsche Militärärzte behandelten uns, bis die Amerikaner kamen und uns gute Verpflegung und Heilmittel gaben. – Meine Frau und meine zwei Söhne sind in Auschwitz umgekommen.

*(Bericht des aus Oberschlesien stammenden ehemaligen jüdischen Häftlings J. L., der heute in München lebt)*

## DAS ENDE DES U-BOOT-KRIEGES

Tagesbefehl Dönitz' an die U-Bootwaffe anläßlich der Einstellung des U-Boot-Krieges am 4. 5.:

Meine U-Boots-Männer!

Sechs Jahre U-Boot-Krieg liegen hinter uns. Ihr habt gekämpft wie die Löwen. Eine erdrückende materielle Übermacht hat uns auf engsten Raum zusammengedrängt. Von der verbleibenden Basis aus ist eine Fortsetzung des Kampfes nicht mehr möglich.

U-Boots-Männer! Ungebrochen und makellos legt ihr nach einem Heldenkampf ohnegleichen die Waffen nieder. Wir gedenken in Ehrfurcht unserer gefallenen Kameraden, die ihre Treue zu Führer und Vaterland mit dem Tode besiegelt haben.

Kameraden! Bewahrt eueren U-Boots-Geist, mit dem ihr die langen Jahre hindurch tapfer, zäh und unbeirrt gekämpft habt, auch in Zukunft zum Besten unseres Vaterlandes.

Es lebe Deutschland!

Euer Großadmiral

*(W. Lüdde-Neurath, Regierung Neurath)**

## LETZTER FUNKSPRUCH VON U 1023

10. Mai 1945, 15.55 Uhr
Uhrzeitgruppe 0125/0/10 K 10
An Großadmiral:
Auf letzter 46tägiger Schnorchelunternehmung aus Geleit versenkt: 1 Dampfer 8000 BRT und 1 Zerstörer. Ferner einen Großfrachter 10 000 BRT und einen Dampfer 8000 BRT torpediert. 3 Wendefehler. Verschossen. In festem Vertrauen auf Sie, Herr Großadmiral, führen wir nun den schwersten Befehl aus (Übergabe der Boote an die Alliierten).

U-1023

## CAPRI – VORLÄUFIG ENDSTATION

In den letzten Tagen des Krieges wurde eine internationale Elite aus dem KZ Dachau ausgesondert und nach Süden abgeschoben. Der Himmler-Befehl, sie zu liquidieren, wurde nicht mehr ausgeführt. Wir lassen zwei Teilnehmer dieser Transporte zu Worte kommen:

*Aus dem Tagebuch des Weihbischofs Johannes Neuhäusler:*

*23. April (Lager Dachau). Mittags wurde verkündet, daß alles um ½5 Uhr abreist; zurück zu Niemöller gegangen, um zu erfragen, ob er auch mitgehe; »bedingt«, d. h. wenn nicht Wachmannschaft aus Buchenwald mitgeht. Dr. Jos. Müller getroffen. Abends ca. 8.30 Verkündung: Nichtabfahrt! Wagen durch Tiefflieger beschädigt. Garibaldi kommt zurück, mit ihm: Prinz Friedrich Leopold von Preußen, Baron Cerini, Prinz von Bourbon, Joos, Bürgermeister Schmitz-Wien, alle hervorragende Glieder des allg. Lagers. Abends dann lange Unterhaltung mit einzelnen, besonders mit Schmitz, ein prachtvoller Laie, voll Gottesglauben und Gottvertrauen und voll Güte und Kraft, ähnlich Joos. Noch fast bis 11 Uhr beisammen. Alles voll Spannung! Was wird während der Nacht?*

*24. April: Erneutes Packen. Wiederum Zweifel, ob gefahren wird... als plötzlich um 7.15 Uhr abends, als wir noch beisammen saßen, die Meldung kam: »Die Wagen sind da, sofort antreten!« Eiliges letztes Zusammenpacken, Aufladen, Marsch durch ein Spalier von Lagerinsassen. Bereit stehen aber nur ein Personenauto und ein Lastwagen mit Anhänger, an den schließlich noch ein 2. Anhänger angehängt wird. Auf das engste eingezwängt, finde ich im Autobus Platz, neben mir ein Bischof und ein russischer General. Hinter mir General Halder und General Thomas. Weiter sehe ich Schacht, General Falkenhausen, Minister van Dyk, Prinz von Bourbon, Niemöller, Oberst Bonin, Ministerpräsident Kallay, Sohn von Badoglio, Sohn von Horthy, einige Dänen, 1 Schwede. 8 Uhr abends fahren wir ab. Zurück nach München, entsetzlicher Anblick der Zerstörung.*

*25. April: Um 5 Uhr früh kamen wir in Innsbruck an. Zur Gauleitung dann in Lager. Auffang- und Arbeitslager Reichenau. Dort in Baracke geführt. Nach etwa ½ Stunde Kaffee ohne Brot. Den ganzen Vormittag dann warten. Um ½12 Uhr Mittagessen im Freien. Ich unterhielt mich mit Müller, Schacht, Bonin, Dr. Best, General Falkenhausen. Bis abends ca. 7.30 Uhr müssen wir warten, bis uns endlich das Quartier angewiesen wird. Zu 21 liegen wir in einer Stube, bekommen Suppe, Leintuch und unsere 2 Decken. Versuchten abends noch Erlaubnis zum Zelebrieren zu bekommen; zwar konnten wir auf einen freien Raum hinweisen, aber der Kommandant entschied: »Ich habe keinen Raum.«*

*28. April: Nach etwa 23 km Fahrt brach vor Matrei infolge Überla-*

*stung, besonders durch großen Anhänger, unser Motor. Etwa ½10 Uhr Warten auf neuen Wagen. Um etwa 1 Uhr kam der neue Omnibus; um etwa ½2 Uhr konnten wir abfahren. Um 3 Uhr waren wir am Brenner. Um etwa 5 Uhr Fahrt Brixen, Bruneck, Weslern. Als wir bald darauf versuchten, in das Bad Alt-Prax zu kommen, wo angeblich für uns 3 Hotels frei sein sollten, kam uns schon ein Untersturmführer entgegen und erklärte, daß das Bad bereits seit 14 Tagen von Wehrmacht, Luftwaffe besetzt sei. Wir sollten auf der Straße warten. Brotverteilung. Dann gegen 9 Uhr Marsch gegen Willen der Wachmannschaft ins Dorf Niederdorf, um Kaffee zu bekommen. Stimmung ziemlich erregt, zumal die »Sippengefangenen« (Frauen, Kinder) nun schon eine zweite Nacht durchgefahren waren und niemand wußte, was weiter geschehen sollte.*

*30. April: Vormittags neues Packen, mittags wieder Pfarrer, Schuschnigg ist da. Um etwa ½6 Uhr Abfahrt nach Hotel Prags am Wildsee, 1400 m gelegen. Ich bekomme Zimmer 230. Für Abendessen stehen nur ein paar Töpfe (Suppe) zur Verfügung. Besitzerin von Prags ist Frau Heiß (vom »Elefant«-Hotel in Brixen).*

*1. Mai: Messe für Besitzerin, schöne Kapelle. Ziemliche Unruhe wegen Partisanengefahr. Abends kommt Nachricht, daß Hitler tot sei.*

*2. Mai: Messe für Pfarrhof Niederdorf. 11 Uhr fahre ich nach Niederdorf. Abends mit Dr. Thalhammer, er erzählt mir von ursprünglich geplanter Befreiungsaktion für uns, von Sonderfrieden an Südfront.*

*3. Mai: Vormittags Besprechung mit Bischof Piguet und Dr. Müller. Abends besuchte mich Generaloberst Halder. Dr. Müller und Hamm führten große Diskussion bei mir.*

*4. Mai: Nach der hl. Messe um 9 Uhr zurückkehrend, sehe ich Yankees und Partisanen kommen. Die deutschen Soldaten sind entwaffnet. Garibaldi, Ferrero usw. mit roten Halstüchern (und Westen) ziehen bald wieder ab. Die etwa 170 Yankees bleiben, verhalten sich aber sehr ruhig und gefällig; sind in unserem Speisesaal, Musiksaal usw.*

*5. Mai: Traurige Nachricht: daß in Niederdorf von den Partisanen einige Wehrmachtsangehörige erschossen wurden.*

*6. Mai: Abends Besprechung mit Rechtsanwalt Schlotterndorf.*

*7. Mai: Abends noch Packen, dann noch viele Autogramme, besonders auch für amerikanischen General, für Liedig, Mohr, Kohlenklau usw. Noch lange unterhalten, mit Prinz von Hessen und Gene-*

*raloberst Halder über Führer. 85 melden sich für morgige Fahrt nach Verona–Neapel, wohin alle gemäß Mitteilung von amerik. General Geron müssen.*
*17. Mai: Amierkaner Grövenitz aus Schweiz kam mit Empfehlung von Niemöller, um über Wiederaufbau zu reden.*

*Aus dem Tagebuch Kurt v. Schuschniggs (ehem. österr. Bundeskanzler):*

*20. April: Ein größerer Teil der Sonderhäftlinge ist weg; leider abtransportiert; man sagt nach Tirol.*
*Sehr schade! Denn alle deutschen Militärs sind darunter; einer von ihnen hatte eine große Generalstabskarte besessen, so gab es jeden Tag im Anschluß an den Wehrmachtsbericht, den wir am Radio abhören konnten (denn Zeitung gab es keine) eine eingehende Besprechung der Lage.*
*27. April: Abtransport! In überfüllten Autobussen; viel Frauen und Kinder: »Sippenhäftlinge« ist der Fachausdruck.*
*Als wir den riesigen Lagerhof betreten, stockt unwillkürlich der Schritt...*
*Ein Meer blau-weiß gestreifter, abgehärmter Gestalten – in unheimlicher Stille – brandet langsam zu den weit auseinandergezogenen Mauern; da und dort ein Raunen, Grollen – wie wenn ein Sturm sich legt –, oder vielleicht auch, wie wenn er erst anhebt.*
*Kopf an Kopf an 35 000 Menschen – und die alle sollen angeblich im Fußmarsch nach Süden ziehen – grauenhafter, schlechterdings unmöglicher Gedanke...*
*28. April: Einen Tag im Konzentrationslager Reichenau b. Innsbruck. Es ist besser, nicht zuviel um sich zu schauen, auf bekannte Berge und Häuser und Gestalten.*
*Tiroler Freiheitskämpfer werden aus den Arresten zum Häftlingsspaziergang geführt. Manche darunter in Wehrmachts- und Polizeiuniform. Auch viele Frauen. Also das gibt es auch schon!*
*Ich darf den Bischof von Clermont-Ferrant kennenlernen, einen wahren Helden und Märtyrer unseres Glaubens; ich möchte das Knie beugen und ihm den Ring küssen, den er nun wieder trägt; der Mann hat viel geleistet. Wir alle sind stolz auf ihn; er wird uns bald den ersten unvergeßlichen Gottesdienst zelebrieren.*
*Und dann kann ich auch endlich dem Prälaten Johannes Neuhäusler aus München persönlich danken, der allen Hindernissen zum*

*Trotz unbeschreiblich rührend in Dachau und auf der Reise für uns gesorgt hat.*
*Schließlich ist es mir besondere Genugtuung, Pastor Martin Niemöller die Hand drücken zu dürfen, der für die Deutschen – nicht nur für seine Haftgenossen – vielleicht mehr gewirkt hat durch sein mannhaft tapferes Beispiel, als diese selber heute wissen; wir haben ihn als Menschen und Bekenner seit langen Jahren bewundert.*
*30. April: Niederdorf-Pragser Wildsee --- Mein Gott! ... Daheim!*
*1. Mai: Die SS scheint zu spüren, daß sie nicht mehr hereinpaßt; sie ist sichtlich unruhig geworden. Man zeigt mir schwarz auf weiß, was ich übrigens schon seit Dachau wußte, daß unsere begleitenden Gestapoleute, die aus Buchenwald abgezogen worden waren, eine Liste mit sich führten mit all den Namen, deren Träger über Auftrag Himmlers umzulegen waren: der unsrige war darunter.*
*Unser kleiner Völkerbund, bestehend aus Gefangenen von über 20 verschiedenen Nationen, hatte sich schon seit Tagen konstituiert und einhellig unseren englischen Freund und Schicksalsgefährten, Mr. Best – einst vom Secret Service –, zum Vorsitzenden gewählt.*
*In der Hotelhalle begab sich das bislang ganz Unerhörte:*
*Der deutsche Hauptmann stellte sich in aller Form vor und erklärte, er sei mit seinen Leuten ausschließlich zu unserem Schutz da...*
*Und dann besteigt Ing. Ducia – als Beauftragter der Tiroler Landesregierung – ein improvisiertes Podium und sagt: »Meine Damen und Herren – ich bitte Sie im Namen der Tiroler Landesregierung, sich als unsere Gäste zu betrachten...«*
*Wir schauen uns sprachlos an; haben wohl auch noch Angst, aus irgendeinem schweren Traum zu erwachen – daß das noch möglich ist?*
*Jawohl – es ist wirklich so!*
*Mein Gott – daheim!*
*Und dann gingen viele von uns über klirrenden, fest gefrorenen Schnee in einer nahegelegenen, vom Krieg vergessenen Waldkapelle zur Maiandacht...*
*4. Mai: 2 Uhr nachmittags – Alarm – die Amerikaner!*
*Eine amerikanische Frontkompanie übernimmt das Hotel und hat uns in ihrer Obhut. Wir sind befreit!*
*Und dann geht man den Plänen nach; nun, da es endlich so weit ist. Natürlich so bald als möglich heim; und für die Zwischenzeit, bis die Straßen wieder frei sind und der Verkehr funktioniert, vielleicht für einige Zeit nach Meran – so fürs erste...*

*6. Mai: Das geht nun allerdings nicht! Ein äußerst zuvorkommender amerikanischer Generalmajor erklärt uns, wir müßten zunächst nach Neapel.*
*10. Mai: Die Reise als solche war ein Erlebnis. Zunächst in langem Autozug über das wundervolle Cortina d'Ampezzo in den oberitalienischen Frühling. An den schweren Wunden vorbei, die der hier doppelt sinnlose Krieg dem gemarterten Lande schlug. Und von Verona im Flugzeug bis zur nächsten Station nach Neapel. Überall das gleiche höfliche Entgegenkommen und bereitwillig gewährte Hilfe. Ich besitze nur mehr einen Lodenanzug, die frühere Salzburger Landestracht. Für Süditalien weniger geeignet. Daher werde ich eingekleidet in amerikanische Uniform und beziehe später Sommersachen vom Roten Kreuz und der UNRRA.*
*Dann geht es weiter nach Capri – und hier ist vorläufig Endstation.*

## DIE GRUPPE ULBRICHT WIRD EINGEFLOGEN

*(Der Verfasser, Wolfgang Leonhard, kehrt, 23 Jahre alt, aus russischer Emigration als geschulter Kommunist mit Ulbricht nach Berlin zurück. Die kommunistische Herrschaft über die spätere DDR wird unter russischem Schutz zielbewußt aufgerichtet. W. L. ist später nach Jugoslawien emigriert und lebt heute in Westdeutschland.)*

Schon seit Anfang April 1945 waren viele der Redakteure nur noch mit halbem Herzen bei der gewohnten Arbeit. Alle Gespräche drehten sich um die Rückkehr nach Deutschland. In unserer Redaktionsarbeit mußten wir improvisieren, da fast täglich ein oder zwei Redakteure fehlten. »Der Genosse ist bei einer Besprechung«, erklärte dann Ackermann. Es ging um die letzten Vorbereitungen für die Abfahrt nach Deutschland! Die technischen Einzelheiten der Rückkehr wurden beraten. Wahrscheinlich gab es einige, denen schon die Einzelheiten bekannt waren. Aber sie mußten wohl Anweisung bekommen haben, nichts zu erzählen. Auch die Rückfahrt nach Deutschland wurde mit jener Geheimniskrämerei umgeben, wie ich sie in der Sowjetunion schon zur Genüge kannte.
Erst in der zweiten Aprilhälfte sollten wir Genaueres erfahren: Zwei Flugzeuge mit den ersten 20 deutschen Emigranten sollten sobald als möglich in das sowjetisch besetzte Gebiet fliegen. Ein Teil unter Führung von Ulbricht sollte im Gebiet der Heeresgruppe Marschall

*Zu nebenstehendem Bild:*
*Nur eine Ladentüre in den Jahren nach dem Kriege – aber ein Dokument für die Mühsal des Alltags der Hausfrau. Die Produktionskraft ist fast auf den Nullpunkt gesunken.*

Geschäftszeit:
Montag, Mittwoch u. Freitag
9 – 12
von 3 – 6 Uhr
geschlossen!
Klopfen = Zwecklos.
Reparaturen
önnen z. Zt. nicht
ngenomen werden.

Shukows tätig sein, die gerade auf Berlin vorstieß, die zweite Gruppe unter Leitung von Anton Ackermann im Heeresgebiet der Armee Marschall Konijews, die von der Tschechoslowakei aus sich Dresden näherte.

Nun begann eine unruhige Zeit. Wie immer mußte ich jeden zweiten Tag vom Mittag des einen Tages bis zum nächsten die Rundfunksendungen sprechen; die übrige Zeit aber war ausgefüllt mit der Erledigung aller Formalitäten und Besprechungen. Schon zwei Tage später wurden wir, die »Gruppe Ulbricht«, wie sie nun genannt wurde, zu Ulbricht bestellt.

Ulbricht schien überhaupt nicht beeindruckt oder erfreut zu sein – zumindest ließ er sich nichts anmerken. Er sprach zu uns, als ob es sich um die selbstverständlichste Sache der Welt handeln würde, nach so vielen Jahren nach Deutschland zurückzukehren.

Am 27. April wurden wir noch einmal zu einer kurzen Besprechung zu Ulbricht bestellt.

»Alle bereit, alles fertig?« fragte Ulbricht. Zum erstenmal erlebte ich Ulbricht lächelnd und freundlich.

»Voraussichtlich werden wir am 29. oder 30. April fliegen. Vorher werden wir noch bei Wilhelm eine Abschiedsfeier haben. Nun noch eine praktische Angelegenheit...« Er öffnete seine Mappe und nahm Bündel Banknoten heraus, die unter uns aufgeteilt wurden.

»Das sind noch 1000 Rubel für jeden, für kleinere Anschaffungen.« (Eine Summe, die immerhin den damaligen Monatslohn eines Arbeiters weit übertraf.) Die Geldverteilung war jedoch noch nicht zu Ende.

»Und jetzt erhält jeder von euch noch 2000 Deutsche Reichsmark für die ersten Ausgaben in Deutschland.«

Am 29. April wurden wir zum letzten Mal zu Ulbricht gerufen. Auch diese Besprechung war nur ganz kurz. »Es ist alles klar. Wir werden morgen um 7 Uhr früh abfliegen. Wir treffen uns vor dem Nebeneingang des Hotels ›Lux‹ um 6 Uhr und fahren dann mit einem Autobus zum Flugplatz. Jeder nimmt nur ein kleines Köfferchen mit den allerdringendsten Sachen mit sich. Heute abend sind wir noch bei Wilhelm eingeladen«, sagte uns Ulbricht. An diesem Abend des 29. April 1945, dem letzten Abend, den ich in der Sowjetunion verbringen sollte, saßen wir, die ersten zehn deutschen Emigranten, die nach Deutschland zurückflogen, bei Wilhelm Pieck.

Im Wohnzimmer stand ein runder Tisch, an dem wir Platz nahmen.

Vor jedem Platz stand ein Wodka-Gläschen bereit. Ich hatte befürchtet, es würde sehr offiziell werden. Innerlich war ich auf ein politisches Referat oder auf eine »organisierte Geselligkeit«, wie in der Kominternschule, gefaßt. Diesmal wurde ich angenehm überrascht. Es war gemütlich, freundlich und inoffiziell. Offensichtlich befanden wir uns nun in der hierarchischen Gliederung des Funktionärskörpers auf einer Stufe, wo man auch ohne offizielle Erklärungen und Deklamationen zusammen sein konnte. Im Laufe des Abends wurde zwar hier und da auch über die zukünftige Arbeit gesprochen, aber nicht in dem parteioffiziellen Direktiven-Stil, sondern frei, mit eigenen Worten. Dann wurde uns zur Feier des Tages Wodka eingeschenkt.
»Auf die zukünftige Arbeit in Deutschland«, sagte Wilhelm Pieck jovial und freundlich.
»Auf daß du, Wilhelm Pieck, recht bald auch nach Deutschland kommst«, antwortete einer von uns. Er lachte. »Ja, ja, ich werde schon bald nachkommen.« Wir saßen noch ein bißchen zusammen, scherzten, und einer erzählte sogar eine Anekdote.

### *Die Köpfe der »Gruppe Ulbricht«*

Von den Mitgliedern der »Gruppe Ulbricht« hatte ich die meisten erst in den letzten Tagen kennengelernt.
Ich weiß nicht, von wem und nach welchem System die zehn Funktionäre ausgesucht worden waren, die als erste nach Deutschland zurückkehren durften. Wenn ich aber heute an diese Gruppe zurückdenke, so scheint es mir, daß eine recht bezeichnende Auswahl getroffen worden war. Sie war ein getreues Spiegelbild der herrschenden Funktionärstypen des Stalinismus.
Walter Ulbricht, der Chef unserer Gruppe, war damals 51 Jahre alt. In Leipzig geboren, von Beruf Tischler, behauptet er heute, mit 19 Jahren, im Jahre 1912, der Sozialdemokratischen Partei beigetreten zu sein und seit 1916 an der Tätigkeit des Spartakus-Bundes in Sachsen teilgenommen zu haben. Von 1928–1933 war Ulbricht KPD-Abgeordneter im Deutschen Reichstag, seit 1929 Bezirkssekretär der KPD von Groß-Berlin und Brandenburg, floh 1933 nach Frankreich, gehörte nach 1933 zur Emigrationsführung der KP in Prag und Paris und war während des Bürgerkrieges in Spanien, wo er – was ich allerdings erst später erfahren habe – durch die Liquidierung revolutionärer anti-stalinistischer Kämpfer in der spanisch-

ТЕМПЕЛЬГОФ
(АЭРОПОР.Т)
SED

republikanischen Armee berüchtigt war. Nach der Niederlage der spanischen Republik kam Ulbricht nach Frankreich und nach dem Zusammenbruch Frankreichs im Jahre 1940 nach Moskau.
Seine Hauptstärke ist sein organisatorisches Talent, sein phänomenales Namensgedächtnis, seine Fähigkeit, jeweilige Kurswechsel vorauszuahnen, und seine unermüdliche Arbeitskraft.
Der in Hamburg geborene Funktionär Richard Gyptner war ihm in seiner pedantischen Art ein geeigneter Helfer. Sein mangelnde Vitalität prädestinierte ihn mehr zum Parteibeamten als zum Parteifunktionär. Er ist völlig humorlos; seine hervorstechendsten Eigenschaften sind Pedanterie am Schreibtisch und Sorgfalt in der Kleidung.
Richard Gyptner wurde 1946 Sekretär des Zentralsekretariats der SED, erhielt anschließend eine höhere Stellung in der Volkspolizei und leitet gegenwärtig die Hauptabteilung »Kapitalistisches Ausland« im Außenministerium der »DDR«.
Otto Winzer, in Moskau unter dem Pseudonym »Lorenz« bekannt, ähnelt in manchen Zügen Richard Gyptner. Er unterscheidet sich von diesem durch einen schärferen Intellekt.
Nach 1945 erklomm Winzer die höchsten Stufen einer östlichen Karriere. Im Mai 1945 übernahm er die Abteilung für Kultur und Volksbildung im Berliner Magistrat, war in den Jahren 1946–1950 als Chef der Presse- und Rundfunkabteilung im Zentralsekretariat der SED und zeitweilig außerdem noch als stellvertretender Chefredakteur der Zeitung »Neues Deutschland« tätig. Im Oktober 1949 avancierte er zum Chef der Privatkanzlei des Präsidenten der »DDR«, Wilhelm Pieck.
Anders als die bisher Genannten hatte sich der damals 33jährige Hans Mahle trotz langer Tätigkeit im Apparat noch eine lebhafte Natürlichkeit bewahrt. Er konnte noch lachen, fröhlich sein, sich mit »gewöhnlichen Menschen« unterhalten und fand neben dem Parteijargon noch Worte, die von eigenem Denken und Fühlen zeugten.
Im Sommer 1945 wurde er zum Intendanten des Ostberliner Rundfunks und später zum Generalintendanten aller Rundfunksender der sowjetischen Besatzungszone ernannt; Anfang 1951 endete seine Karriere mit einem jähen Sturz, und erst später tauchte er auf

*Zu nebenstehendem Bild:*
*Hitler hat Rußland die Möglichkeit gegeben, bis nach Berlin vorzudringen: Russische Wegweiser (Tempelhof, Flughafen) und die Plakate der SED im Jahre 1946 im ehemaligen Regierungsviertel (Wilhelmstraße, Ecke Voßstraße).*

dem verhältnismäßig untergeordneten Posten des Chefredakteurs der »Schweriner Volkszeitung« wieder auf.
Auch Gustav Gundelach stammte aus Hamburg. Mit 58 Jahren war er das älteste Mitglied unserer Gruppe. Er wirkte wie ein ehrlicher Arbeiterfunktionär, der sich sein Wissen mühsam erworben hat. Nur selten sah ich ihn so fröhlich wie etwa Hans Mahle. Im Sommer 1945 wurde Gundelach zum Präsidenten der Zentralverwaltung für Arbeit und Sozialfürsorge der sowjetischen Besatzungszone ernannt, jedoch im April 1946 zur Unterstützung der KP Westdeutschlands in seine Heimatstadt Hamburg entsandt, wo er bald darauf Abgeordneter in der Bürgerschaft wurde. Später fiel ihm eine führende Funktion in der westdeutschen KP zu. Am 14. August 1949 zog er als KP-Abgeordneter in den ersten Deutschen Bundestag ein.
Karl Maron, damals 44 Jahre alt, war mir von der Redaktion der Zeitung »Freies Deutschland« her bekannt, wir hatten uns recht gut verstanden.
Seine Vielseitigkeit war erstaunlich. Nach jahrelanger Tätigkeit in der Sportbewegung hatte er im Organ des Nationalkomitees die militärischen Kommentare geschrieben; im Juni 1945 wurde er zunächst stellvertretender Oberbürgermeister von Berlin, später Vorsitzender der SED-Fraktion der Berliner Stadtverordnetenversammlung, im November 1948 Stadtrat für Wirtschaft im Berliner Ostsektor, im November 1949 stellvertretender Chefredakteur des SED-Zentralorgans »Neues Deutschland« und anschließend Generalinspektor und Chef der Hauptverwaltung der deutschen Volkspolizei. Es ist durchaus möglich, ja sogar wahrscheinlich, daß Karl Maron während dieser steil aufsteigenden Karriere sich zu jenem Typ entwickelte, der in Ulbricht, Gyptner und Winzer seine prägnantesten Vertreter hat.
Eine gewisse Sonderstellung nahm der kleine, untersetzte, glatzköpfige, damals 53jährige Walter Köppe ein. Er stammte aus Berlin und sprach noch immer den unverfälschten Berliner Dialekt. Für seine Figur und sein Alter war er erstaunlich lebendig, hatte aber von politischen oder gar theoretischen Fragen nur wenig Ahnung. Er wurde 1947 als Wirtschaftsleiter der SED-Parteihochschule »Karl Marx« eingesetzt, ein Posten, für den sich der praktisch denkende und organisatorisch begabte Walter Köppe gut eignete. Drei Jahre später wurde er Wirtschaftsleiter der Verwaltungsakademie Forst-Zinna, wo er sich auch heute noch befindet.

Der kommunistische Journalist und Schriftsteller Fritz Erpenbeck aus Mainz, damals 48 Jahre alt, war der einzige von uns allen, der zunächst nach 1945 nicht »fest eingeordnet« wurde und keine bestimmte Funktion ausübte. Erpenbeck schrieb eifrig und viel und war »überall dabei«, bei Redaktionskonferenzen von Zeitungen und Zeitschriften, beim Kulturbund und im Theaterwesen, bei Besprechungen über Filme und über bildende Kunst.
Schließlich muß ich noch mich selbst erwähnen.
Von den Mitgliedern der »Gruppe Ulbricht« war ich der jüngste, nämlich 23 Jahre alt. Ich hatte als einziger keine langjährige Parteitätigkeit aufzuweisen. Wahrscheinlich war ich für die »Gruppe Ulbricht« ausgesucht worden, weil ich in der Sowjetunion aufgewachsen war und als Vertreter der Jugend galt, die – weit mehr als im Westen – oft kühn gefördert und schon in jungen Jahren in entscheidende Positionen gestellt wird.
Schließlich gehörte zu unserer Gruppe, nicht als politisches Mitglied, sondern als technischer Sekretär, noch ein jüngerer Deutscher. Er war ruhig und schweigsam (fast wie ein Kaderchef), beteiligte sich nur selten an unseren Gesprächen, leistete aber gute Arbeit. *(W. Leonhard, Die Revolution entläßt ihre Kinder)**

## DER LETZTE OKW-BERICHT

Aus dem Hauptquartier des Großadmirals, 9. Mai 1945.
Das Oberkommando der Wehrmacht gibt bekannt:
In Ostpreußen verteidigten die deutschen Divisionen am Dienstag noch bis zum Äußersten die Weichselmündung und den westlichen Teil der Frischen Nehrung. Vor allem zeichnete sich die 7. Infanteriedivision aus. Für seine vorbildliche Haltung wurde der Kommandeur, General von Gauchen, mit dem Eichenlaub mit Schwertern und Brillanten zum Ritterkreuz des eisernen Kreuzes ausgezeichnet. Das Gros unserer Heeresgruppe in Kurland, die unter dem Kommando von Generaloberst Günther monatelang stark überlegenen sowjetischen Panzer- und Infanterieformationen Widerstand geleistet hat und in sechs großen Schlachten tapfer standhielt, hat sich unsterblichen Ruhm errungen. Sie hat jede vorzeitige Kapitulation abgelehnt. In tadelloser Ordnung haben die weiter nach Westen fliegenden Flugzeuge Verwundete und Familienväter weggeschafft. Die Offiziere und Stäbe sind bei ihren Truppen geblieben. Um Mit-

ternacht wurden entsprechend den von uns angenommenen Bedingungen die Feindseligkeiten und jede Bewegung eingestellt. Die Verteidiger von Breslau, die zwei Monate lang allen sowjetischen Angriffen trotzten, sind nach heroischem Widerstand im letzten Augenblick der feindlichen Übermacht erlegen.
Auch an der Südost- und Ostfront haben alle Stäbe der Haupteinheiten bis nach Dresden Befehl erhalten, das Feuer einzustellen. Der Aufstand der Tschechen in fast ganz Böhmen und Mähren konnte die Durchführung der Kapitulationsbedingungen und unsere Verbindungen in diesem Raum behindern. Das Oberkommando hat bis jetzt keinen Bericht über die Heeresgruppen Löhr, Rendulic und Schörner erhalten.
Weitab vom Vaterland haben die Verteidiger der Atlantikstützpunkte, die Truppen in Norwegen und die Garnisonen der Inseln in der Ägäis in Gehorsam und Disziplin die Ehre des deutschen Soldaten gewahrt.
Seit Mitternacht schweigen nun an allen Fronten die Waffen. Auf Befehl des Großadmirals hat die Wehrmacht den aussichtslos gewordenen Kampf eingestellt. Damit ist das fast sechsjährige heldenhafte Ringen zu Ende. Es hat uns große Siege, aber auch schwere Niederlagen gebracht. Die Deutsche Wehrmacht ist am Ende einer gewaltigen Übermacht ehrenvoll unterlegen.
Der deutsche Soldat hat, getreu seinem Eid, im höchsten Einsatz für sein Volk, für immer Unvergeßliches geleistet. Die Heimat hat ihn bis zuletzt mit allen Kräften und unter schwersten Opfern unterstützt. Die einmalige Leistung von Front und Heimat wird in einem späteren gerechten Urteil der Geschichte ihre endgültige Würdigung finden.
Den Leistungen und Opfern der deutschen Soldaten zu Lande, zu Wasser und in der Luft wird auch der Gegner die Achtung nicht versagen. Jeder Soldat kann deshalb die Waffe aufrecht und stolz aus der Hand legen und in den schwersten Stunden unserer Geschichte tapfer und zuversichtlich an die Arbeit gehen für das ewige Leben unseres Volkes.
Die Wehrmacht gedenkt in dieser Stunde ihrer vor dem Feinde gebliebenen Kameraden. Die Toten verbinden zu bedingungsloser Treue, zu Gehorsam und Disziplin gegenüber dem aus zahllosen Wunden blutenden Vaterland. *(W. Lüdde-Neurath, Regierung Neurath)**

Als Admiral Friedeburg am 5. Mai in Reims eintraf, erklärte er, er möchte eine Reihe von Punkten klären. Für uns führte mein Chef des Stabes, General Smith, die Verhandlungen. Dieser teilte Friedeburg mit, daß es keinen Sinn habe, über irgend etwas zu debattieren, da wir nur eine bedingungslose, totale Kapitulation entgegennehmen würden. Friedeburg gab vor, er sei nicht ermächtigt, ein solches Dokument zu unterzeichnen. Man gestattete ihm, einen Funkspruch an Dönitz aufzugeben. In der Antwort hieß es, daß Feldmarschall Jodl nach unserem Hauptquartier unterwegs sei, um ihm bei den Verhandlungen zur Seite zu stehen.

Uns war es klar, daß die Deutschen Zeit gewinnen wollten, um möglichst viele deutsche Soldaten, die noch im Felde standen, hinter unsere Linien bringen zu können. Ich trug General Smith auf, er solle Jodl sagen, ich würde den Durchgang weiterer deutscher Flüchtlinge unter Gewaltanwendung verhindern, wenn sie nicht augenblicklich mit ihrer Vorspiegelungs- und Verzögerungstaktik aufhörten. Ich hatte es satt, mich dauernd hinhalten zu lassen.

Schließlich setzten Jodl und Friedeburg einen Funkspruch an Dönitz auf, worin sie um Vollmacht zur Unterzeichnung einer bedingungslosen Kapitulation baten, die 48 Stunden später in Kraft treten sollte. Hätte ich das noch länger mitgemacht, so hätten die Deutschen immer wieder eine Ausrede gefunden, um die Unterzeichnung hinauszuschieben und einen weiteren Aufschub herauszuschlagen. Ich ließ ihnen aber durch Smith sagen, daß die 48stündige Frist bis zum Inkrafttreten der Kapitulation vom 6. Mai, von Mitternacht an, gerechnet werde. Seien sie damit nicht einverstanden, so würde ich meine Drohung wahrmachen und die Westfront sperren.

Dönitz sah schließlich ein, daß er sich fügen mußte, und so unterzeichnete Jodl am 7. Mai um 2.41 Uhr die Kapitulation. Am 8. Mai um Mitternacht sollten alle Feindseligkeiten eingestellt werden.

Nachdem Feldmarschall Jodl und General Smith, sowie die französischen und russischen Vertreter als Zeugen die erforderlichen Dokumente unterzeichnet hatten, wurde Feldmarschall Jodl in meinen Dienstraum geführt. Ich fragte ihn durch einen Dolmetscher, ob ihm alle Punkte des Dokumentes klar seien.

Er antwortete: »Ja.«

Ich sagte darauf: »Sie werden dienstlich und persönlich zur Verantwortung gezogen, wenn gegen die Punkte dieser Kapitulationsurkunde verstoßen werden sollte, auch gegen die, welche sich auf die offizielle Übergabe an Rußland beziehen, zu der die deutschen Oberbefehlshaber zu dem Zeitpunkt in Berlin erscheinen müssen, der vom russischen Oberkommando festgesetzt wird. Das ist alles.« Er salutierte und ging. *(D. Eisenhower, Kreuzzug in Europa)**

## DIE KAPITULATIONSURKUNDE

1. Wir, die hier Unterzeichneten, handelnd in Vollmacht für und im Namen des Oberkommandos der deutschen Wehrmacht, erklären hiermit die bedingungslose Kapitulation aller am gegenwärtigen Zeitpunkt unter deutschem Befehl stehenden oder von Deutschland beherrschten Streitkräfte auf dem Lande, auf der See und in der Luft gleichzeitig gegenüber dem Obersten Befehlshaber der alliierten Expeditionsstreitkräfte und dem Oberkommando der Roten Armee.
2. Das Oberkommando der deutschen Wehrmacht wird unverzüglich allen Behörden der Deutschen Land-, See- und Luftstreitkräfte und allen von Deutschland beherrschten Streitkräften den Befehl geben, die Kampfhandlungen um 23.01 mitteleuropäischer Zeit am 8. Mai einzustellen und in den Stellungen zu verbleiben, die sie an diesem Zeitpunkt inne haben, und sich vollständig zu entwaffnen, indem sie Waffen und Geräte an die örtlichen alliierten Befehlshaber bzw. an die von den alliierten Vertretern zu bestimmenden Offiziere abliefern. Kein Schiff, Boot oder Flugzeug irgendeiner Art darf versenkt werden, noch dürfen Schiffsrümpfe, maschinelle Einrichtungen, Ausrüstungsgegenstände, Maschinen irgendwelcher Art, Waffen, Apparaturen, techn. Gegenstände, die Kriegszwecken im allgemeinen dienlich sein können, beschädigt werden.
3. Das Oberkommando der deutschen Wehrmacht wird unverzüglich den zuständigen Befehlshabern alle von dem obersten Befehlshaber der alliierten Expeditionsstreitkräfte und dem Oberkommando der Roten Armee erlassenen zusätzlichen Befehle weitergeben und deren Durchführung sicherstellen.
4. Diese Kapitulationserklärung ist ohne Präjudiz für irgendwelche an ihre Stelle tretende Kapitulationsbedingungen, die durch die Vereinten Nationen und in deren Namen Deutschland und der deutschen Wehrmacht auferlegt werden mögen.

5. Falls das Oberkommando der deutschen Wehrmacht oder irgendwelche ihm unterstehende oder von ihm beherrschte Streitkräfte es versäumen sollten, sich gemäß den Bestimmungen dieser Kapitulationserklärung zu verhalten, werden der oberste Befehlshaber der alliierten Expeditionsstreitkräfte und das Oberkommando der Roten Armee alle diejenigen Straf- und anderen Maßnahmen ergreifen, die sie als zweckmäßig erachten.
6. Diese Erklärung ist in englischer, russischer und deutscher Sprache abgefaßt. Allein maßgebend sind die englische und die russische Fassung.
Unterzeichnet zu Berlin am 8. Mai 1945

gez. v. Friedeburg gez. Keitel gez. Stumpff
für das Oberkommando der deutschen Wehrmacht

*(W. Lüdde-Neurath, Regierung Dönitz)**

## IN DER ALTEN TONART

Bekanntgabe der bedingungslosen Kapitulation durch Reichsminister Graf Schwerin von Krosigk am 7. Mai 1945.

Deutsche Männer und Frauen!
Das Oberkommando der Wehrmacht hat heute auf Geheiß des Großadmirals Dönitz die bedingungslose Kapitulation aller Truppen erklärt. Als leitender Minister der Reichsregierung, die der Großadmiral zur Abwicklung der Kriegsaufgaben bestellt hat, wende ich mich in diesem tragischen Augenblick unserer Geschichte an das deutsche Volk.
Nach einem fast sechsjährigen Kampf von unvergleichlicher Härte ist die Kraft Deutschlands der überwältigenden Macht unserer Gegner erlegen. Die Fortsetzung des Krieges hätte nur sinnloses Blutvergießen und unnütze Zerstörung bedeutet. Eine Regierung, die Verantwortungsgefühl vor der Zukunft unseres Volkes besitzt, mußte aus dem Zusammenbruch aller physischen und materiellen Kräfte die Folgerung ziehen und den Gegner um Einstellung der Feindseligkeiten ersuchen.
Es war das vornehmste Ziel des Großadmirals und der ihn unterstützenden Regierung, nach den furchtbaren Opfern, die der Krieg erfordert hat, in seiner letzten Phase das Leben möglichst vieler deutscher Menschen zu erhalten. Daß der Krieg nicht sofort im Westen und im Osten beendet wurde, erklärt sich allein aus diesem

Ziel. Wir verneigen uns in dieser schwersten Stunde des deutschen Volkes und seines Reiches in Ehrfurcht vor den Toten dieses Krieges, deren Opfer unsere höchste Verpflichtung ist. Unsere Anteilnahme und Sorge gilt vor allem den Versehrten, den Hinterbliebenen und allen, denen dieser Kampf Wunden geschlagen hat. Niemand darf sich über die Schwere der Bedingungen hinwegtäuschen, die unsere Gegner dem deutschen Volk auferlegen werden. Es gilt, ihnen ohne jede Phrase klar und nüchtern entgegenzusehen. Niemand kann im Zweifel darüber sein, daß die kommende Zeit für jeden von uns hart sein und auf allen Lebensgebieten Opfer von uns fordern wird. Wir müssen sie auf uns nehmen und loyal zu den Verpflichtungen stehen, die wir übernommen haben. Wir dürfen aber auch nicht verzweifeln und uns einer stummen Resignation hingeben. Wir müssen uns den Weg durch das Dunkel der Zukunft durch drei Sterne erleuchten und führen lassen, die stets das Unterpfand echten deutschen Wesens waren: Einigkeit und Recht und Freiheit.
Aus dem Zusammenbruch der Vergangenheit wollen wir uns eines bewahren und retten: die Einigkeit, den Gedanken der Volksgemeinschaft, die in den Jahren des Krieges in der Frontkameradschaft draußen, in der gegenseitigen Hilfsbereitschaft in allen Nöten daheim ihren schönsten Ausdruck gefunden hat. Wir werden diese Kameradschaft und Hilfsbereitschaft in den kommenden Nöten des Hungers und der Armut ebenso brauchen wie in den Zeiten der Schlachten und Bombenangriffe. Nur wenn wir uns diese Einigkeit erhalten und nicht wieder in streitende Klassen und Gruppen auseinanderfallen, können wir die künftige harte Zeit überstehen.
Wir müssen das Recht zur Grundlage unseres Volkslebens machen. In unserem Volk soll Gerechtigkeit das oberste Gesetz und die höchste Richtschnur sein. Wir brauchen das Recht auch als die Grundlage der Beziehungen zwischen den Völkern aus innerer Überzeugung anerkennen und achten. Die Achtung vor geschlossenen Verträgen soll uns ebenso heilig sein wie das Gefühl der Zusammengehörigkeit unseres Volkes zur europäischen Völkerfamilie, als deren Glied wir alle menschlichen, moralischen und materiellen Kräfte aufbieten wollen, um die furchtbaren Wunden zu heilen, die der Krieg geschlagen hat.
Dann können wir hoffen, daß die Atmosphäre des Hasses, die heute Deutschland in der Welt umgibt, einem Geist der Versöhnung in den Völkern weicht, ohne den eine Gesundung der Welt gar nicht möglich ist, und daß uns die Freiheit wieder winkt, ohne die kein Volk

ein erträgliches und würdiges Dasein finden kann. Wir wollen die Zukunft unseres Volkes auf die innersten und besten Kräfte des deutschen Wesens sehen, die der Welt unvergängliche Werke und Werte gegeben haben. Wir werden mit dem Stolz auf den Heldenkampf unseres Volkes den Willen verbinden, als Glied der christlich-abendländischen Kultur in redlicher Friedensarbeit einen Beitrag zu liefern, der den besten Traditionen unseres Volkes entspricht. Möge Gott uns im Unglück nicht verlassen und unser schweres Werk segnen! *(W. Lüdde-Neurath, Regierung Dönitz)**

## VICTORY-DAY IM PW-CAMP

*Gestern: Victory-day. Tag des Sieges. In »Stars and Stripes« steht, die Menschenmengen der Hauptstädte hätten sich in den Straßen gedrängt, aber es sei kein wilder Siegesjubel gewesen. Die Zeitung erklärt es damit, daß die Männer noch nicht nach Hause kämen wegen des Krieges gegen Japan, und daß der Kollaps Deutschlands so nach und nach erfolgt sei, daß von dem Sieg niemand mehr überrascht worden wäre. Die dritte, wichtigste Erklärung, nämlich die Frage: Und jetzt?, gibt »Stars and Stripes« natürlich nicht.*
*Gestern verlangte ich von uns allen im Zelt ein Versprechen, nicht mehr von Lagerangelegenheiten zu reden (für den Tag), denn die Proportionen werden verschoben und das Unwichtige frißt uns auf!*
*Aus der Proklamation der Niederlage von Schwerin-Krosigk, einem Mann, der zehn Jahre lang mit den Nazis ging, die wichtigsten Sätze: »In unserer Nation wird die Gerechtigkeit das oberste Gesetz sein. Das Gesetz ist die Basis unserer Beziehungen zu den anderen Nationen. Das muß uns Sache des Gewissens sein. Respektierung der Verträge ist das heilige Opfer, das die Nation bringt, um in der europäischen Völkerfamilie zu bleiben als ein Mitglied, welches alle menschlichen, moralischen und materiellen Kräfte einsetzen wird, die furchtbaren Wunden des Krieges zu heilen.«*

*(Aufzeichnungen eines Kriegsgefangenen, 8. Mai)*

## AUSZUG AUS DER ERKLÄRUNG

In Anbetracht der Niederlage Deutschlands und der Übernahme der obersten Regierungsgewalt hinsichtlich Deutschlands durch die Regierungen des Vereinigten Königreichs, der Vereinigten Staaten von Amerika und der Union der Sozialistischen Sowjetrepubliken und durch die Provisorische Regierung der Französischen Republik.

N

Die deutschen Streitkräfte zu Lande, zu Wasser und in der Luft sind vollständig geschlagen und haben bedingungslos kapituliert, und Deutschland, das für den Krieg verantwortlich ist, ist nicht mehr fähig, sich dem Willen der siegreichen Mächte zu widersetzen. Dadurch ist die bedingungslose Kapitulation Deutschlands erfolgt, und Deutschland unterwirft sich allen Forderungen, die ihm jetzt oder später auferlegt werden.

Es gibt in Deutschland keine zentrale Regierung oder Behörde, die fähig wäre, die Verantwortung für die Aufrechterhaltung der Ordnung, für die Verwaltung des Landes und für die Ausführung der Forderungen der siegreichen Mächte zu übernehmen.

Unter diesen Umständen ist es notwendig, unbeschadet späterer Beschlüsse, die hinsichtlich Deutschlands getroffen werden mögen, Vorkehrungen für die Einstellung weiterer Feindseligkeiten seitens der deutschen Streitkräfte, für die Aufrechterhaltung der Ordnung in Deutschland und für die Verwaltung des Landes zu treffen und die sofortigen Forderungen zu verkünden, denen Deutschland nachzukommen verpflichtet ist.

Die Vertreter der obersten Kommandobehörden des Vereinigten Königreichs, der Vereinigten Staaten von Amerika, der Union der Sozialistischen Sowjetrepubliken und der Französischen Republik, im folgenden »Alliierte Vertreter« genannt, die mit der Vollmacht ihrer betreffenden Regierungen und im Interesse der Vereinten Nationen handeln, geben dementsprechend die folgende Erklärung ab:

Die Regierungen des Vereinigten Königreichs, der Vereinigten Staaten von Amerika, der Union der Sozialistischen Sowjetrepubliken und die Provisorische Regierung der Französischen Republik übernehmen hiermit die oberste Regierungsgewalt in Deutschland, einschließlich aller Befugnisse der deutschen Regierung, des Oberkommandos der Wehrmacht und der Regierungen, Verwaltungen oder Behörden der Länder, Städte und Gemeinden. Die Übernahme zu den vorstehend genannten Zwecken der besagten Regierungsgewalt und Befugnisse bewirkt nicht die Annektierung Deutschlands.

*(Erklärung der Alliierten zum Ende des Krieges.)*

## DÖNITZ SPRICHT!

(Am. 8. Mai 1945, 12.30 Uhr über den Flensburger Sender)

Deutsche Männer und Frauen!
In meiner Ansprache am 1. Mai, in der ich dem deutschen Volk den Tod des Führers und meine Bestimmung zu seinem Nachfolger mitteilte, habe ich es als meine erste Aufgabe bezeichnet, das Leben deutscher Menschen zu retten.
Um dieses Ziel zu erreichen, habe ich in der Nacht vom 6. zum 7. Mai dem Oberkommando der Wehrmacht den Auftrag gegeben, die bedingungslose Kapitulation für alle kämpfenden Truppen auf allen Kriegsschauplätzen zu erklären. Am 8. Mai, 23 Uhr, schweigen die Waffen. Die in ungezählten Schlachten bewährten Soldaten der Deutschen Wehrmacht treten den bitteren Weg in die Gefangenschaft an und bringen damit das letzte Opfer für das Leben von Frauen und Kindern und für die Zukunft unseres Volkes. Wir verneigen uns vor ihrer tausendfach bewiesenen Tapferkeit und der Opfertat der Gefallenen und Gefangenen.
Ich habe dem deutschen Volk zugesagt, in der kommenden Notzeit bestrebt zu sein, unseren tapferen Frauen, Männern und Kindern, soweit dies in meiner Macht steht, erträgliche Lebensbedingungen zu schaffen. Ob ich dazu beitragen kann, euch in dieser harten Zeit zu helfen, weiß ich nicht. Wir müssen den Tatsachen klar ins Gesicht sehen. Die Grundlagen, auf denen das Deutsche Reich sich aufbaute, sind zerborsten. Die Einheit von Staat und Partei besteht nicht mehr. Die Partei ist vom Schauplatz ihrer Wirksamkeit abgetreten. Mit der Besetzung Deutschlands liegt die Macht bei den Besatzungsmächten. Es liegt in ihrer Hand, ob ich und die von mir bestellte Reichsregierung tätig sein kann oder nicht. Kann ich durch meine Amtstätigkeit unserem Vaterland nützen und helfen, dann bleibe ich im Amt, bis der Wille des deutschen Volkes in der Bestellung eines Staatsoberhauptes Ausdruck finden kann oder die Besatzungsmächte mir die Fortführung meines Amtes unmöglich machen. Denn mich halten nur die Liebe zu Deutschland und die Pflicht auf meinem schweren Posten. Ich bleibe nicht eine Stunde länger, als ich ohne Rücksicht auf meine Person es mit der Würde vereinbaren kann, die ich dem Reiche schulde, dessen oberster Repräsentant ich bin.
Wir haben alle einen schweren Weg vor uns. Wir müssen ihn in der Würde, der Tapferkeit und der Disziplin gehen, die das Andenken

unserer Gefallenen von uns fordert. Wir müssen ihn mit dem Willen zur Anspornung aller unserer Arbeits- und Leistungskraft gehen, ohne die wir uns keine Lebensgrundlage schaffen können. Wir wollen ihn in der Einigkeit und Gerechtigkeit gehen, ohne die wir die Not der kommenden Zeit nicht überwinden können. Wir dürfen ihn in der Hoffnung gehen, daß unsere Kinder einmal in einem befriedeten Europa ein freies und gesichertes Dasein haben werden.
Ich will auf diesem dornenreichen Weg nicht hinter euch zurückbleiben. Gebietet mir die Pflicht, in meinem Amt zu bleiben, dann werde ich versuchen euch zu helfen, soweit ich irgend kann. Gebietet mir die Pflicht zu gehen, so soll auch dieser Schritt ein Dienst an Volk und Reich sein. *(W. Lüdde-Neurath, Regierung Dönitz)**

## REGIERUNG DÖNITZ FESTGENOMMEN

Erklärung des Chefs der Alliierten Kontrollkommission anläßlich der Gefangennahme von Dönitz, Jodl und v. Friedeburg am 23. Mai 1945 in Flensburg

Meine Herren, ich habe Anweisung aus dem Obersten Hauptquartier des Europäischen Kriegsschauplatzes von dem Obersten Befehlshaber, General Eisenhower, erhalten, Sie heute morgen zu mir zu rufen, um Ihnen mitzuteilen, daß er in Übereinstimmung mit dem Sowjetischen Oberkommando entschieden hat, daß heute die Geschäftsführende Deutsche Reichsregierung und das Oberkommando der Deutschen Wehrmacht mit seinen verschiedenen Angehörigen als Kriegsgefangene festgenommen werden sollen. Hierdurch ist die Geschäftsführende Deutsche Reichsregierung aufgelöst. Diese Maßnahme geht nun vor sich.

## GEBET EINES JÜDISCHEN HÄFTLINGS

Friede sei den Menschen, die bösen Willens sind, und ein Ende sei gesetzt aller Rache und allem Reden von Strafe und Züchtigung ... Aller Maßstäbe spotten die Greueltaten, sie stehen jenseits aller Grenzen menschlicher Fassungskraft, und der Blutzeugen sind gar zu viele ... Darum, o Gott, wäge nicht mit der Waage der Gerechtigkeit ihre Leiden, daß Du sie ihren Henkern zurechnest und von ihnen grauenvolle Rechenschaft forderst, sondern laß es anders gel-

ten. Schreibe vielmehr den Henkern und Angebern und Verrätern und allen schlechten Menschen zugut und rechne ihnen an: all den Mut und die Seelenkraft der anderen, ihr Sichbescheiden, ihre hochgesinnte Würde, ihr stilles Mühen bei alledem, die Hoffnung, die sich nicht besiegt gab, und das tapfere Lächeln, das die Tränen versiegen ließ, und alle Liebe und alle Opfer, all die heiße Liebe... alle die durchpflügten, gequälten Herzen, die dennoch stark und immer vertrauensvoll blieben, angesichts des Todes und im Tode, ja, auch in den Stunden der tiefsten Schwäche...
Alles das, o mein Gott, soll zählen vor Dir für eine Vergebung der Schuld, als Lösegeld, zählen für eine Auferstehung der Gerechtigkeit – all das Gute soll zählen und nicht das Böse. Und für die Erinnerung unserer Feinde sollen wir nicht mehr ihre Opfer sein, nicht mehr ihr Alpdruck und Gespensterschreck, vielmehr ihre Hilfe, daß sie von der Raserei ablassen... Nur das heischt man von ihnen, und daß wir, wenn nun alles vorbei ist, als Menschen unter Menschen leben dürfen und wieder Friede werde auf dieser armen Erde über den Menschen guten Willens, und daß Friede auch über die anderen komme.

## DIE LETZTE EPIPHANIE

Ich hatte dies Land in mein Herz genommen.
Ich habe ihm Boten um Boten gesandt.
In vielen Gestalten bin ich gekommen.
Ihr aber habt mich in keiner erkannt.

Ich klopfte bei Nacht, ein bleicher Hebräer,
ein Flüchtling, gejagt, mit zerrissenen Schuhn.
Ihr riefet dem Schergen, ihr winktet dem Späher
und meintet noch, Gott einen Dienst zu tun.

Ich kam als zitternde, geistesgeschwächte
Greisin mit stummem Angstgeschrei.
Ihr aber spracht vom Zukunftsgeschlechte,
und nur meine Asche gabt ihr frei.

Verwaister Knabe auf östlichen Flächen,
ich fiel euch zu Füßen und flehte um Brot.
Ihr aber scheutet ein künftiges Rächen,
ihr zucktet die Achseln und gabt mir den Tod.

Ich kam als Gefangener, als Tagelöhner,
verschleppt und verkauft, von der Peitsche zerfetzt.
Ihr wandtet den Blick von dem struppigen Fröner.
Nun komm ich als Richter. Erkennt ihr mich jetzt?

*(Werner Bergengruen, Dies Irae)**

# LITERATURVERZEICHNIS

Die hier aufgeführten Werke sind im Text mit einem * gekennzeichnet. Für Leser, die sich durch die Lektüre dieses Buches veranlaßt sehen, das eine oder andere der hier aufgeführten Bücher erwerben zu wollen, sei angemerkt, daß viele davon vergriffen und im Buchhandel nicht mehr zu haben sein dürften. In diesen Fällen ist es ratsam, sich mit großen öffentlichen Bibliotheken in Verbindung zu setzen.

Adolph, Walter: Im Schatten des Galgens. Zum Gedächtnis der Blutzeugen in der nationalsozialistischen Kirchenverfolgung. Darstellung und Dokumente. Berlin 1953

Altner, Helmut: Totentanz Berlin. Tagebuchblätter eines Achtzehnjährigen. Offenbach 1947

Barth, Emil: Lemuria. Aufzeichnungen und Meditationen. Hamburg 1947

Beckert, Werner: Die Wahrheit über das Konzentrationslager Buchenwald. Weimar 1945

Bergengruen, Werner: Dies Irae. München 1946

Bernadotte, Folke: Das Ende. Zürich/New York 1945

Bernadotte, Folke: An Stelle von Waffen. Freiburg i. Br. 1948

Bernhard, Henry: Finis Germaniae. Aufzeichnungen und Betrachtungen. Stuttgart 1947

Boldt, Gerhard: Die letzten Tage der Reichskanzlei. Hamburg 1947 (4. Aufl.)

Das Gewissen steht auf. 64 Lebensbilder aus dem deutschen Widerstand 1933–1945. Berlin/Frankfurt a. M. 1954

Dietrich, Otto: Zwölf Jahre mit Hitler. München 1955

Dokumentation der Vertreibung der Deutschen aus Ost-Mitteleuropa. Herausgegeben vom Bundesministerium für Vertriebene. München 1954

Eisenhower, Dwight D.: Kreuzzug in Europa. Amsterdam 1948

Gerstein, Kurt: Augenzeugenbericht zu den Massenvergasungen. In: Vierteljahreshefte für Zeitgeschichte, Heft 2, 1953

Guderian, Heinz: Erinnerungen eines Soldaten. Heidelberg 1951

Hartlaub, Felix: Von unten gesehen. Impressionen und Aufzeichnungen des Obergefreiten Felix Hartlaub. Stuttgart 1950

Haushofer, Albrecht: Moabiter Sonette. Berlin 1946

Jünger, Ernst: Strahlungen. Tübingen 1949

Kaps, Johannes: Die Tragödie Schlesiens 1945/46 in Dokumenten. München 1952/53

Keesings Archiv der Gegenwart. Essen 1945

Kersten, Felix: Totenkopf und Treue. Heinrich Himmler ohne Uniform. Aus den Tagebuchblättern des finnischen Medizinalrates Felix Kersten. Hamburg 1952

Kesselring, Albert: Soldat bis zum letzten Tag. Bonn 1953

Kogon, Eugen: Der SS-Staat. Das System der deutschen Konzentrationslager. Berlin 1947

Koller, Karl: Der letzte Monat. Tagebuchaufzeichnungen des ehemaligen Chefs des Generalstabes der deutschen Luftwaffe. Mannheim 1949

Leonhard, Wolfgang: Die Revolution entläßt ihre Kinder. Köln/Berlin 1955
Lilje, Hanns: Im finstern Tal. Nürnberg 1947
Lommer, Horst: Das Tausendjährige Reich. Zeitgedichte. Berlin 1946
Lüdde-Neurath, Walter: Regierung Dönitz. Die letzten Tage des Dritten Reiches. Göttingen 1950
Moltke, Helmuth James Graf von: Die letzten Briefe. In: Neue Auslese, Heft 2, 1947
Musmano, Michael A.: In zehn Tagen kommt der Tod. München 1950
Petwaidic, Walter: Die autoritäre Anarchie. Streiflichter aus dem deutschen Zusammenbruch. Hamburg 1946
Riess, Curt: Berlin, Berlin. 1945–1953. Berlin 1953
Rodenberger, Axel: Der Tod von Dresden. Ein Bericht über das Sterben einer Stadt. Dortmund 1951
Rost, Nico: Goethe in Dachau. Literatur und Wirklichkeit. Berlin 1948
Rousset, D.: L'univers concentrationaire. Paris 1946
Schlabrendorff, Fabian von: Offiziere gegen Hitler. Zürich/Wien/Konstanz 1951
Schultz, Joachim: Die letzten dreißig Tage. Stuttgart 1951
Spies, Gerty: Theresienstadt. Gedichte. München 1946
Stephan, Werner: Joseph Goebbels, Dämon einer Diktatur. Stuttgart 1949
Thomas, Hans-Werner/Hans Hofmeister: Das war Wickrathberg. Minden 1950
Trevor-Roper, Hugh Redwald: Hitlers letzte Tage. Zürich 1948
Weiß-Rüthel, Arnold: Nacht und Nebel. Aufzeichnungen aus fünf Jahren Schutzhaft. München 1946

»Das Reich« war eine Wochenzeitung, mit der das NS-Regime versuchte, die Intellektuellen geistig zu bestechen. Goebbels schrieb in jeder Nummer des »Reich« einen Leitartikel, der am Vorabend des Erscheinungstages jeder neuen Ausgabe über die Reichssender verlesen wurde.
Das »Schwarze Korps« war eine politische Wochenzeitung der SS.
»Freies Deutschland« war das publizistische Organ des Nationalkomitees »Freies Deutschland«, das unter russischem Protektorat aus deutschen Kriegsgefangenen gebildet worden war. Entgegen einer weitverbreiteten Ansicht genoß die Zeitschrift zeitweise eine gewisse Freiheit und war kein kommunistisches Parteiorgan. Im Titel zeigte sie die Farben schwarzweißrot.
»Stars and Stripes« ist die Tageszeitung der amerikanischen Armee.

Weiter wurden folgende Quellen verwendet:

Aachener Nachrichten
Archiv des KZ Arolsen
Associated Press
Der Tag
Deutsche Allgemeine Zeitung
Deutsches Nachrichtenbüro
Jewish Frontier (New York)
Life
Münchner Feldpost
Münchner Neueste Nachrichten
Rheinische Post
Völkischer Beobachter
Volkssturm

## BILDNACHWEIS

Amateuraufnahme eines US-Soldaten; Archiv des Instituts für Zeitgeschichte, München; Associated Press, Frankfurt a.M.; »Berlin, Rom, Tokio«. Monatsschrift für die Vertiefung der kulturellen Beziehungen der Völker des weltpolitischen Dreiecks, hrsg. von Karl Schmidt, Jahrgang 1/1939; Bildarchiv Süddeutscher Verlag, München (Heinrich Hoffmann, Weltbild, G. Schödl, dpa, PK-Aufnahme, United Press); Keystone Pressedienst, München; Axel Rodenberger: »Der Tod von Dresden. Ein Bericht über das Sterben einer Stadt«, Dortmund 1951; W. B. Francé, München